Franz Hauleitner

Alm- und Hüttenwanderungen
Salzkammergut
Zwischen Salzburg und Hinterstoder

42 ausgewählte Touren

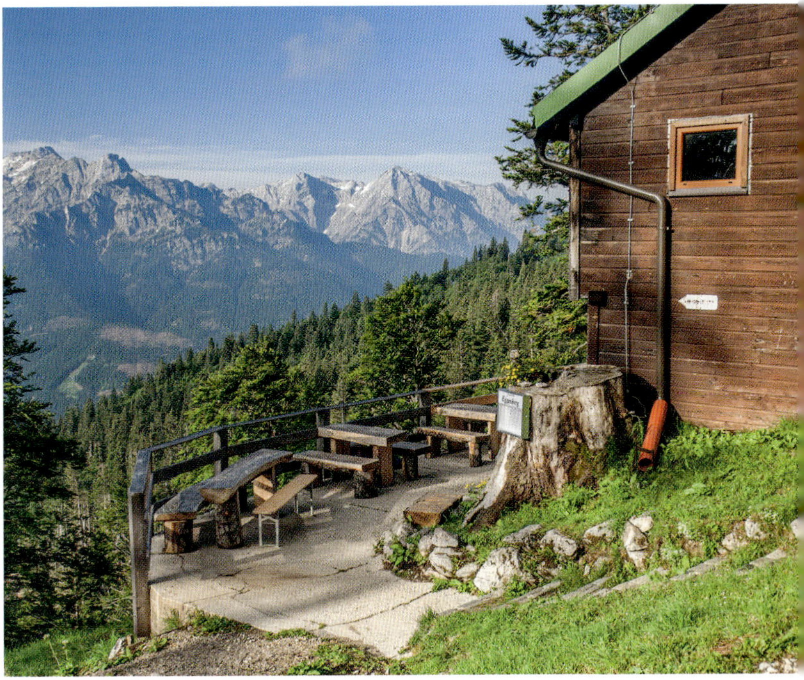

ROTHER
BERGVERLAG

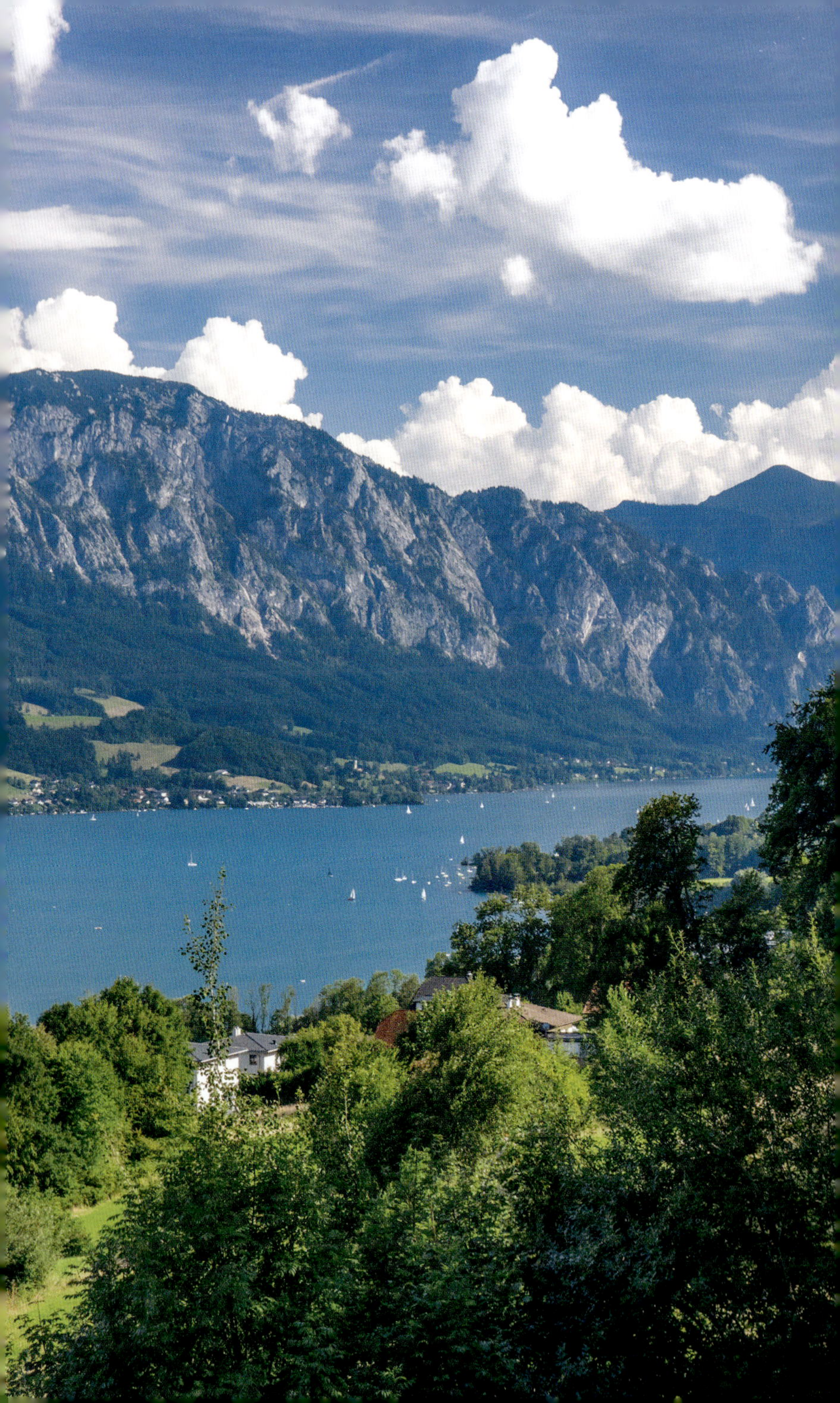

Vorwort

Das Salzkammergut mit seiner reichen Gliederung in isoliert aufragende Felsmassive und Kalkstöcke, in dazwischen eingelagerte Talbecken, Seengebiete, in Schluchten und Klammen, Tal- und Flusslandschaften erweist sich als ein Eldorado für Wanderer jeder Kategorie. Für jene, denen weniger der »Gipfelsieg« als das genießende, »schauende« Wandern am Herzen liegt, für die ein Hüttenbesuch einfach dazugehört, ist dieses Buch gedacht. Spazierwanderungen, wie sie hier beschrieben werden, in mittelhohen Lagen, von einer Hütte, von einer Alm zur anderen, bieten entspannte Betätigung in Gottes freier Natur. Oder gibt es etwas Schöneres, als sich nach den intensiven Geh- und Schauerlebnissen auch kulinarisch verwöhnen zu lassen?

Von den rund 350 Almen im Dreibundesländereck Salzkammergut (Salzburg, Oberösterreich, Steiermark) entfallen rund 50 % auf Nieder-, 30 % auf Mittel- und nur 20 % auf Hochalmen. Alle hier angeführten Almen verdienen einen Besuch und keine ist wie die andere. Was liegt daher näher, als sie auf wenig anspruchsvollen Routen aufzusuchen, sich zu stärken, an heimischen Spezialitäten und Leckereien zu erfreuen, wobei das Speisenangebot je nach Bundesland von der Kaspressknödelsuppe, Schweinsbraten, Speckbrot und Steirerkasbrot bis zu Powidlpofesen, Krapfen, Buttermilch und dem fast überall erhältlichen Kaiserschmarren reicht.

Von den Hütten und Almen des Salzkammerguts und seiner Randgebiete werden in diesem Buch 42 lohnende Ziele vorgestellt, meist in Form von Stichwegen und Rundwanderungen. Da die meisten Touren gut markierten und trassierten Wegen folgen, werden in erster Linie Genusswanderer angesprochen.

Genussreiche Stunden auf den Wanderwegen zu den Hütten und Almen des Salzkammerguts wünscht der Autor allen Benutzern dieses Wanderbuchs.

Wien, im Frühling 2024 — Dr. Franz Hauleitner

Erholungslandschaft pur! Der Attersee vor den Felsbastionen des Höllengebirges (Tour 12).

Inhalt

Die Vordere Sandlingalm zu Füßen des imposanten Sandling (Tour 32).

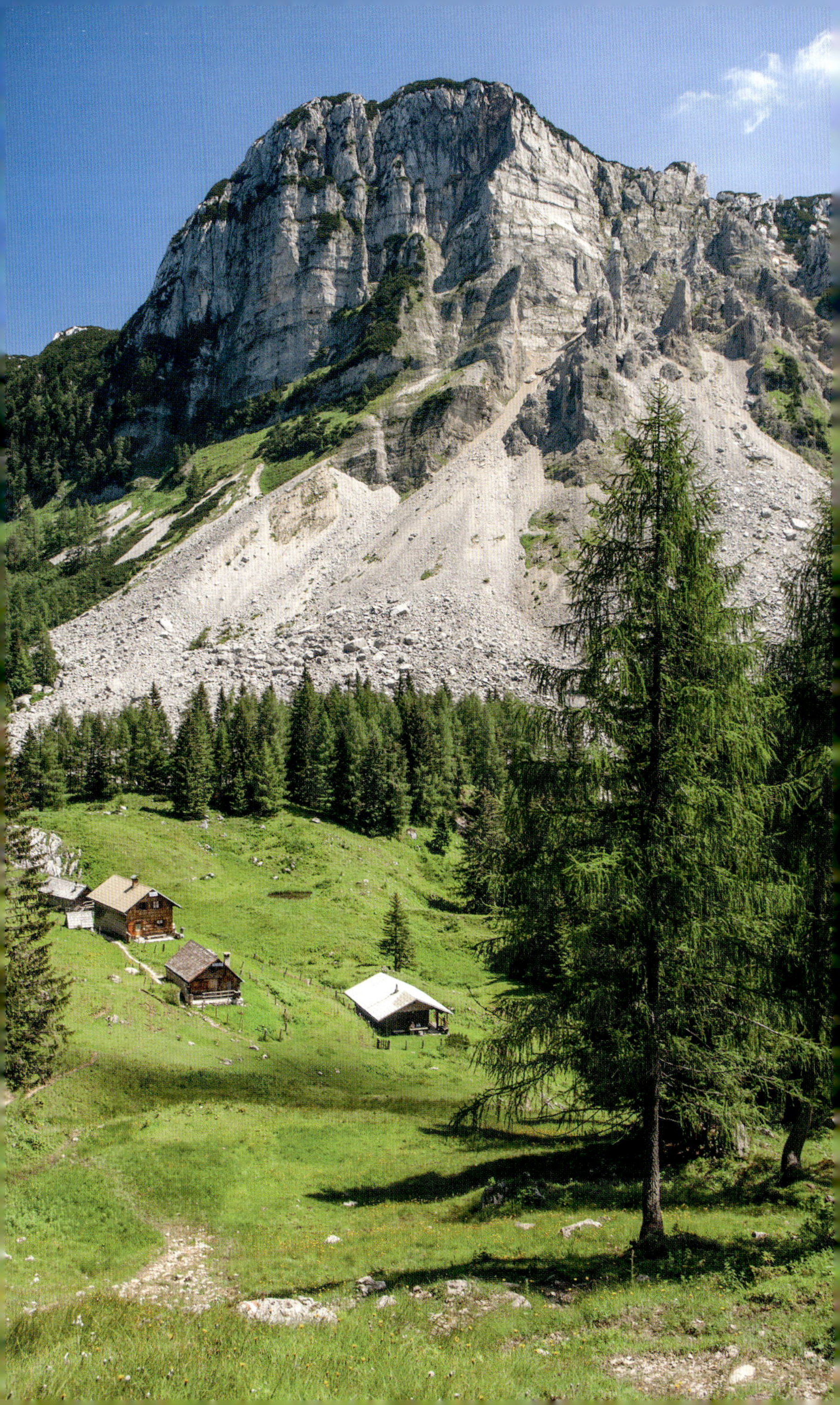

Top-Touren

Hinterseer Almenrunde
Genussreicher Almenrundweg mit drei Einkehrmöglichkeiten unterwegs und einer Unmenge von schönen Landschaftsbildern. Für trittfeste Geher! *(Tour 3, 5 Std.)*

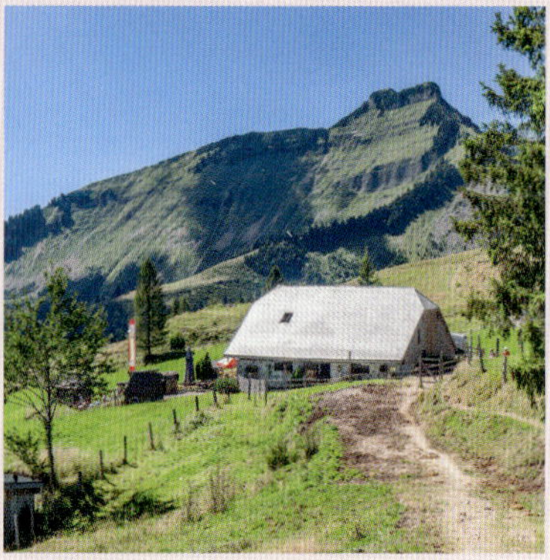

Jausenstation Dachsteinblick
Beim Badeurlaub in Nußdorf am Attersee bietet ein Besuch der Jausenstation Dachsteinblick willkommene Abwechslung *(Tour 12, 4 Std.)*.

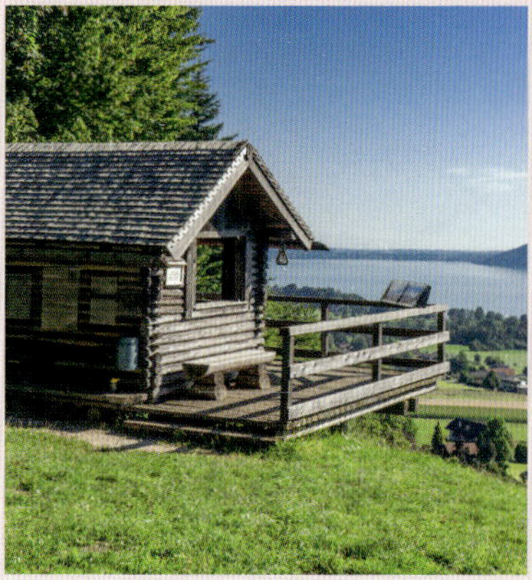

Labenberg- und Pitscherbergalm
Das ist ein unschwieriger Almenbummel durch das Wiesenparadies der Postalm, den sich auch Kinder oder ungeübte Wanderer zutrauen dürfen *(Tour 7, 3.10 Std.)*.

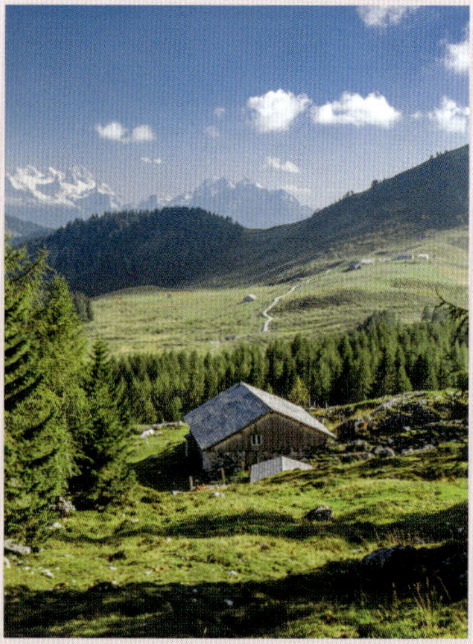

Hochsteinalm
Kurzer unschwieriger Wandertrip zu einer Alm im Banne der Nordabstürze des Höllengebirges. Ideale Familientour! *(Tour 16, 2 Std.)*

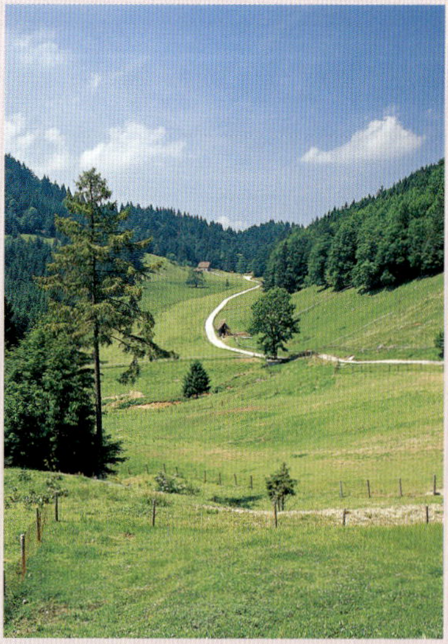

Hütteneckalm
Problemlose Wanderung zu einer »Schaubühne« des Salzkammerguts mit unvergesslichem Dachsteinblick. Viel besucht! *(Tour 24, 2.30 Std.)*

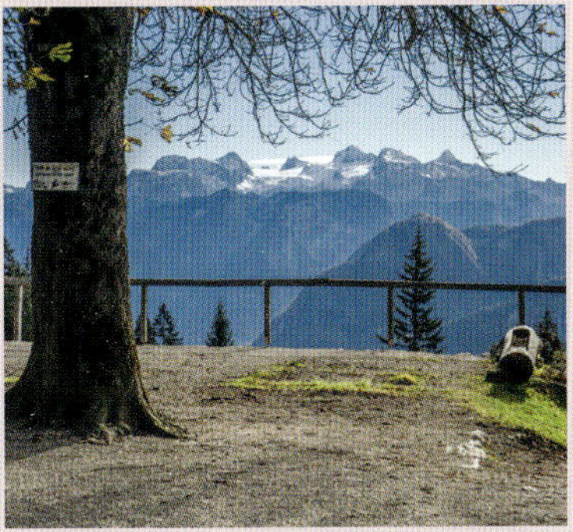

Vordere und Hintere Sandlingalm
Wunderschöner Ringweg mit Einkehrmöglichkeit an der Vorderen Sandlingalm. Kann mit einem Besuch des Altausseer Salzbergwerks »Salzwelten« verbunden werden *(Tour 32, 4 Std.)*.

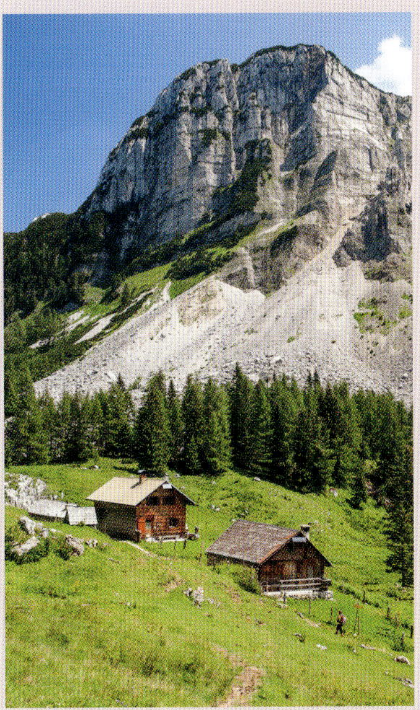

Tauplitzalm-Höhenweg
Unschwierige, aber lange Wanderung über die größte Seehochfläche Mitteleuropas. Mehrere Einkehrmöglichkeiten unterwegs *(Tour 38, 5.30 Std.)*.

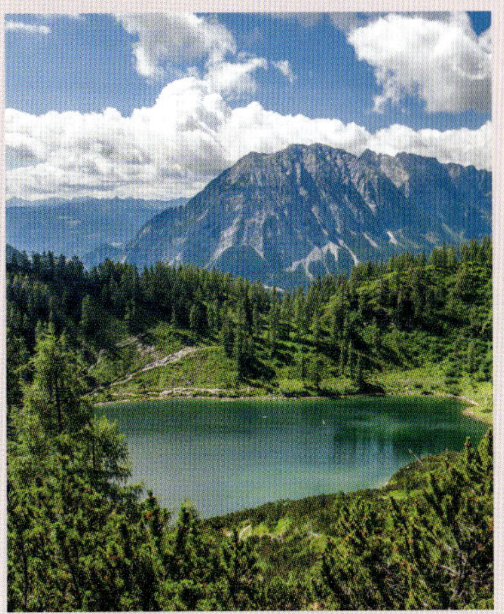

Steyrer Hütte
Anspruchslose Wanderung zu einem traumhaft gelegenen Bergsteigernest vor den Nordabstürzen des Toten Gebirges *(Tour 42, 4.15 Std.)*.

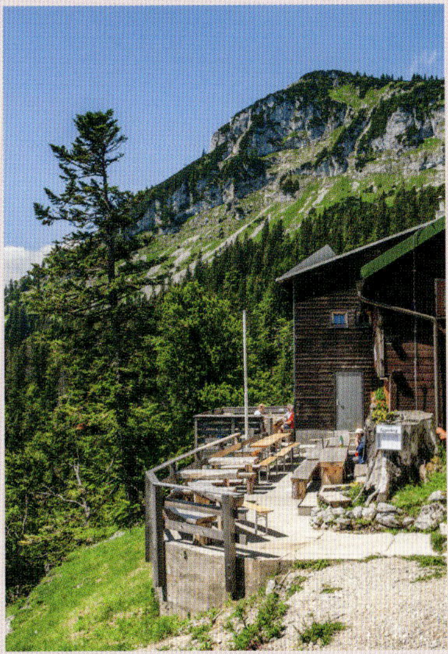

Allgemeine Hinweise

Anforderungen

Die meisten Wanderungen verlaufen auf gut instand gehaltenen, markierten Steigen und Wegen, sind also im alpinistischen Sinn leichte Unternehmungen. Einige wenige Touren verlangen bergsteigerische Übung, Trittsicherheit, Schwindelfreiheit und Ausdauer. Um die jeweiligen Anforderungen besser einschätzen und vergleichen zu können, wurden die Nummern der Tourenvorschläge mit verschiedenen Farben versehen:

■ Leicht
Wanderungen auf markierten, meist gut trassierten Wegen und Pfaden. Einfach und in der Regel nur wenig anstrengend. Auch für Kinder und ungeübte Wanderer geeignet, teilweise auch bei Schlechtwetter begehbar.

■ Mittel
Bergwanderungen auf meist ausreichend markierten Pfaden und Steigen, die häufig schmal und steil angelegt sind und über kurze Abschnitte etwas ausgesetzt sein können. Trittsicherheit, etwas Schwindelfreiheit und Orientierungsvermögen sind bei diesen Touren nötig.

■ Schwierig
Anspruchsvolle Bergtouren mit unmarkierten, zum Teil auch weglosen Passagen. Stellenweise können die Steige auch ausgesetzt sein, manchmal wird die Zuhilfenahme der Hände notwendig (leichte Kletterei im Schwierigkeitsgrad I bis I+), allerdings kommt in diesem Wanderbuch ein solcher Fall (Tour 17) nur einmal vor.

Blick von der Genneralm südwärts zum Tennengebirge (Tour 4).

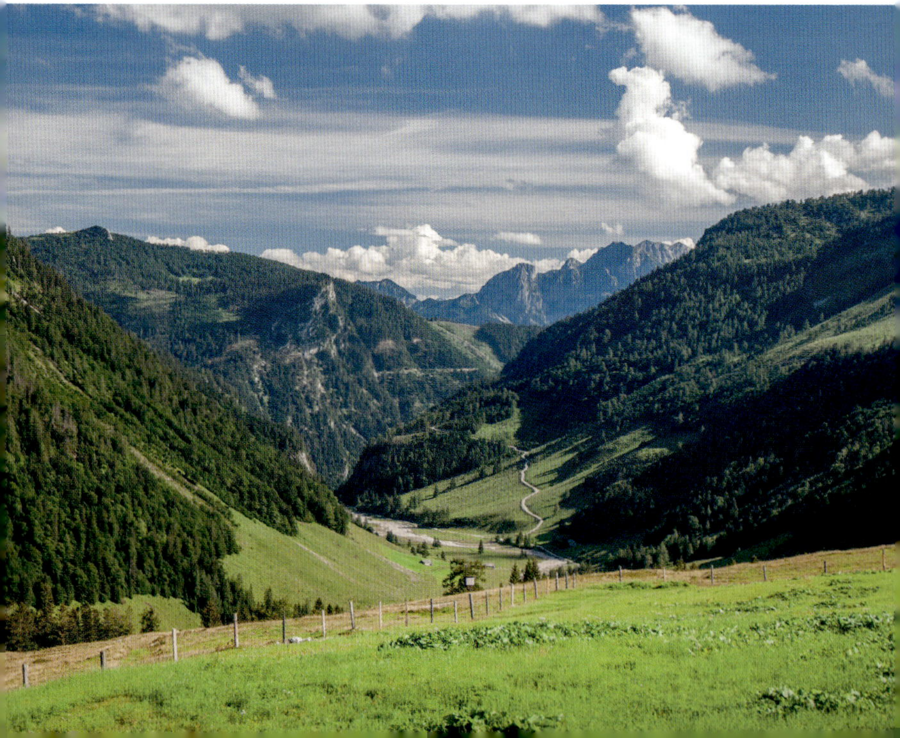

Gehzeiten

Man beachte, dass sich die Zeitangaben (Gesamtgehzeit in der Kurzinfo, detailliert in den Höhenprofilen) nur auf die reine (durchschnittliche) Gehzeit beziehen. Rasten, Verlangsamung der Gehgeschwindigkeit durch Übermüdung usw. sind darin nicht enthalten. Beachten Sie auch, dass mit (kleineren) Kindern deutlich langsamer gegangen wird (ca. ⅓ längere Gehzeit). Wiederholt eingelegte Pausen können in Summe die Gehzeit wesentlich verlängern. Zeitangaben sind natürlich auch subjektiv. Die entsprechende Korrektur zur angeführten Gehzeit kann durch einen anfänglichen Zeitvergleich ermittelt werden (zum Beispiel: 1 Stunde im Buch entspricht 1.15 Stunden persönlicher Gehzeit).

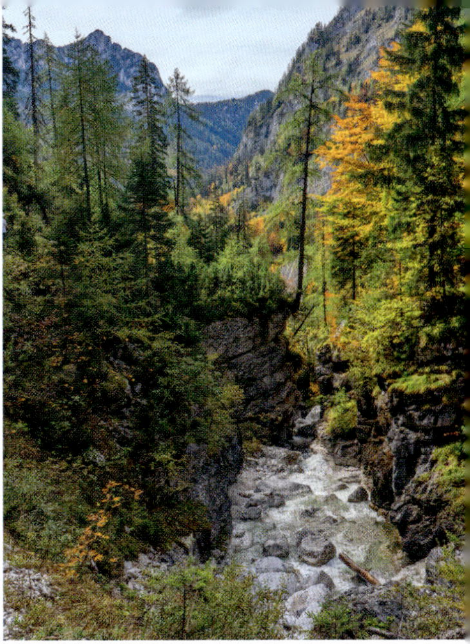

Die urtümliche Grimmingbachschlucht oberhalb der Gnanitzalm (Tour 39).

Gefahren

Trotz vorhandener Weg- und Steigtrassen ist an abrutschgefährdeten Stellen, bei Querung steiler Flanken oder hart gefrorener Schneefelder Vorsicht angebracht, wobei auch das Gelände oberhalb des Weges (Steinschlag!) zu beachten ist. Bei Schlechtwetter steigern sich die Gefahren. Durch Drahtseile, Eisenleitern oder -klammern gesicherte Steiganlagen sollten bei Gewittern unbedingt gemieden werden. Besonders heikel erweisen sich Querungen regennasser, steiler Grashänge. An sich leichtes Felsgelände kann bei Schneelage oder Vereisung auch für Geübte zu einem Problem werden.

Da es immer wieder zu Zwischenfällen zwischen Wanderern und dem Weidevieh (meist Rinder) kommt, sollten gewisse Regeln beachtet werden: Wichtig ist, dass auf den Almen die Wanderwege nicht verlassen werden und dass ein gewisser Abstand (30–50 m) zum Weidevieh eingehalten wird. Hektische Bewegungen (Laufen, Springen) sollten vermieden und die Tiere weder gestreichelt noch gefüttert werden. Besondere Vorsicht ist in Begleitung von Hunden (möglichst angeleint) geboten, da Hunde in das Gefahrenschema von Kühen gehören. Auch Drohgebärden der Weidetiere wie Senken des Kopfes, Scharren oder Schnauben sollten beachtet werden. Die größte Gefahr geht von jenen Tieren aus, die im Normalfall einen geringen Kontakt mit den Menschen haben, wie etwa von den Stieren oder von Mutterkühen (Schutzinstinkt) mit Kälbern auf Almen mit Mutterkuhhaltung.

Ausrüstung

Die Ausrüstung richtet sich nach Schwierigkeit, Länge und Höhenlage der Tour sowie nach der Jahreszeit und dem Vorhandensein von

Der Umwelt zuliebe ...

Auch beim Wandern hinterlassen wir einen ökologischen Fußabdruck, aber im Einklang mit der Natur unterwegs zu sein, ist gar nicht so schwer!

VORBEREITUNG UND ANFAHRT

- Sich vorab informieren, worauf in Bezug auf Natur und Umwelt in der jeweiligen Wanderregion besonders zu achten ist.
- Soweit möglich mit Bahn und Bus anreisen, Wander- und Rufbusse nutzen.
- Ist eine Anfahrt mit dem Auto nötig, Fahrgemeinschaften bilden.
- Bei weiten Anfahrten Mehrtagestouren planen oder von einem Quartier vor Ort aus mehrere Touren absolvieren.
- Flugreisen möglichst reduzieren und durch Beiträge zu Klimaschutzprojekten kompensieren.

KLEIDUNG UND AUSRÜSTUNG

- Beim Kauf von Outdoor-Kleidung auf umweltfreundliche und faire Herstellung achten und Kleidungsstücke möglichst viele Jahre nutzen.
- Ausrüstung kann man eventuell auch gebraucht kaufen oder ausleihen.
- Reparieren statt neu kaufen.

VERPFLEGUNG

- Beim Einkauf Bio-Ware, regionale und saisonale Erzeugnisse bevorzugen.
- Hütten und Gasthäuser auswählen, die regionale Produkte verwenden.
- Auf Einwegflaschen und Plastikverpackungen verzichten, stattdessen wiederverwendbare Trinkflaschen und Brotzeitboxen benutzen.

ÜBERNACHTUNG

- Bei lokalen Anbietern buchen, damit Menschen vor Ort profitieren.
- Auf Hütten und in anderen Unterkünften Strom und Wasser sparen.

UNTERWEGS

- Wege benutzen und Abkürzer vermeiden.
- Sperrungen von Wegen und Schutzgebieten respektieren.
- Keine Blumen pflücken und keine Pflanzen entnehmen.
- Waldbrandgefahr beachten.
- Müll wieder mit nach Hause nehmen und dort entsorgen.
- Toilettengänge in freier Natur möglichst vermeiden.
- Lärm vermeiden.
- Hunde an die Leine nehmen.

ROTHER
BERGVERLAG

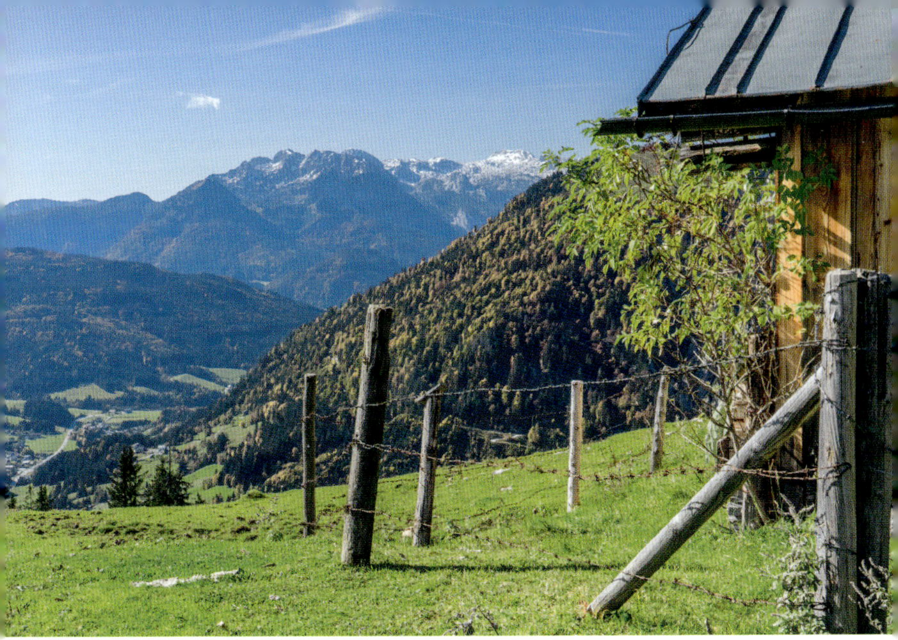

Auf der Traunwandalm an der Südseite des Gamsfeld (Tour 27).

Stützpunkten. Feste Schuhe mit Profilgummisohle, zweckmäßige, wetterangepasste Bekleidung samt Rucksack, Kappe, Mütze, Pullover, Regenschutz, Anorak und Reserveunterwäsche, Tourenproviant (Wasserflasche!), bei geplanten Übernachtungen auch Schlafsack sind Voraussetzung.

Höhenunterschied

Die Höhenangaben im Tourenkopf einer jeden Wanderung sind jeweils als Summe der auf einer Tour im Anstieg bzw. im Abstieg zu bewältigenden Höhenunterschiede zu verstehen. Gegensteigungen werden also berücksichtigt.

Anreise

Viele Ausgangspunkte sind mit öffentlichen Verkehrsmitteln erreichbar. Manchmal jedoch ist die Anfahrt mit dem eigenen Fahrzeug unerlässlich. Hinweise dazu findet man in der Kurzinfo.

Beste Jahreszeit

Der Hochsommer ist für Touren in hochalpinen Lagen die beste Jahreszeit. In allen übrigen Zonen bieten Frühling, Frühsommer, Herbst und Spätherbst, der niedrigen Gipfelfluren und der damit verbundenen sommerlichen Hitze wegen, bessere Bedingungen. Allerdings ist zu bedenken, dass die hier angeführten Gastbetriebe meist nur im Sommer (man beachte die Detailangaben in den Kurzinfos) geöffnet haben.

Kinder

Wanderungen, die mit Kindern unternommen werden können, sind in diesem Buch durch ein Symbol gekennzeichnet. Bei Kindern zwischen 5 und 15 Jahren ist weniger die Schwierigkeit einer Tour als die gebotene Abwechslung ausschlaggebend, denn junge Menschen lieben das Abenteuer, die sportliche Betätigung und das Spiel in freier Natur. Man bedenke: Ein einziger

Wichtige Informationen und Telefonnummern

Notruf

- Bergrettung, Tel. 140 (kostenlos)
- Europäische Notrufnummer, Tel. 112 (kostenlos)

Alpine Wetterberichte

- GeoSphere Austria (Bundesanstalt für Geologie, Geophysik, Klimatologie und Meteorologie (Tel. 0900 5665661, geosphere.at), Dienststelle Salzburg/Oberösterreich (Tel. 0900 5665665), Steiermark (Tel. 0900 5665668). Diese und die folgenden 0900-Nummern (Tonbanddienste) mit erhöhtem Tarif sind nur innerhalb von Österreich zu erreichen: Oberösterreich Tel. 0900 91156604, Salzburg Tel. 0900 91156605, Steiermark Tel. 0900 91156607, 5-Tages-Prognose für Gesamtösterreich Tel. 0900 91156610.

Öffentliche Verkehrsmittel

- ÖBB Bahn und Bus (inklusive Postbus), Tel. +43 5 1717 (6–21 Uhr), oebb.at
- Verkehrsverbund Ost-Region (VOR), Tel. 0800 222324 aus Österreich, +43 95555 100 von außerhalb Österreichs (Montag bis Freitag 7–20 Uhr, Samstag 7–14 Uhr), vor.at

Fremdenverkehrsvereine

- Urlaubsservice der Österreich Werbung, Tel. +43 1 588 660, austria.info
- Oberösterreich Tourismus, Tel. +43 732 7277100, oberoesterreich-tourismus.at
- Salzkammergut Tourismus, Tel. +43 6132 26909, salzkammergut.at
- Steirische Tourismus und Standortmarketing GmbH, Tel. +43 316 4003, steiermark.com

Das »Pfarrer-Salettl« auf dem Weg zur Jausenstation Dachsteinblick (Tour 12).

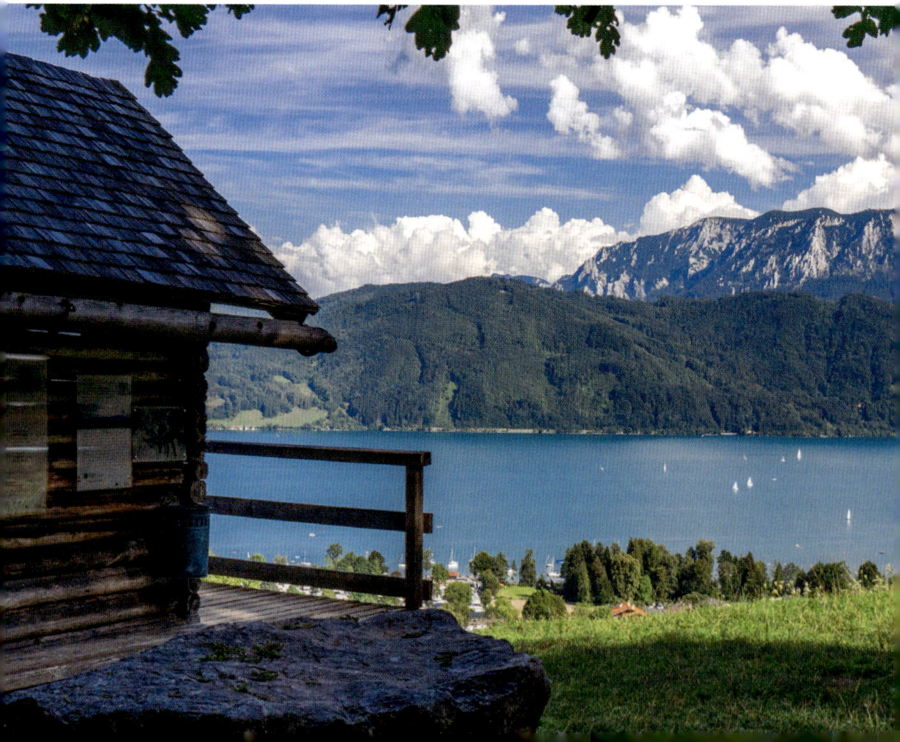

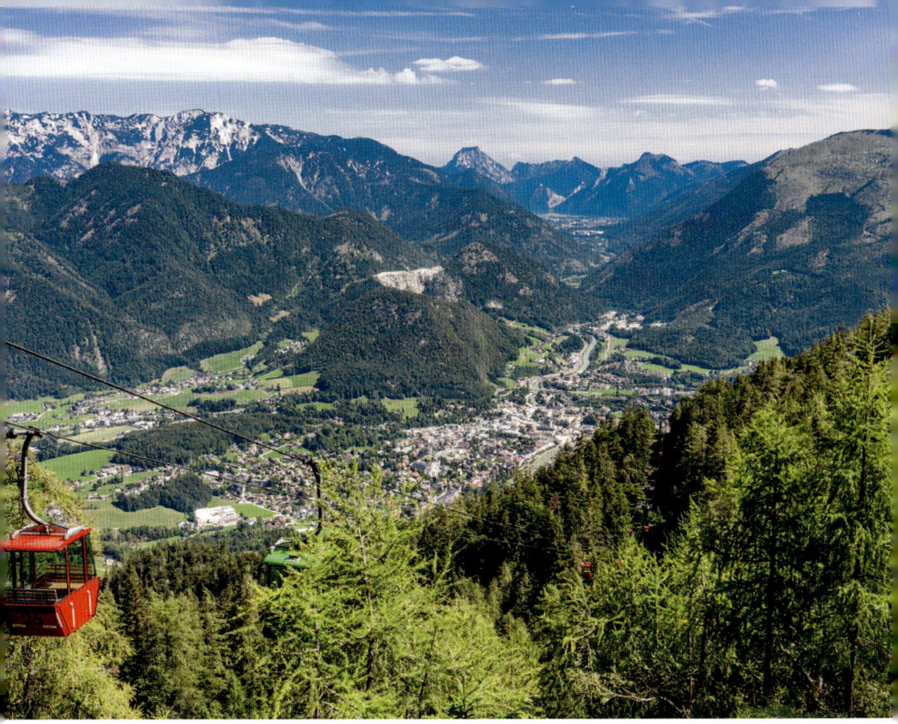

Tiefblick von der Katrin-Seilbahn auf die Kurstadt Bad Ischl (Tour 21).

fader Waldhatscher kann für den heranreifenden Sprössling das vorläufige Ende seiner bergsteigerischen »Karriere« sein. Ein wichtiger Pluspunkt für die Kindertauglichkeit der Touren in diesem Buch ist, dass sie alle Einkehrmöglichkeiten unterwegs bieten. Dort können die Kinder spielen, sich unterhalten, mit anderen Kindern herumtollen. Und sollte das zumutbare Tagespensum schon erreicht sein, besteht häufig die Möglichkeit zur Übernachtung (lustige Hüttenabende, spektakuläre Nachtgewitter usw. bleiben in dauerhafter Erinnerung), um die Tour anderntags ausgeruht und gut gelaunt fortzusetzen. Weniger beliebt sind monotone Forststraßen, dafür erregen steile und den Eltern manchmal gefährlich erscheinende Felsabschnitte bzw. Wegpassagen helle Begeisterung.

Bademöglichkeit

An heißen Sommertagen kann ein Sprung ins kühle Nass, in einen klaren Bergsee oder Bachtümpel zur Wonne werden, wenngleich das Baden nicht an jedem See oder Teich gestattet ist (auf Verbote achten!). Bei einigen Touren wird auf solche Möglichkeiten verwiesen.

Telefon

Für Telefonate von und nach Österreich gelten folgende Landesvorwahlen:

- aus Deutschland, Italien, Ungarn, Tschechien, Slowakei und der Schweiz nach Österreich: 0043.
- aus Österreich nach Deutschland 0049, Italien 0039, Ungarn 0036, Tschechien 00421, in die Slowakei 00420 und Schweiz 0041. Achtung: Außer bei Italien entfällt an der darauf folgenden Ortsnummer die erste Null!

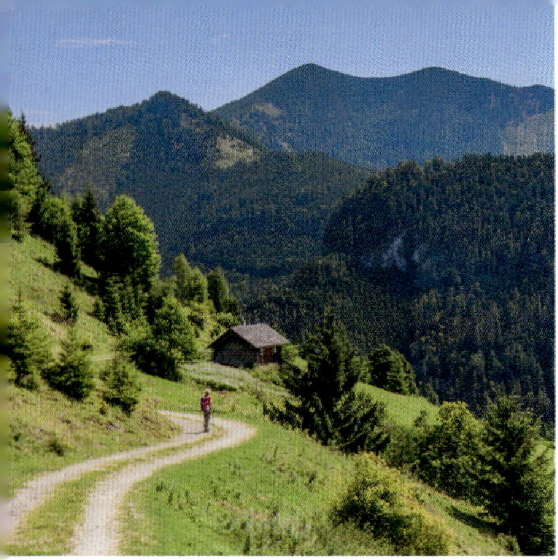

Auf der Hoheneckalm mit Blick zum Leonsberg (Tour 10).

Notruf

Neben der kostenlosen Notrufnummer 112 lassen sich per Handy SOS-Meldungen an Notfallkontakte absetzen. Über das Smartphone kann man einen Ortungsdienst aktivieren, um den eigenen Standort mitzuteilen.

Alpines Notsignal

Das Notsignal in den Bergen besteht aus einem sechsmal in der Minute (alle 10 Sekunden ein Signal) abgegebenen optischen oder akustischen Zeichen. Nach einem Intervall von einer Minute wird die Signalfolge so lange wiederholt, bis Antwort erfolgt. Die Fremdantwort (»Ich habe verstanden.«) besteht aus einem dreimal in der Minute (alle 20 Sekunden ein Signal) abgegebenen Zeichen.

Betriebszeiten von Schutzhütten, Gaststätten, Jausenstationen und Beförderungsmitteln

Die bei den Einkehrmöglichkeiten der einzelnen Touren angegebenen Bewirtschaftungszeiten sind Richtzeiten. Sie können vor allem an Wochenenden etwas schwanken (Ruhetage werden etwa in den Monaten Juli und August oft nicht eingehalten). Gleiches gilt auch für die Betriebszeiten von Beförderungsmitteln. Häufiger als früher werden Almgastbetriebe in den Sommermonaten nicht mehr bewirtschaftet. Um sicherzugehen, empfiehlt sich ein Anruf vor Antritt der Tour.

Karten

Neben den beigegebenen mehrfarbigen Karten im Maßstab 1:50.000 mit Routeneintragungen werden als ergänzende Orientierungshilfe die Karten von Freytag & Berndt (Blätter WK 0081, 0082, 0281, 0282, 0391, 392) empfohlen.

GPS-Tracks und Koordinaten der Ausgangspunkte

Auf **gps.rother.de** stehen zu diesem Wanderbuch GPS-Tracks und die Koordinaten der Ausgangspunkte zum kostenlosen Download bereit. Dieser QR-Code führt direkt zum Download.
1. Auflage, Passwort: **342101zap**
Die GPS-Tracks können in die **Rother App** importiert werden. In der App kann man unterwegs stets sehen, wo man gerade ist und wo es langgeht. **Anleitungen dazu: rother.de/gps**
Trotz sorgfältiger Prüfung können wir Fehler und zwischenzeitliche Veränderungen nicht ausschließen. Verlassen Sie sich für die Orientierung niemals einzig und allein auf die GPS-Daten, sondern beurteilen Sie die Verhältnisse vor Ort.

Schutzhütten und Almen

Das Schutzhüttenwesen – eine Folge alpiner Erschließungstätigkeit und damit ein relativ neuartiges Phänomen – hat sich ab Mitte des 19. Jahrhunderts vorwiegend aus der Tätigkeit alpiner Vereine entwickelt. Als »Vorreiter« auf diesem Sektor muss die Salmhütte in der Glocknergruppe genannt werden, deren erster Bau als älteste Alpenvereinshütte bereits 1799 errichtet wurde, gefolgt von der Kürsingerhütte am Großvenediger (1842). Von wenigen Ausnahmen abgesehen finden sich Hütten alpiner Vereine im Salzkammergut vorrangig am Dachstein und im Toten Gebirge. Begünstigt durch den Bau von Straßen und Liftanlagen sind im Laufe der Jahre daneben auch viele private Schutzhäuser und Gaststätten entstanden.

Im Gegensatz zu den Schutzhütten haben Almen (bairisch) bzw. Alpen (alemannisch) in unseren Bergen eine uralte »gewachsene« Tradition. Denn der Viehauftrieb ermöglichte schon immer die Versorgung der Tiere im Sommer, während durch die Bewirtschaftung der Felder im Tal für den Wintervorrat gesorgt wurde. Schon in prähistorischen Bergbaugebieten wie etwa am Hallstätter Salzberg waren Almen für die Versorgung der Arbeiter lebensnotwendig. Reste bronzezeitlicher Almwirtschaft (etwa 1700 bis 900 v. Chr.) hat man nach archäologischen Ausgrabungen in Wiesengruben bzw. Dolinen des Dachsteingebiets oberhalb der Waldgrenze gefunden.

Almen können in der baumfreien Alpinstufe als pastorale Naturweide, unterhalb der Waldgrenze in der subalpinen Vegetationsstufe durch Rodung und Viehverbiss entstanden sein, wobei unter Alm je nach Funktion eine Viehweide oder Almhütte (Wirtschaftsgebäude, Stallung) verstanden wird. Je nach Höhenlage ist zwischen Niederalm (auch »Niederleger«, »Niederstafel« oder »Maiensäss«, unter 1300 m Seehöhe), Mittelalmen (auch »Mitterleger«, um 1500 m) und Hochalmen (auch

Almgaudi mit Alphornbläsern auf der herbstlichen Hoisnradalm (Tour 23).

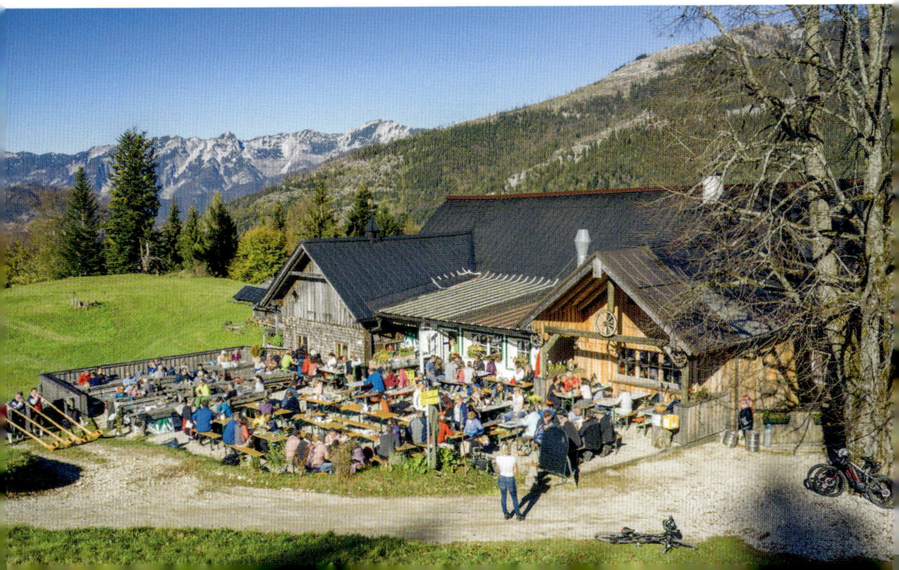

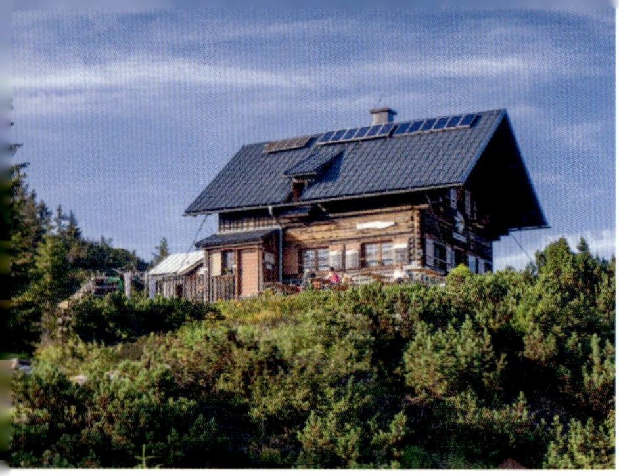

Die Goiserer Hütte, ein beliebtes Wanderziel (Tour 26).

»Oberleger«, über 1700 m) zu unterscheiden. Durch die Beweidung der Nutztiere werden die Wiesenflächen von Verbuschung und Bewaldung freigehalten, wodurch unterschiedlichste Tiere und Pflanzen einen Lebensraum finden. Die Almwirtschaft betätigt sich damit als Landschaftsgärtner ebenso wie als hochwertiger Lebensmittellieferant.

Almen liefern für Bergbauern eine Verbesserung, aber auch Ausweitung des Arbeits- und Lebensraums nach oben. Die sommerliche Almwirtschaft wird von Tieren und trotz harter Arbeit auch vom Menschen als eine Art »Erholungsaufenthalt« angesehen. Die niedrigeren Temperaturen, die dünnere Luft und die höhere UV-Strahlung bewirken eine verstärkte Bildung von Vitamin D, zudem ist der Nährstoffgehalt der dort wachsenden Pflanzen um ein Drittel höher als in den Niederungen. Diese Faktoren lösen bei Tier und Mensch eine intensivere Atmung und eine erhöhte Bildung roter Blutkörperchen aus, was sich wiederum in einer größeren Abwehrkraft gegen Krankheiten und damit in einem erhöhten Durchschnittsalter auswirkt.

Mit 56 Quadratkilometern gilt heute die Seiseralm in Südtirol als die ausgedehnteste Hochalm Europas, von deren Bewirtschaftung erstmals zu Beginn des 14. Jahrhunderts berichtet wird. Mit 42 Quadratkilometern ist die Postalm im Salzkammergut das größte Almengebiet in Österreich, gefolgt von der Region Teichalm-Sommeralm im Grazer Bergland.

Das durch Jahrhunderte hindurch gepflogene Bestoßen der Almen von Frühsommer bis zum Herbst mit Rindern und Schafen in erster Linie zum Zwecke der Milchwirtschaft (Produktion von Milch, Butter und Käse) hat sich seit dem Zweiten Weltkrieg als Folge des Strukturwandels in der Landwirtschaft entscheidend geändert. Von den aktuell noch rund 8000 österreichischen Almen (um 1980 noch 12.000, um 2000 nur noch 9200) sind 7 % reine Melkalmen (mit Milchkühen), 67 % »Galtviehalmen« (ohne Milchverarbeitung) und 21 % gemischte Almen (Milchkühe und Galtvieh).

Es gibt aber auch Almen, die, weil in Grenzertragslagen und damit unrentabel, dauerhaft aufgegeben wurden. Allerdings ging damit ein wertvoller Lebensraum zugrunde, denn Almwiesen sind ein Konzentrat der Artenvielfalt, ein durch den Menschen (Waldrodung) entstandenes, durch Mahd und Vieh erhaltenes Kulturland. Um dem drohenden Verlust an Artenvielfalt zu entgehen, wurden Methoden zur nachhaltigen Bewirtschaftung in Grenzertragslagen erarbeitet. Durch Koppelung mit dem Tourismus hat sich ein weiterer Rettungsanker entwickelt. In den traditionellen Almbetrieb eingebunden, im Sommer als Jausenstation geführt, erschließt diese Art von Almnutzung den ansässigen Bauern eine weitere Einnahmequelle, da ein Teil der erzeugten Waren im Betrieb verwertet werden kann. Wie bei den Betreibern von Buschenschänken in

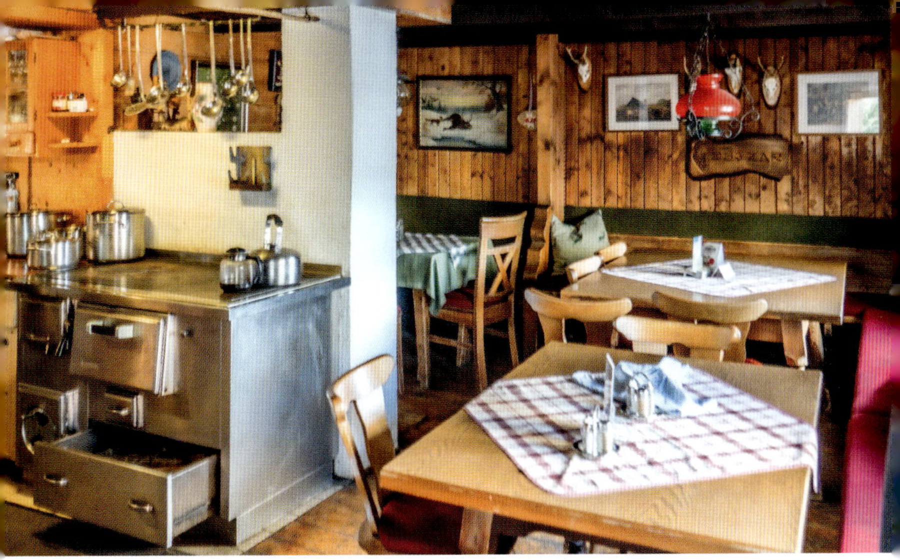

Blick ins Innere: Almgaststätte und -küche in einem (Födinger Alm, Tour 13).

den Weinbaugebieten der Niederungen ist damit bei vielen Bergbauern der Verkauf hofeigener Produkte in den Vordergrund gerückt.

Dem Wunsch der Wanderer nach weiteren Stützpunkten für Bergtouren Rechnung tragend, werden an den Almen heute auch schon Verpflegung und Übernachtung angeboten, was einer Art Schutzhüttenfunktion gleichkommt. Dennoch ist unter »Alm« nicht prinzipiell ein Gastbetrieb zu verstehen, denn es finden sich im Salzkammergut auch viele Almen bar jeglicher Einkehrmöglichkeit. Aus touristischen oder landschaftlichen Gründen angepeilt, schmälert ihr Besuch den Erlebniswert einer Tour jedoch in keiner Weise, ja er wird aufgrund geringerer Besucherfrequenz, unberührter Natur und neuer, selten geschauter Landschaftsbilder sogar noch erhöht.

Vertraute Begegnung.

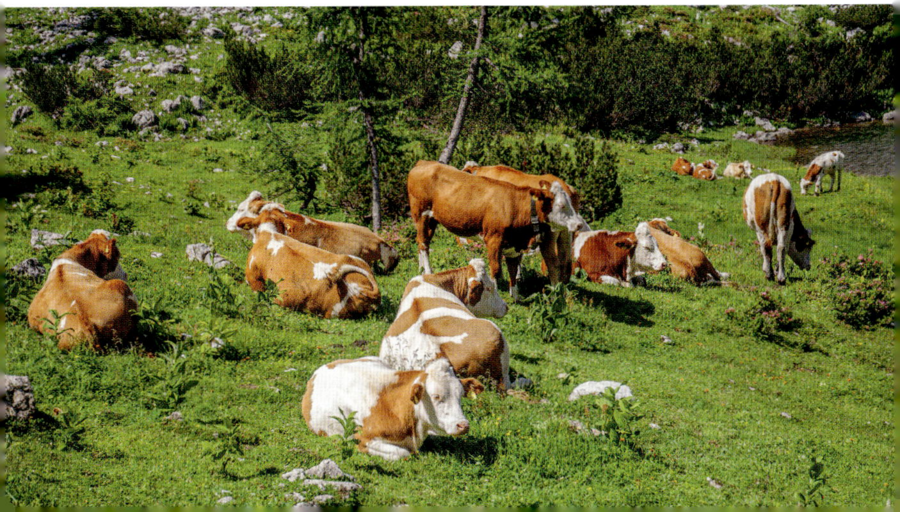

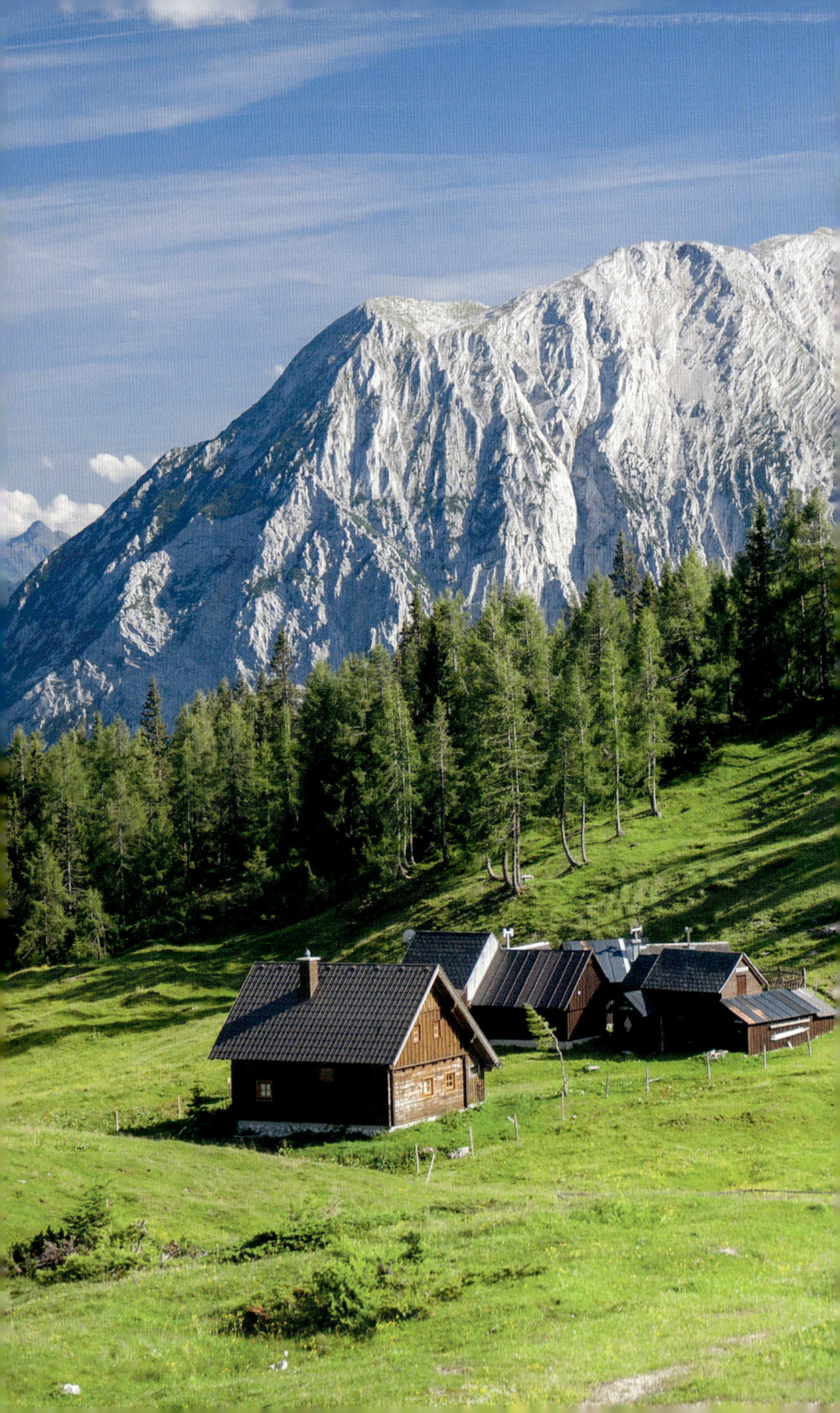

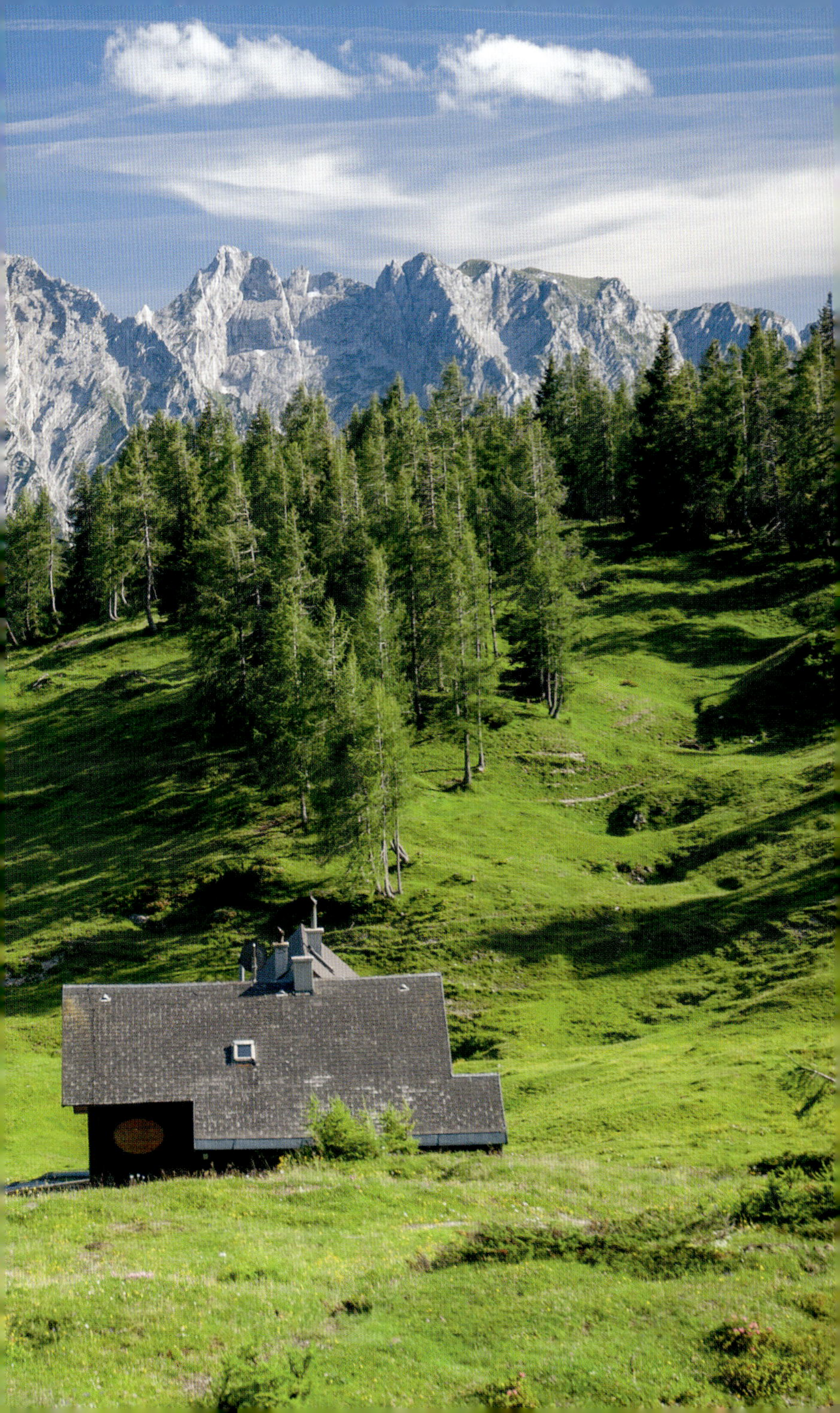

1 Erentrudis- und Fageralm

Von Glasenbach zu Salzburger »Hausalmen«

3.30 Std. | 10,3 km | ↗ 470 m | ↘ 470 m

Rast- und Schaulogen über der Mozartstadt

Wie die weitum bekannten Trockenen Klammen ist auch die Glasenbachklamm südlich von Salzburg ein berühmtes Naturjuwel. Sehr zu empfehlen ist ebenfalls ein Besuch der Fager- und Erentrudisalm ein »Stockwerk« darüber. Sie verwöhnen nicht nur mit Schaugenüssen auf die Bergwelt rings um die Salzachmetropole, sondern bieten auch Einkehr und Verpflegung, was im Falle der Erentrudisalm – im Besitz der Benediktinerinnenabtei Nonnberg – nach längerer Pause erst wieder seit 2022 möglich ist. Wir wandern bei unserer Runde von Glasenbach aus zu beiden Gastbetrieben und verbinden damit Glasenbachklamm- und Almbesuch. Dafür ist die zuvor berührte Fageralm wegen Umbaus aktuell geschlossen.

Ausgangspunkt: Parkplatz Glasenbachklamm, 470 m, an der Mündung der Glasenbachklamm in das Salzachtal südöstlich des Orts Glasenbach, 5 km südlich des Stadtzentrums von Salzburg, von dort mit Buslinie 160 (Haltestelle »Elsbethen Glasenbach«), O-Bus 7 (Haltestelle »Glasenbach«) oder eigenem Auto zu erreichen.
Anforderungen: Unschwierige Wanderung auf markierten Fahr- und Fußwegen. Kurze einfache Felspassage, die umgangen werden kann.
Kinder: Auch mit Kindern sehr zu empfehlende mittellange Wanderung mit mehreren Einkehrmöglichkeiten, zum Teil auch mit Kinderspielplätzen. Entlang des vorhandenen Naturfahrwegs (nicht immer im besten Zustand!) kann die Glasenbachklamm auch mit einem geländegängigen Kinderwagen befahren werden.
Variante: An der Wegteilung nach dem großen Holzkruzifix links haltend, erreicht man auf Fußweg Nr. 9b durch einen schattigen Waldgraben nach 15 Gehminuten die Wiesenterrasse Ramsau und dort das einladende Gasthaus Ramsau, 655 m, mit schönem Gastgarten und Untersberg-Blick.
Hinweis: Sowohl von der Fager- als auch von der Erentrudisalm hat man einen herrlichen Tiefblick in das Salzachtal und auf die Stadt Salzburg, überragt von Untersberg und Hochstaufen.

Vom **Parkplatz Glasenbachklamm** ❶ folgen wir dem Fahrweg Nr. 8 und 9 (»Urzeit- und Geo-Schauweg«) die felsig-bewaldete Schlucht rechts des Klausbachs nach Osten aufwärts zu einer **Verzweigung** ❷ mit Brunnen und Sitzgarnituren an der Rechtseinmündung des Lettenbachs. Auf dem Fahrweg Nr. 9 geht es durch die Waldschlucht geradeaus weiter, später durch eine Verengung mit Wasserfällen steiler empor zur Talverflachung. Dort überqueren wir nach links an einer Schranke den Klausbach, gehen kurz nach rechts zu einer Verzweigung bei einem großen Holzkruzifix mit Bänken, 610 m, und gelangen rechts haltend sogleich zur nächsten **Wegteilung** ❸. Hier folgen wir der Forststraße (Weg Nr. 9) kurz nach rechts durch den Wald bis zu einer querenden Asphaltstraße am Unterrand einer Wiese. Auf der Straße halten wir uns rechts, passieren

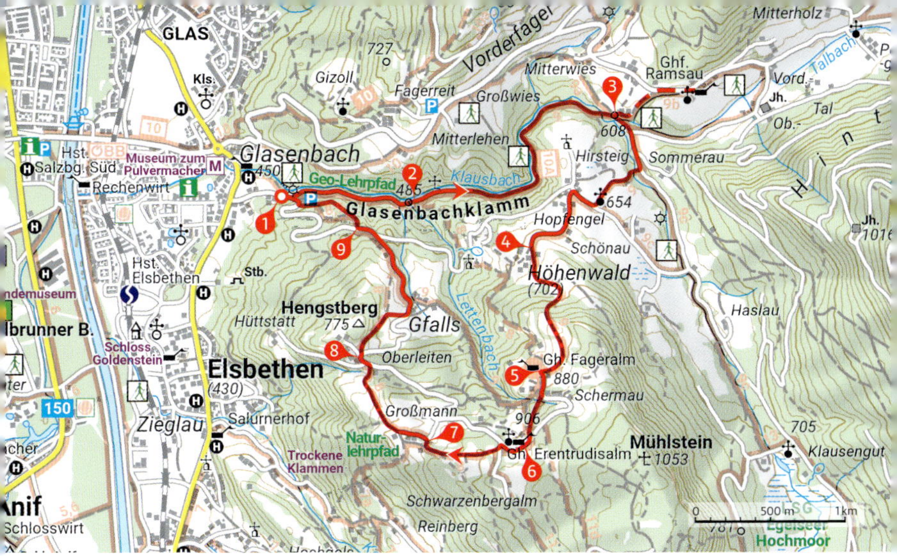

bald eine Teilung und kommen geradeaus an eine Verzweigung. Wir biegen nach rechts auf eine Naturstraße, überqueren nochmals den Klausbach und wandern bergauf durch Wald nach Südwesten, zuletzt unter einer Hochspannungsleitung hindurch auf eine Wiesenterrasse mit Asphaltstraße. Diese gehen wir links hinauf zur nächsten Querstraße und auf dieser eben nach rechts (Westen) zu den Häusern Hirsteig im Bereich der Streusiedlung Höhenwald. Dort geht es links ab und auf einer Asphaltstraße, am Hof Oberhupfengl vorbei, durch Wiesen nach Süden hinauf zur Verzweigung vor dem **Hof Haslauer** ❹, 715 m, mit einer Käserei. Wir halten uns im Hofgelände links und folgen danach be-

Erquickende Rast in der Glasenbachklamm.

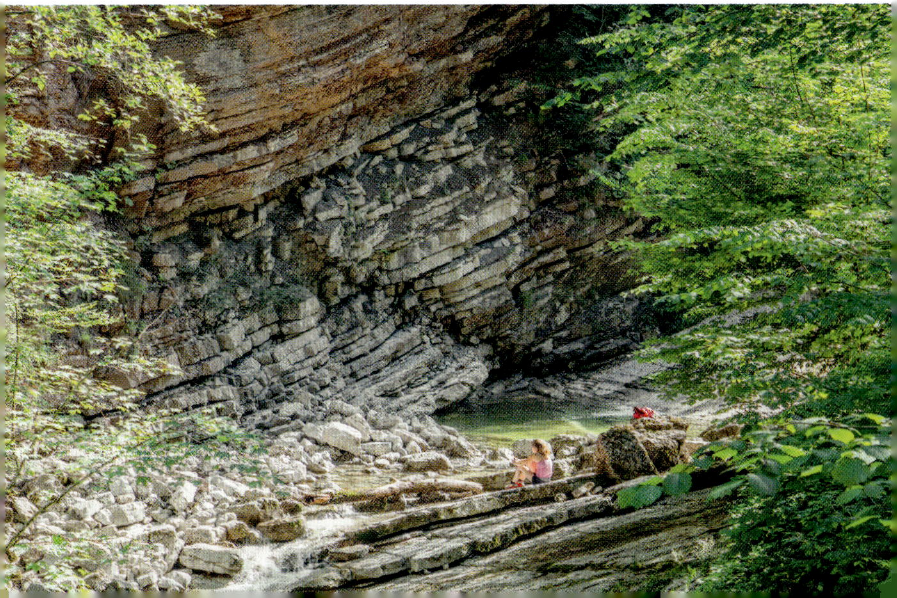

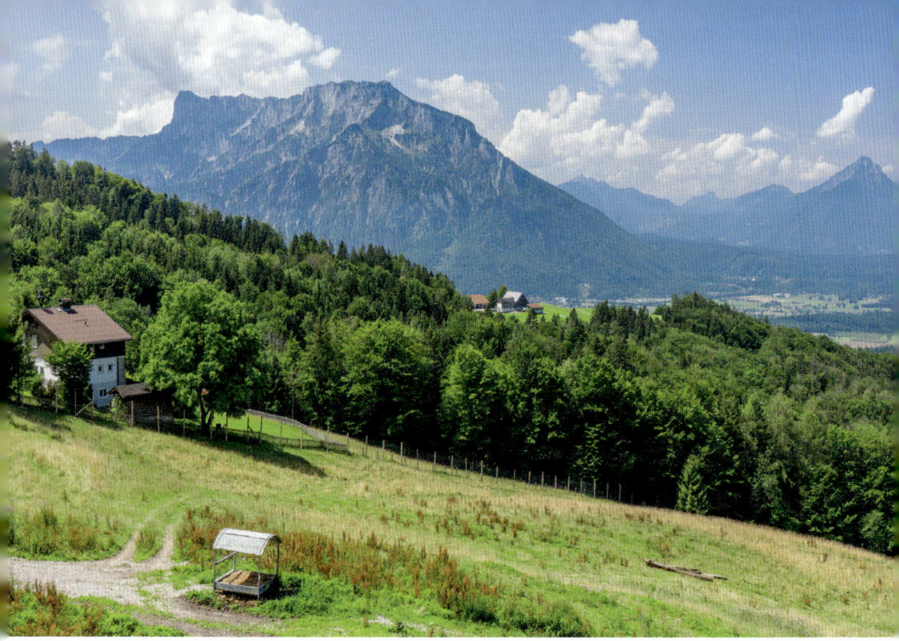

Auf der Fageralm mit Blick auf Untersberg und Hochstaufen.

tonierten Fahrspuren durch Wiesen in einem Linksbogen nach Südosten empor zu einer Teilung, wo wir einem steilen Fahrweg hinauf in den Wald folgen und dort (rot bezeichneter steiler Abkürzer mit kurzer Felspassage) in Kehren hinauf zu einer schönen Wiese wandern. Über diese gehen wir in Südrichtung aufwärts, übersteigen nach rechts einen Zaun (Übertritt) und kommen eben nach Südwesten zum Almgasthof **Fageralm ❺**, 880 m, der aktuell allerdings geschlossen ist (Stand 2024).

Auf der Asphaltstraße nach Glasenbach geht es 30 m nach Süden, dann rechts in die Zufahrt zum Haus Bergfried, die wir schon nach 20 m (keine Tafel!) noch vor dem Hausparkplatz links in einen Waldweg eben nach Westen verlassen. An der nächsten Verzweigung (rechts Weg Nr. 9 über Gfalls nach Glasenbach) wandern wir auf Weg Nr. 8 weiter in einen Graben, aus diesem steil hoch, dann durch krautig bewachsenes Gelände eben zu den Wiesen um die Erentrudisalm und wieder zur Straße. Von dieser biegen wir nach rechts ab zur **Erentrudisalm ❻**, 906 m.

Zurück an der Asphaltstraße halten wir uns zunächst rechts abwärts in Richtung Glasenbach, bis wir die Straße nach 50 m nach links in den Fußweg Nr. 8 verlassen. Auf dem steinigen Weg am rechten Rand ei-

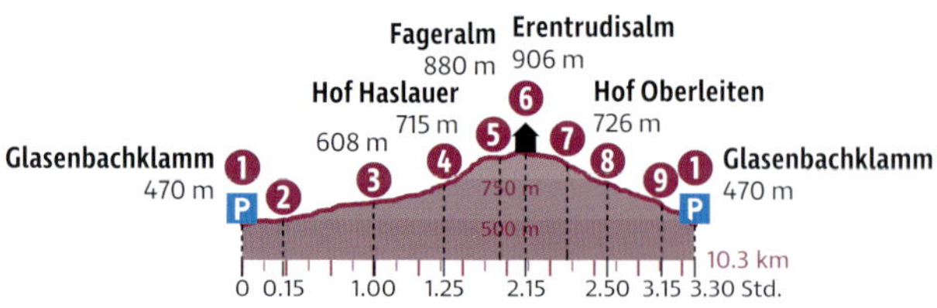

ner Wiese nach Westen wandern wir abwärts zu einer großen Wiesenterrasse mit querender **Asphaltstraße** ❼ (scharf links ginge es zu den »Trockenen Klammen«). Wir folgen der Asphaltstraße in Nordwestrichtung abwärts bis zur Häusergruppe Wildlehen. Hier verlassen wir sie nach rechts und gehen auf einem abgezäunten Weg am rechten Rand einer Wiese mit schönem Blick auf Stadt Salzburg nach Norden abwärts zu einer Asphaltstraße. Wir folgen ihr halb links zum **Hof Oberleiten** ❽, 726 m, am Sattel vor dem Hengstberg.

Gleich nach dem Hof verlassen wir die Straße nach links und wandern auf Fußweg Nr. 8 großteils durch Wiesen nach Nordosten abwärts zu einem querenden Fahrweg und auf ihm nach rechts wieder zur Straße, die man nahe der Häuser von Gfalls erreicht. Auf ihr geht es hinab zur Abzweigung der Straße nach Höhenwald, gleich danach an einem kleinen Parkplatz zur **Rechtsabzweigung von Fußweg Nr. 8** ❾. Durch Buschwald führt uns dieser anfangs in Kehren, dann steil nach Nordwesten hinab wieder zur Straße (Kehre) und auf ihr nach 100 m zum **Parkplatz Glasenbachklamm** ❶.

EINKEHR

Erentrudisalm: 25 Schlafplätze; Montag und Dienstag Ruhetag; Tel. +43 662 623996, erentrudisalm.at; Spezialität: Pofesen mit Powidl.

Alpengasthof Fageralm: Aktuell wegen Umbaus geschlossen (Stand 2024)!

Gasthaus Ramsau: Sehr zu empfehlender 15-minütiger Abstecher zu einer typischen Salzburger Gaststätte (siehe Variante)! Keine Übernachtung; Montag und Dienstag Ruhetag; Tel. +43 664 8474366, die-ramsau.at; idyllischer Gastgarten, Kinderspielplatz.

Eine beliebte Salzburger Einkehr: die Erentrudisalm.

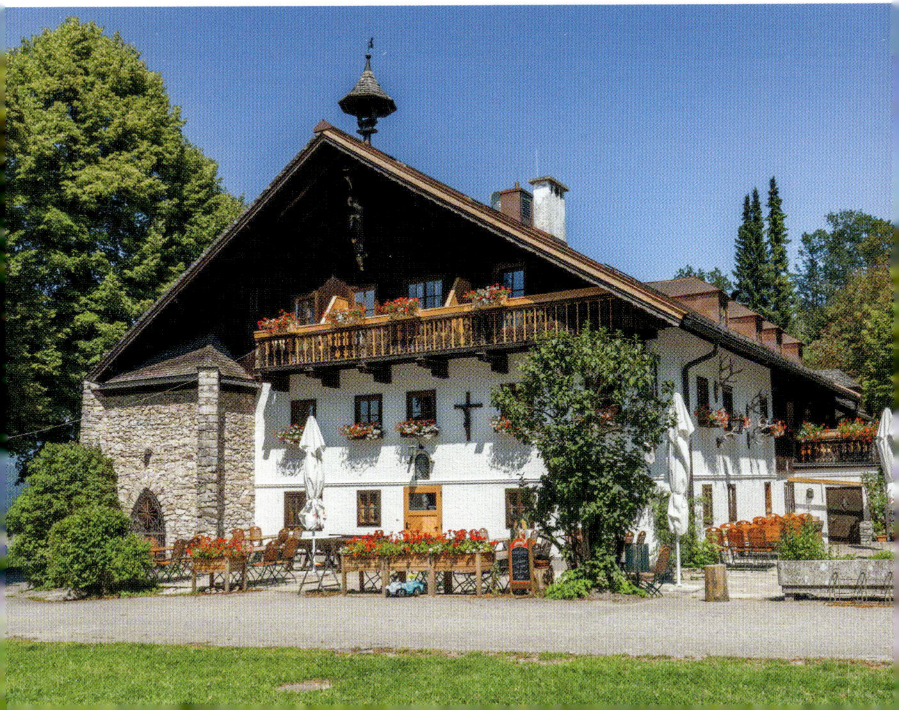

2 Spielberg- und Latschenalm
Über das Wieserhörndl zur Almgaudi

2.15 Std. | 5,2 km | ↗350 m | ↘350 m

Panorama-Rundweg für Genießer
Eine im Sommer geöffnete Mautstraße und zwei einladende Gastbetriebe erklären die Beliebtheit dieses Almreviers bei Gaißau, am Südabhang von Spielberg und Wieserhörndl. Als ambitionierte Bergwanderer überschreiten wir zunächst beide Panoramagipfel, bevor wir uns in der gemütlichen Latschenalmhütte oder in der weiter westlich gelegenen Gasthütte Spielbergalm niederlasssen, um mit diversen Leckereien wie Krapfen, Kaspressknödeln, Kasnocken und Kaiserschmarren verwöhnt zu werden.

Ausgangspunkt: Parkplatz Spielbergalm, 1246 m. Auffahrt mit eigenem Auto auf schmaler Asphaltstraße (Maut: 4 €), 5,5 km von Gaißau.
Anforderungen: Bequeme Halbtagswanderung auf teilweise unmarkierten Wegen. Vorsicht bei schlechter Sicht!
Kinder: Auf der Spielbergalm und der Latschenalm warten Kinderspielplätze (Spielturm) und Streicheltiere auf kleine Gäste.
Die Latschenalm ist vom Parkplatz Spielbergalm auf dem Spielberg-Almweg (Fahrweg Nr. 70), an der Gasthütte Spielbergalm vorbei, in rund einer halben Stunde auch mit dem Kinderwagen zu erreichen.
Hinweis: Sämtliche Lifte im Bereich der Spielbergalm haben nur Winterbetrieb.

Vom **Parkplatz Spielbergalm** ❶ wandern wir vorbei an der Schranke zunächst ein kurzes Stück nach Norden. An der Kapelle zum Hl. Leonhard am Spielberg angelangt, folgen wir links dem Fahrweg Nr. 70 bzw. 852 über Wiesen nach Südwesten, hinauf zum grasigen Höhenrücken des Spielbergs mit zahlreichen Privathütten. Gleich nach der Rechtskurve verlassen wir den Fahrweg nach links. Auf Steigspuren gehen wir nun den runden Rücken entlang eines Schlepplifts mäßig steil nach Norden aufwärts zur Lift-Bergstation und weiter zum Gipfel des **Spielbergs** ❷, 1428 m, mit einem hölzernen Kruzifix. Von hier haben wir einen weiten Blick nach Westen und Süden auf Berchtesgadener Alpen, Tennengebirge und Dachstein. Im Nordwesten ist die Stadt Salzburg mit der Festung Hohensalzburg sichtbar.
Auf dem Kammweg Nr. 70 queren wir über den Waldrücken steil nach rechts (Osten), hinab in die Scharte, 1395 m, vor dem Wieserhörndl. Wei-

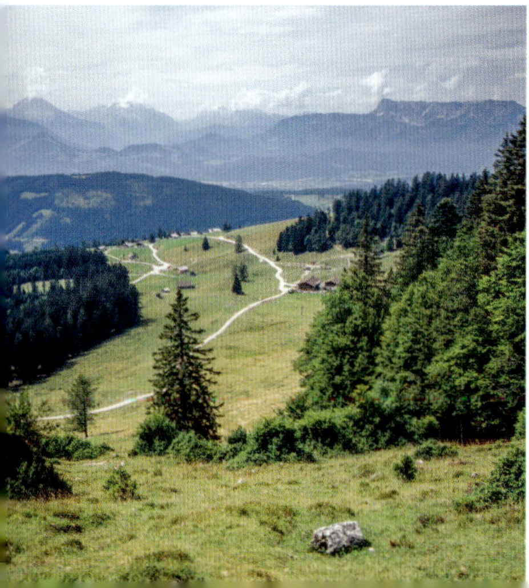

Die Spielbergalm mit dem Untersberg im Westen.

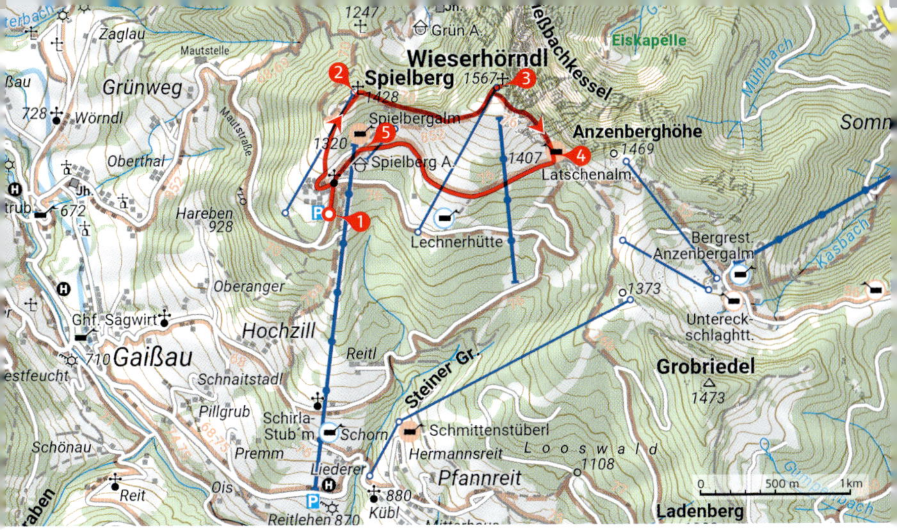

ter geht es knapp rechts des Kammes hinauf in den Sattel, 1415 m, vor dem Gipfelaufbau, wo der Weg nach rechts in die Südwestflanke des Berges hineinführt. Dort steigen wir über felsdurchsetzte Grashänge steil empor zur Rechtseinmündung des direkten Weges Nr. 852 von der Spielbergalm. Diesem folgen wir über Wiesen weiter aufwärts, später parallel zu einem Schlepplift zur Lift-Bergstation und schließlich durch Latschen kurz nach rechts empor zum Gipfelkreuz des **Wieserhörndl ❸**, 1567 m. Zurück an der Schlepplift-Bergstation folgen wir links haltend dem Weg, oberhalb der Bergstation eines Sessellifts vorbei, durch Wiesen nach Südosten hinunter zur **Latschenalm ❹**, 1407 m.

Nachdem wir uns in der Hütte gestärkt haben, gehen wir auf einer Naturstraße (Weg Nr. 70) die grasigen Südhänge des Wieserhörndls in Westrichtung abwärts. Dabei kreuzen wir mehrere Lifttrassen und erreichen schließlich die in einer weiten Wiesenmulde oberhalb der Straße gelegene **Gasthütte Spielbergalm ❺**, 1310 m, die ebenfalls zu einer Einkehr einlädt.

Nun wandern wir nicht entlang des Fahrwegs (Nr. 70 und 852), sondern auf unmarkierten Steigspuren über Wiesen direkt nach Südwesten zur Kapelle zum Hl. Leonhard hinunter und auf dem vom Hinweg bekannten Weg zurück zum **Parkplatz Spielbergalm ❶**.

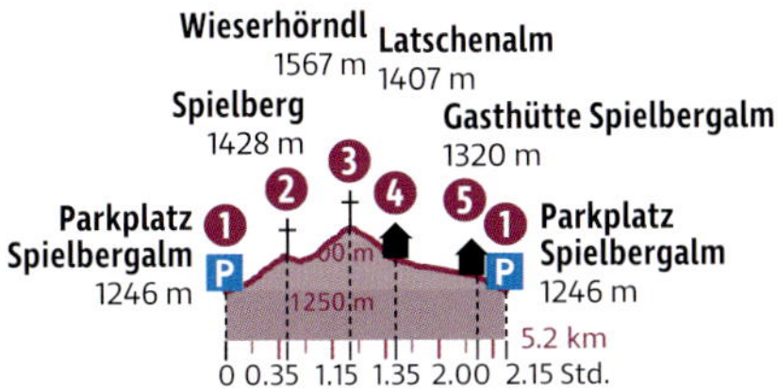

EINKEHR

Latschenalm: Keine Übernachtung; 10./15. Mai bis 31. Oktober sowie im November bei Schönwetter geöffnet, Dienstag und Mittwoch Ruhetag; Tel. +43 6240 547, latschenalm.at.

Gasthütte Spielbergalm: Keine Übernachtung; im April und November bei Schneelage geschlossen, sonst durchgehend geöffnet, Montag bis Donnerstag Ruhetag; Tel. +43 6240 385, spielbergalm.com.

3 Hinterseer Almenrunde
Ladenberg-, Berg- und Feichtensteinalm

TOP | 5.00 Std. | 13,3 km | ↗ 600 m | ↘ 600 m

Eine Perlenkette der Wiesenparadiese

Die Umrundung der beiden »Köpfel« – Sattel- und Bergköpfel – im Regenspitzmassiv beginnt unweit des Erholungsorts Hintersee. Auf ihr werden mindestens fünf Almen berührt, drei mit Einkehrmöglichkeit. Und welcher gebührt die Krone? Die Antwort fällt nicht leicht, denn der eine schätzt dies, die andere das. Sind es auf der urigen Ladenbergalm die herrlich gemuldeten Weiden, auf der Bergalm mit ihren zwei bewirtschafteten Jausenstationen die traumhaften Ausblicke auf Göll, Hochkönig, Tennen- und Hagengebirge, so auf der Feichtensteinalm ihre abgehobene »himmelnahe« Lage und die vorzüglichen Mehlspeisen, mit denen man von der Sennerin verwöhnt wird. Da ist für jeden etwas dabei, eine »Almroas«, die auch Skeptiker zu begeistern vermag. Die an sich unschwierige Wanderung hat im langen Höhenspaziergang zwischen Sattel- und Bergalm ihre schönste, in der anschließenden Querung der Regenspitz-Nordwestflanke – ein teilweise nur fußbreiter Pfad mit Unterbrechungen – ihre anspruchsvollste Passage. Und immer wieder fasziniert die Bergwelt der Osterhorngruppe, in der der eigenwillig geformte Schmittenstein – von Nordwesten ein Grasberg mit »aufgesetztem« würfelförmigem Gipfel-Felsblock – ins Auge fällt.

Ausgangspunkt: Parkplatz Satzstein, 780 m, 650 m südlich des Ortes Hintersee. Zufahrt von Hintersee (15 Min. zu Fuß), dorthin per Buslinie 155/157 (Haltestelle »Hintersee Ortsmitte«) von Salzburg über Hof und Faistenau.

Anforderungen: Lange Wanderung auf zwar beschilderten, aber nicht überall markierten Wegen, im Abschnitt zwischen Berg- und Feichtensteinalm nur schmaler schuhbreiter Bergpfad. Trittsicherheit und Ausdauer nötig. Nur bei trockenem Wetter!

Kinder: Wegen der Tourenlänge und der etwas beschwerlichen Hangquerung von der Berg- zur Feichtensteinalm ist die Wanderung mit Kindern weniger zu empfehlen.

Gipfelmöglichkeit: Ab Bergalm kann der aussichtsreiche Regenspitz, 1675 m, auf einem markierten Pfad lohnend überschritten werden (Aufstieg über den Westrücken, im Abstieg über den Nordostgrat zur Feichtensteinalm einige drahtseilgesicherte Passagen). Zusätzlicher Zeitaufwand rund 2 Std.

Hinweis: Im Ort Hintersee wirkte zwischen 1827 und 1837 Pfarrvikar Joseph Mohr, Textdichter des berühmten Weihnachliedes »Stille Nacht! Heilige Nacht!«.

Tipp: An heißen Sommertagen lohnt ein Besuch des nördlich des Ortes Hintersee gelegenen gleichnamigen Sees (mehrere Freibadeplätze). Er kann auf einem schönen Uferweg in 1.15 Std. umwandert werden.

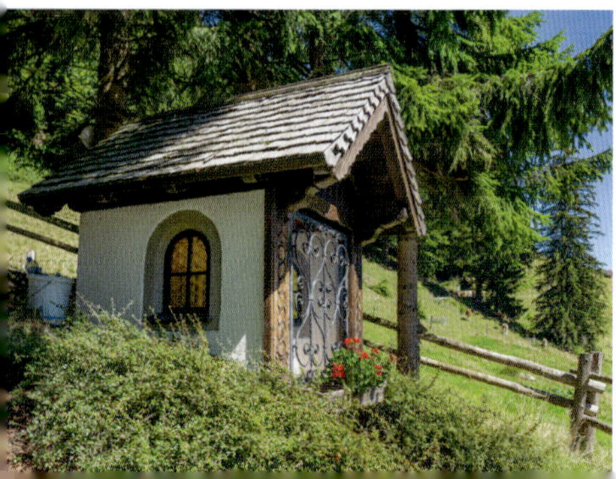

Die kleine Kapelle auf der Ladenbergalm.

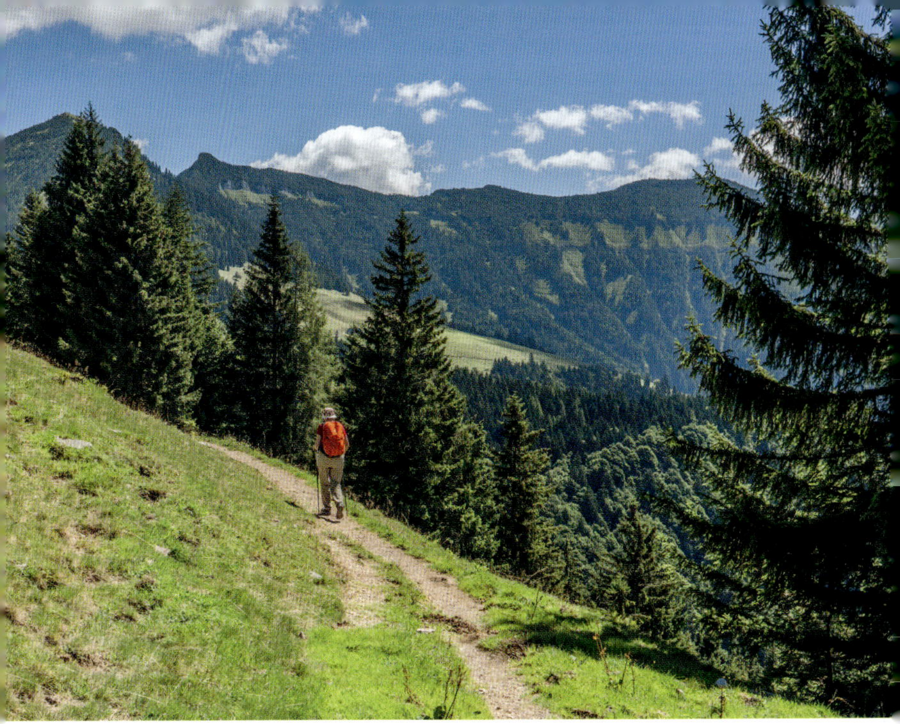

Bald nach dem Wiesensattel (Wegpunkt 6) auf dem Weg zur Bergalm.

Wir verlassen den **Parkplatz Satzstein ❶** auf der abgeschrankten Forststraße (Weg Nr. 850), gehen bei der Gabelung am Anfang nach rechts und wandern links neben dem Ladenbach durch den Wald sanft nach Südwesten aufwärts. An der **Verzweigung ❷** gleich nach der ersten Linkskehre (Tafeln) biegen wir rechts ab und bleiben auf einem guten Fußweg weiterhin links vom Ladenbach. Wir kommen an einen – vor allem im Frühjahr – imposanten Wasserfall an der gegenüberliegenden Talseite vorbei, bald geht es stärker steigend aufwärts, später links abseits vom Bach nach Süden empor zu einer querenden **Forststraße ❸**. Wir halten uns rechts und erreichen nach fünf Gehminuten bergauf eine Verzweigung. Links ab geht es nun einen steilen Waldhang ziemlich direkt hinauf, zuletzt über einen Zaun (Überstieg) zu den Wiesen der Ladenbergalm. Über diese erreichen wir auf einem begrünten

EINKEHR

Jausenstation Bergalm: Keine Übernachtung; 25. Mai bis 31. Oktober geöffnet; Tel. +43 664 75080860, bergalm.info.

Jausenstation Neureithütte: Auf der Bergalm; keine Übernachtung; 1. Juni bis 31. Oktober geöffnet; Tel. +43 6241 323 und +43 664 4413012, bergalmneureithuette.com.

Jausenstation Stegleitenhütte: Auf der Feichtensteinalm; keine Übernachtung; 25. Mai bis 31. Oktober geöffnet; Tel. +43 664 4510877 und +43 6228 7236.

Weitere Einkehrmöglichkeiten: Gastbetriebe im Ort Hintersee, ca. 650 m vom Ausgangspunkt.

Weg in Westrichtung aufwärts die blumengeschmückten Hütten der **Ladenbergalm** ❹, 1175 m (z. T. Hüttenvermietung »Urlaub am Bauernhof«). Auf einem querenden Fahrweg gehen wir nach rechts, biegen aber schon nach 30 m nach links ab und wandern auf dem Fußweg Nr. 850, zwischen den Almgebäuden und eine Naturstraße kreuzend, durch Wiesen nach Westen aufwärts zu einer kleinen Kapelle, dann nach links (Südwesten) empor in den **Sattel** ❺, 1254 m, zwischen Ladenberg und Sattelköpfel.

Durch ein Gatter (Überstieg) und dann kurz durch Wald gehen wir hinab zu einer Verzweigung. Hier halten wir uns links und wandern auf Weg Nr. 78 und 850 am bewaldeten Westabhang des Sattelköpfels (Aufblick zum Schmittenstein!) nach Süden hinauf zu einer Verzweigung im **Wiesensattel** ❻, 1291 m, zwischen Sattelköpfel und Schmittenstein (rechts oberhalb am Rücken gegen den Schmittenstein findet sich ein umzäuntes Holzkruzifix mit Bänken). Wir folgen Weg Nr. 840 kurz nach links aufwärts in die südseitigen Wiesenhänge des Sattelköpfels und des anschließenden Bergköpfels hinein. Dort geht es, oberhalb der Sattelalm vorbei, in nahezu ebener langer Höhenwanderung erst in Ost-, dann in Südostrichtung dahin, wobei sich eine wunderbare Schau nach Süden auf Tennen- und Hagengebirge sowie gegen den stolzen Schmittenstein rechts davor bietet. Wir passieren die Linkseinmündung des direkten Wegs Nr. 12 und 56 von der Ladenbergalm und erreichen die beiden Almgaststätten der **Bergalm** ❼, 1250 m, die **Jausenstationen Bergalm** und **Neureithütte**.

Von der Bergalm gehen wir kurz ostwärts in den nahen Sattel, 1252 m, zwischen Regenspitz und Bergköpfel und jenseits auf Weg Nr. 851 kurz nach Norden hinab zur Rechtsabzweigung von Weg Nr. 55 zur Feichtensteinalm. Auf diesem zwar beschilderten, aber unmarkierten

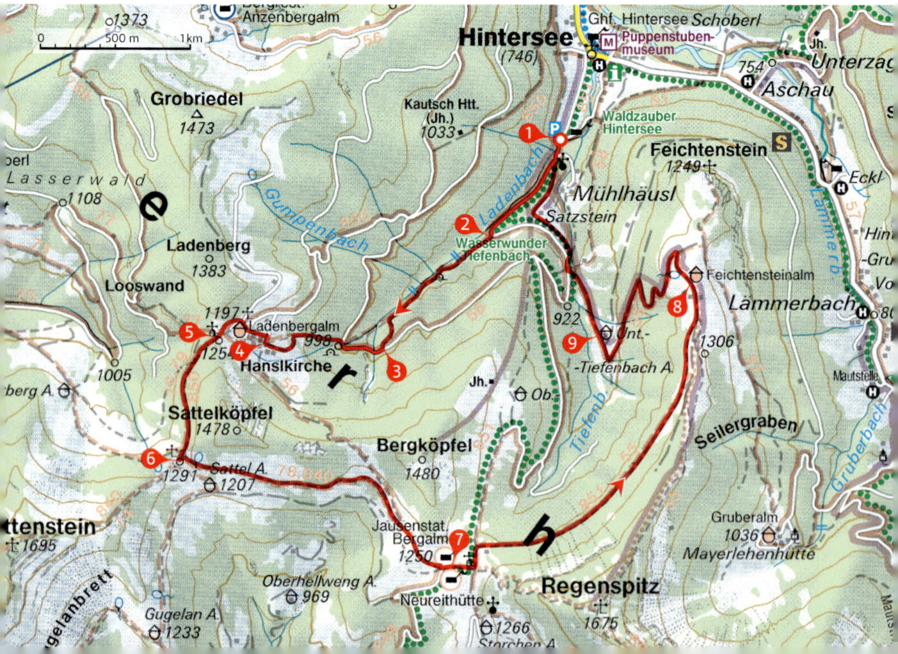

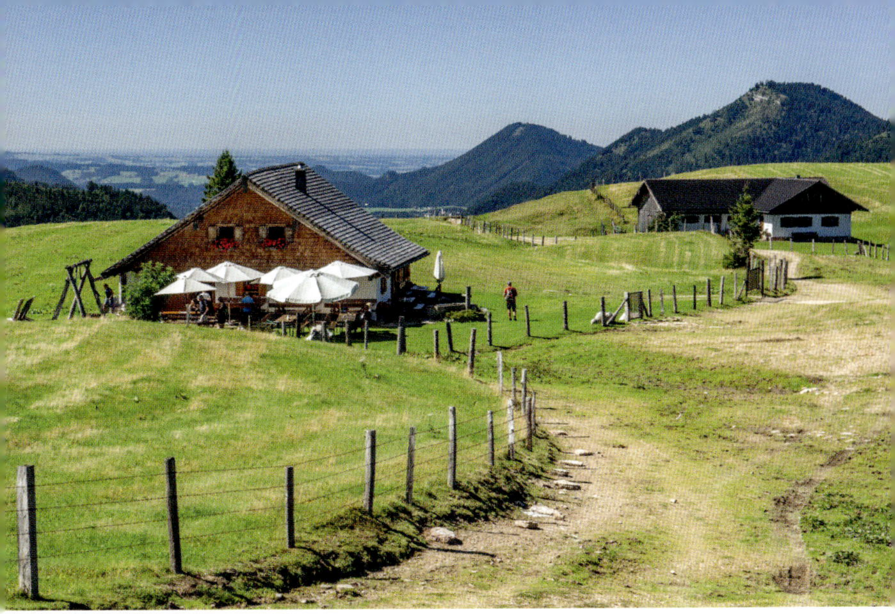

Die Feichtensteinalm mit der Jausenstation Stegleitenhütte.

rauen Pfad queren wir im leichten Auf und Ab durch Buschwerk und Wald die Nordwestflanke des Regenspitz samt einigen Rinnen, zuletzt kommen wir aus dem Wald und an Wiesenhängen entlang zu einer begrasten Wegtrasse. Dieser folgen wir nach links (Norden) abwärts zu einer balkonartigen Wiesenschulter mit den Hütten der **Feichtensteinalm 8**, 1250 m, mit der **Jausenstation Stegleitenhütte**.

Die geschotterte Zubringerstraße (Tiefblick zum Hintersee!) führt uns zunächst in Nordrichtung sanft bergab, dann durch Wald in steilen Kehren nach links (Westen) hinunter in das Tiefenbachtal und dort zu den Wiesen der **Untertiefenbachalm 9**, 960 m. Wir folgen der Straße durch Wiesen und Wald in Nordrichtung abwärts, schließlich nach links über den Bach. Von dessen Holzbrücke bietet sich ein eindrucksvoller Tiefblick zu den Tiefenbach-Kaskaden. An der Verzweigung direkt hinter dem Bach gehen wir auf der unteren Schotterstraße links neben dem Bach abwärts und passieren den imposanten Tiefenbach-Wasserfall (Aussichtsterrasse rechts unterhalb der Straße). In einer Linkskurve am Hof Satzstein (ehem. »Moarhof«) wandern wir rechts (Norden) hinab in das Ladenbachtal und schließlich zurück zum **Parkplatz Satzstein 1**.

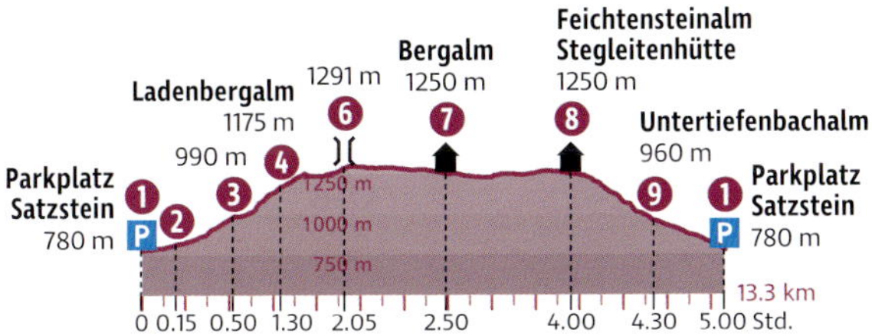

4 Genneralm, 1295 m

Von Lämmerbach in das Almenparadies

3.15 Std. | 7,0 km | ↗510 m | ↘510 m

Genesungstour für Leib und Seele im Salzburger Land

Wer die 220 Hektar große Genneralm mit ihren Almhütten und Jausenstationen nur als Startpunkt für die Besteigung eines der Aussichtsberge im Umkreis des Almsattels anpeilt, kann sie auch mit dem Auto erreichen. Will man in erster Linie die Alm selbst besuchen, bringt aber gerade der Anstieg von Lämmerbach dorthin die richtige Einstimmung. Denn, oben angelangt, schlendern wir im Schatten schön geformter Gras- und Felsgipfel von einer urigen Almhütte zur nächsten, genießen Bergeinsamkeit, Kuhgebimmel – im Sommer weiden dort 120 Rinder und einige Pferde – und würzigen Heuduft. Es ist ein Spaziergang durch friedliches Bauern- und Almenland, wo drei gut geführte Gastbetriebe zur Rast einladen, jede mit eigenen Spezialitäten und Schmankerln.

Ausgangspunkt: Parkplatz Lämmerbach, 820 m, im inneren Lämmerbachgraben, am Ende der öffentlich befahrbaren Asphaltstraße, 3 km südöstlich von Hintersee, 11,5 km von Faistenau. Bus 155 von Salzburg nach Faistenau, danach per Bus 157 über Hintersee bis zum Wendeplatz (Bushaltestelle »Hintersee Lämmerbach«) 500 m nördlich des Parkplatzes.

Anforderungen: Unschwierige mittellange Wanderung auf gut markierten und beschilderten Fahr- und Fußwegen.

Kinder: Dies ist eine problemlose und nicht allzu lange Kindertour, bei der oben drei gut geführte Gastbetriebe teilweise mit Spielplätzen etc. zur Einkehr laden.

Wer die Genneralm mit dem Auto besucht, kann oben auf bequemen, ebenen Fahrwegen von einer Almhütte zur anderen mit dem Kinderwagen fahren.

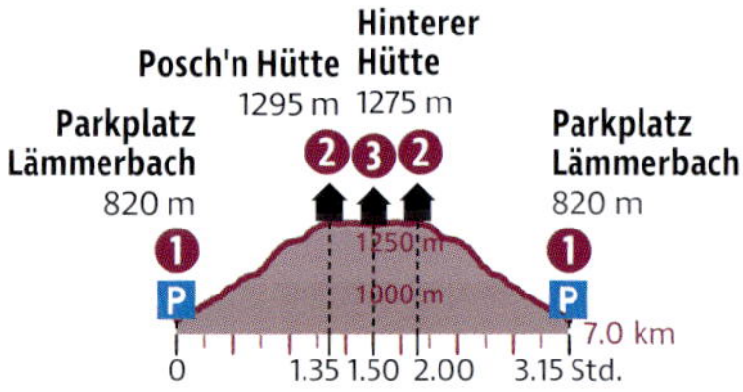

Gipfelmöglichkeiten: 1. Vom Genneralm-Sattel können der ostseitig gelegene Hohe Zinken, 1764 m, und das Osterhorn, 1746 m, auf markierten Wegen unschwierig bestiegen werden (gesamter zusätzlicher Zeitaufwand 4 Std.). 2. Die Besteigung des westseitig gelegenen Gennerhorns, 1735 m (gesamter zusätzlicher Zeitaufwand 3 Std.) ist nur geübten Gehern anzuraten.

Variante: Vom Parkplatz Lämmerbach kann mit dem eigenen Auto auf einer steilen Naturstraße (Maut!) zur Genneralm (begrenzter Parkraum!) gefahren werden, 4 km. Damit verkürzt sich die effektive Gehzeit auf eine halbe Stunde.

EINKEHR

Posch'n Hütte: Auf der Genneralm; 16 Schlafplätze; 10./15. Juni bis 15./20. September durchgehend, danach je nach Wetter geöffnet; Tel. +43 664 9166341, genneralm.at; Spezialitäten: Zwetschkenpofesen; Spielplatz.

Hinterer Hütte: 8 Schlafplätze; 15. Juni bis 30. September durchgehend, im Oktober nur an Schönwetter-Wochenenden geöffnet, Montag Ruhetag; Tel. +43 664 4913; Schmankerl: Kaspressknödelsuppe, Kasnockn und Kaiserschmarren.

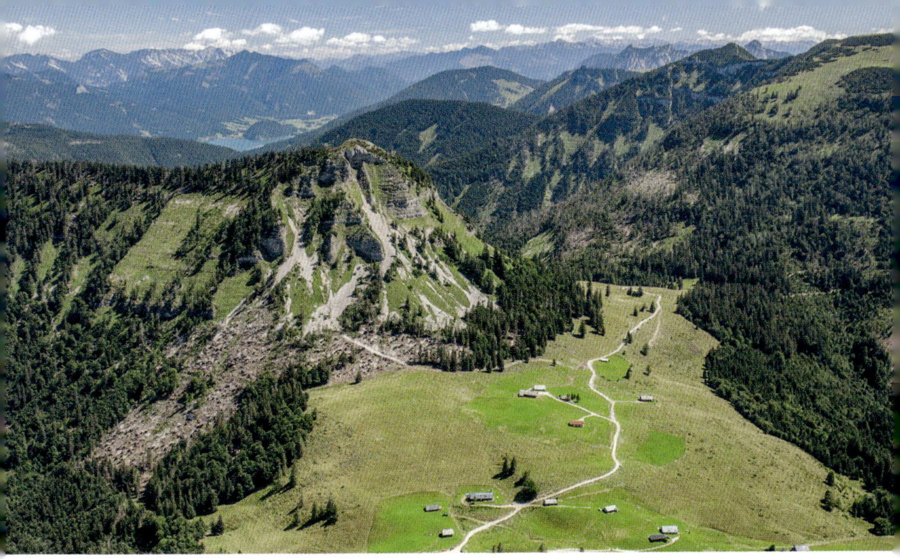

Tiefblick vom Gennerhorn auf Holzeck und Genneralm.

Vom **Parkplatz Lämmerbach** ❶ folgen wir der steilen Naturstraße durch den Wald nach Süden hinauf zur Mautstelle (Schranke). Wir verlassen die Straße im Bereich der Mautstelle nach rechts und folgen dem bezeichneten »Steig auf die Genneralm« (Weg Nr. 57, gelbe Tafeln), der die in Kehren aufwärtsführende Straße abkürzt und meist im Bergwald bergauf nach Süden verläuft. Zuletzt führt der Weg durch Wiesen wieder zur Straße und auf ihr in Südostrichtung aufwärts zur Straßenteilung am **Genneralm-Sattel**, 1295 m, zwischen Gennerhorn und Holzeck. Nur 50 m östlich des Sattels erreichen wir die **Posch'n Hütte** ❷, 1295 m.

Im Wiesenparadies der Genneralm. Blick nach Süden auf das Tennengebirge.

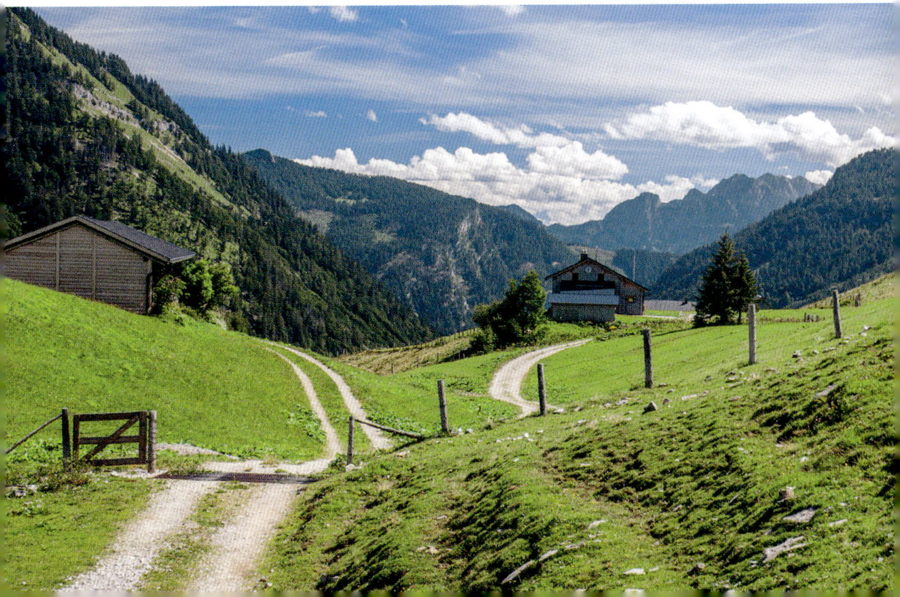

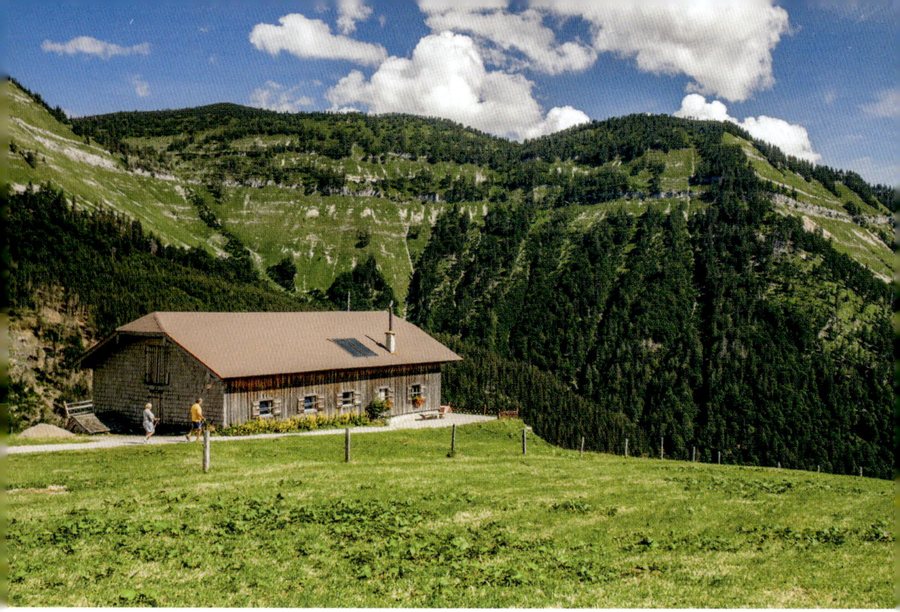

Die Hinterer Hütte auf der Genneralm.

Zurück am Genneralm-Sattel wandern wir auf dem ebenen Fahrweg in Südrichtung gerade fort. Wir passieren die Rechtsabzweigung von Fußweg Nr. 840 auf das Genner- und Gruberhorn und die Linksabzweigung zur nahen, unbewirtschafteten Reithütte und erreichen bald die **Hinterer Hütte ❸**, 1275 m.
Der Abstieg zurück zum **Parkplatz Lämmerbach ❶** erfolgt entlang der Anstiegsroute.

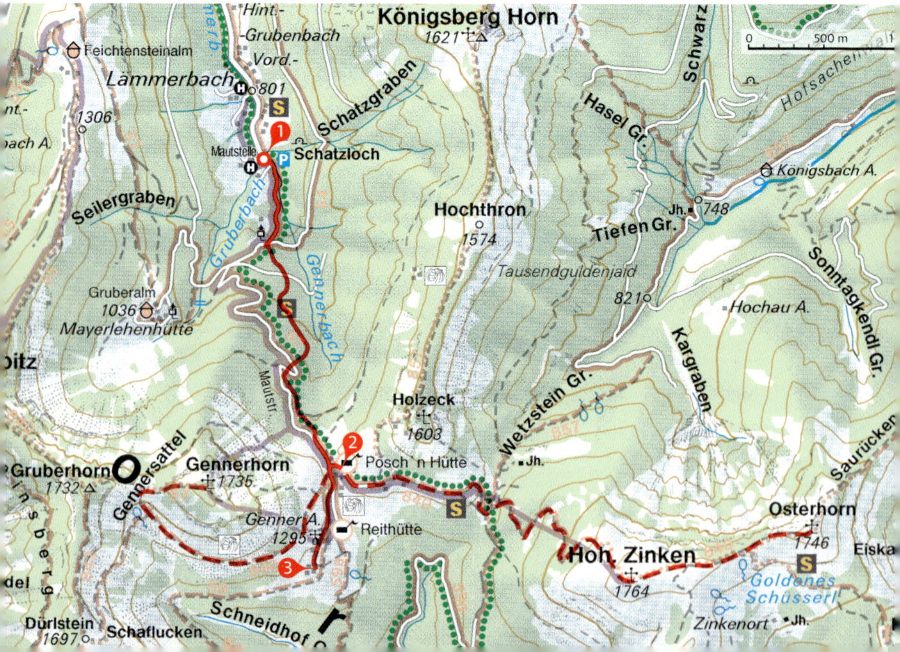

Zwölferhorn, 1522 m, und Illingerbergalm

Talabstieg vom Zwölferhorn nach Brunn

5

3.00 Std. | 10,8 km | ↗ 110 m | ↘ 1040 m

Nach Panoramagenuss im großen Wanderbogen talwärts

Für einen strahlenden Hochsommertag wüsste ich nichts Schöneres als mit der Kabinenbahn aufs Zwölferhorn, wo im weit ausholenden Bogen ein wunderbarer Talabstieg nach Brunn ansetzt, vorbei an urigen Almen und begleitet von ständigen Ausblicken zu den Highlights der Salzkammergutberge. Einkehrmöglichkeiten gibt's gleich an der Bergstation und später an der Jausenstation Illingerbergalm, die ihre Gäste mit allerlei Schmankerln wie Kaspressknödelsuppe, Apfelstrudel und flaumigen Kaiserschmarren verwöhnt.

Ausgangspunkt: St. Gilgen, Talstation der Zwölferhorn-Seilbahn, 560 m, an der Wolfgangsee-Straße (B158). Schräg gegenüber der Parkplatz »St. Gilgen-Helenenstraße«, dazwischen der Busbahnhof. Parkhaus im Talstationsgebäude (bei Besitz eines Seilbahn-Tickets bis zu vier Stunden Gratisparken, zwei Parkplätze zum Auftanken von Elektrofahrzeugen).
Zwölferhorn-Seilbahn: Bergstation 1480 m. Ganzjährig und täglich in Betrieb, April bis August 9–18 Uhr, September 9–17 Uhr, Oktober 9–16 Uhr; zwoelferhorn.at.

Endpunkt: St. Gilgen/Brunn, Bushaltestelle, 551 m. Rückfahrt per Bus Linie 150 (zwischen 5.30 und 21 Uhr halbstündlich bis stündlich) nach St. Gilgen.
Anforderungen: Einfache, aber lange Wanderung talwärts auf gut markierten Wegen und Forststraßen.
Kinder: Aufgrund des beachtlichen Höhenunterschieds und des langen Forststraßen-Abstiegs von der Illingerbergalm nach Brunn keine ideale Kindertour.
Hinweis: Die Illingerbergalm kann von Brunn/Abersee (Mautstraße) auch mit dem Auto angefahren werden.

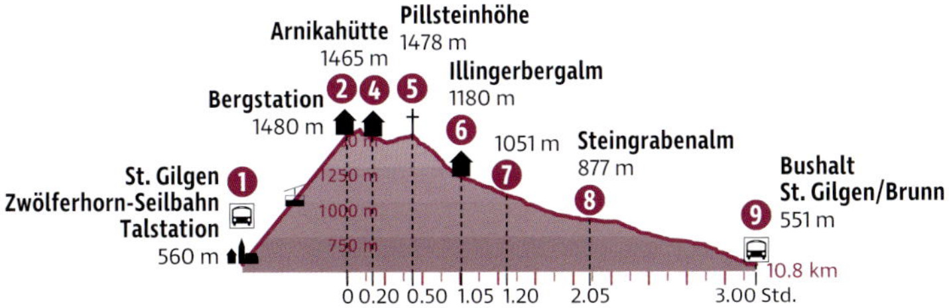

EINKEHR

Panoramarestaurant »Das Zwölfer«: An der Bergstation der Zwölferhorn-Seilbahn mit prachtvollem Tiefblick auf St. Gilgen und Wolfgangsee; keine Übernachtung; mit der Seilbahn tagsüber täglich geöffnet; Tel. +43 664 9428202, daszwoelfer.at.
Arnikahütte: Keine Übernachtung; außer bei ausgesprochenem Schlechtwetter 20./25. Mai bis 26. Oktober geöffnet, Dienstag Ruhetag; Tel. +43 681 20207053, arnika12.at.
Jausenstation Illingerbergalm: Keine Übernachtung; 15./20. Mai bis 26. Oktober geöffnet, Montag bis Mittwoch Ruhetag; Tel. +43 664 4184280, +43 664 7831306, illingerbergalmhuette.at.

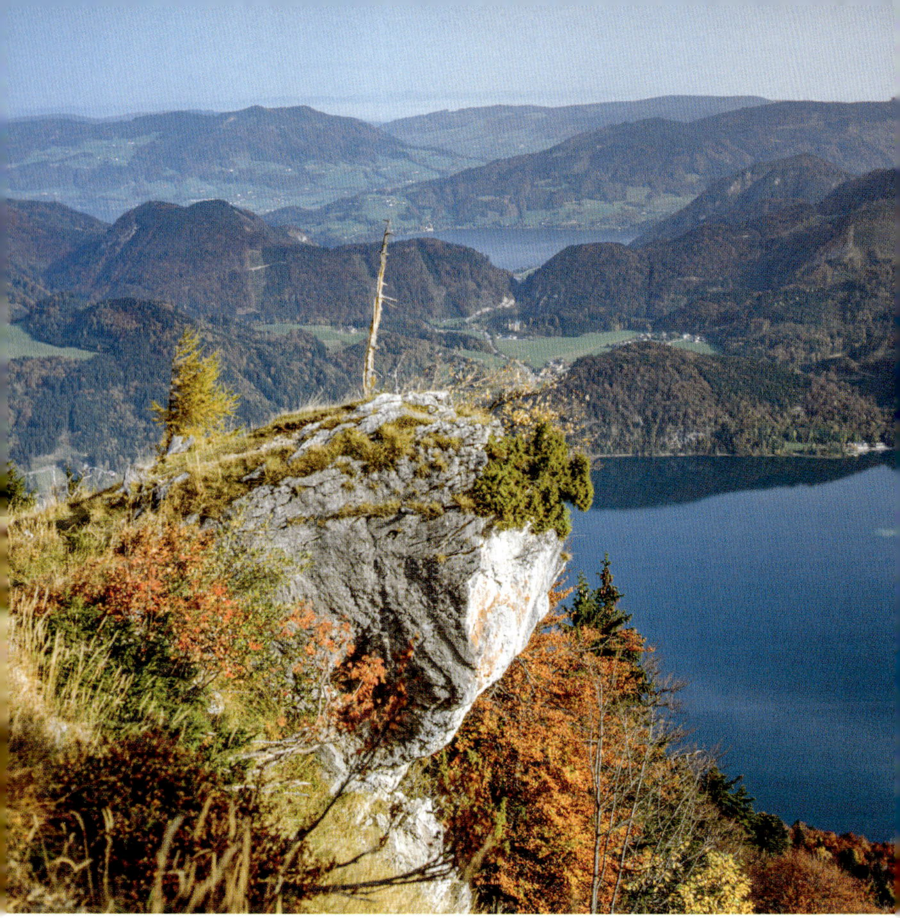

Tiefblick vom Elferstein, einem Nebelgipfel des Zwölferhorns, zum Wolfgangsee.

Wir beginnen die Tour in **St. Gilgen** ❶, von wo wir mit einer Gondel der Zwölferhorn-Seilbahn, begleitet von atemberaubenden Tiefblicken auf den Wolfgangsee, zur **Bergstation** ❷ auf 1480 m Höhe hinaufschweben. Von hier geht es zunächst über Stiegen, dann auf dem bezeichneten Fußweg Nr. 855 hinauf an den Nordostrücken (Sonnenterrassen) und über diesen nach rechts empor zum Gipfel des **Zwölferhorns** ❸, 1522 m, wo uns Bänke und ein Gipfelkreuz erwarten. Wir wandern immer noch auf dem Weg Nr. 855, teils über Felsstufen, den begrünten Südwestkamm hinunter zur **Arnikahütte** ❹, 1465 m, und auf einer Naturstraße weiter in einen Sattel, 1410 m, mit einer Verzweigung. Immer noch auf dem Fußweg Nr. 855 geht es nun geradeaus über den Kamm empor zur Wiesenkuppe der **Pillsteinhöhe** ❺, 1478 m. Auf einem Steig gehen wir westwärts hinab zu einem Gatter und dort durch Wald scharf nach links (Süden) in einen Wiesensattel, 1356 m. Hier biegen wir links ab (Zaun; Weg Nr. 4 und 5) und wandern über Wiesen steil hinab in Richtung Steingraben zu einer Forststraße. Auf ihr halten wir uns links

und erreichen nach wenigen Metern die **Jausenstation Illingerbergalm** ❻, 1180 m.
Anschließend folgen wir der Naturstraße weiter, stets an der linken Seite des Steingrabens nach Nordosten zur Braunauer Hütte und weiter zur **Stüblalm** ❼, 1051 m. Durch den Wald wandern wir in Kehren abwärts in die Sohle des Steingrabens und dort talaus zur **Steingrabenalm** ❽, 877 m. An der linken Grabenseite steigen wir nun fast 3 km in Südostrichtung ab zu einer Kapelle (mit Blick auf den Sparber!), dann über den Rücken des Troifer Berges nach links herum und hinunter zu den Häusern von Brunn, 551 m. Wir gehen auf der querenden Straße kurz nach links, dann gleich nach rechts über Wiesen eben nach Norden zur B 158 (Wolfgangsee Straße) mit der **Bushaltestelle St. Gilgen/Brunn** ❾.

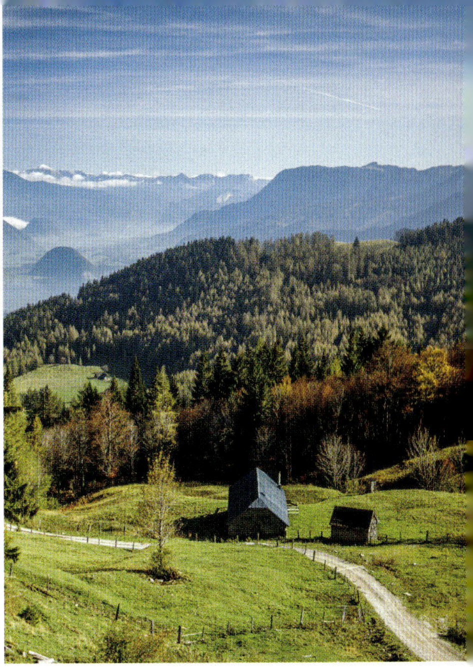

Blick von der Stüblalm auf Katrin und Totes Gebirge.

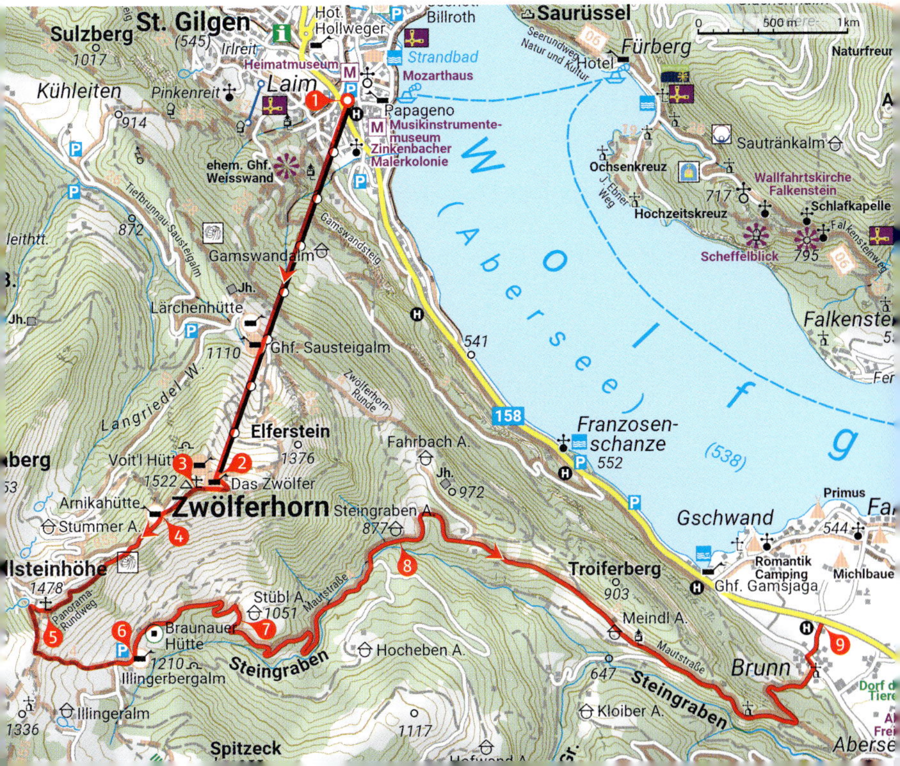

6 Niedergadenalm und Bleckwandhütte

Im Uhrzeigersinn über die Bleckwand

5.45 Std. | 13,1 km | ↗ 970 m | ↘ 970 m

Eine Bergtour für gehobene Ansprüche

Zur Bleckwandhütte kann man auf verschiedenen Wegen gelangen und ziemlich hoch hinauf auch mit dem Auto fahren. Wenig geläufig und hundertprozentig autofrei ist der Spiralanstieg vom nordseitigen Mahdhäusl bei Strobl über die ganz im Banne des turmförmigen Sparber gelegene Schartenalm und die Niedergadenalm mit der Illighütte. Von den Almen ist im Sommer nur Letztere bewirtschaftet, dafür gibt's später Verpflegung und Übernachtungsmöglichkeit an der Bleckwandhütte. Auf dem Rückweg zum Ausgangspunkt werden auch die beiden Gipfel der Bleckwand überschritten, von denen ein umfassender Überblick über das gesamte Wolfgangseeland geboten wird.

Ausgangspunkt: Parkplatz am Gasthaus Mahdhäusl, 620 m, 2 km von Strobl. Zufahrt ab Wolfgangseestraße (B158, dort Bushaltestelle »Strobl-Breitenbacher« der Linie 150) 0,5 km auf asphaltierter Stichstraße (Habergstraße) nach Süden.
Anforderungen: Lange, anstrengende Bergtour auf meist markierten Wegen. Trittsicherheit und Ausdauer nötig!
Kinder: Unschwierige Wanderung. Wegen der Länge und des zu bewältigenden Höhenunterschieds jedoch keine ideale Kindertour.
Hinweis: Bei Übernachtung auf der Bleckwandhütte kann das Unternehmen auf zwei 3-Stunden-Etappen aufgeteilt werden.

Vom Parkplatz am **Gasthaus Mahdhäusl** ❶ gehen wir den Fahrweg Nr. 877 kurz nach Süden hoch zu einer Linkskehre, halten uns dort rechts und folgen dem rot bezeichneten Naturfahrweg am Wiesenrand aufwärts in den Wald. An der Rechtsabzweigung von Weg Nr. 15 bleiben wir auf dem Fahrweg Nr. 877 – oder auf dem bezeichneten Fußweg rechts davon – und wandern zur Linken eines Baches im Wald bald steil nach Süden aufwärts. An einer Kehre erreichen wir eine **Forststraße** ❷, die als Nr. 34 nach rechts zur Bleckwandhütte führt. Wir verlassen die Straße auf dem Fahrweg Nr. 877 sogleich nach links zu einer Verzweigung. Hier halten wir uns rechts und wandern auf einem Fußweg durch Wald südwestwärts in Windungen steil bergauf. Später führt der Weg nach rechts über einen Bach und jenseits in Windungen hoch, danach geht es über einen Zaun (Überstieg) zu einer Forststraße, die traversiert wird. Nach kurzem Waldanstieg erreichen wir den Unterrand der Schar-

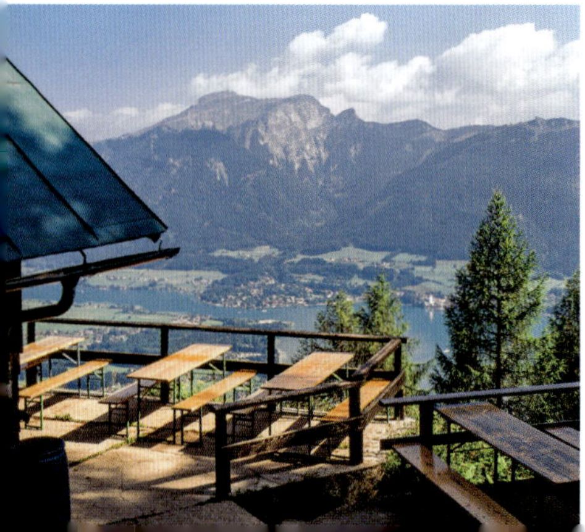

Wolfgangsee und Schafberg von der Bleckwandhütte.

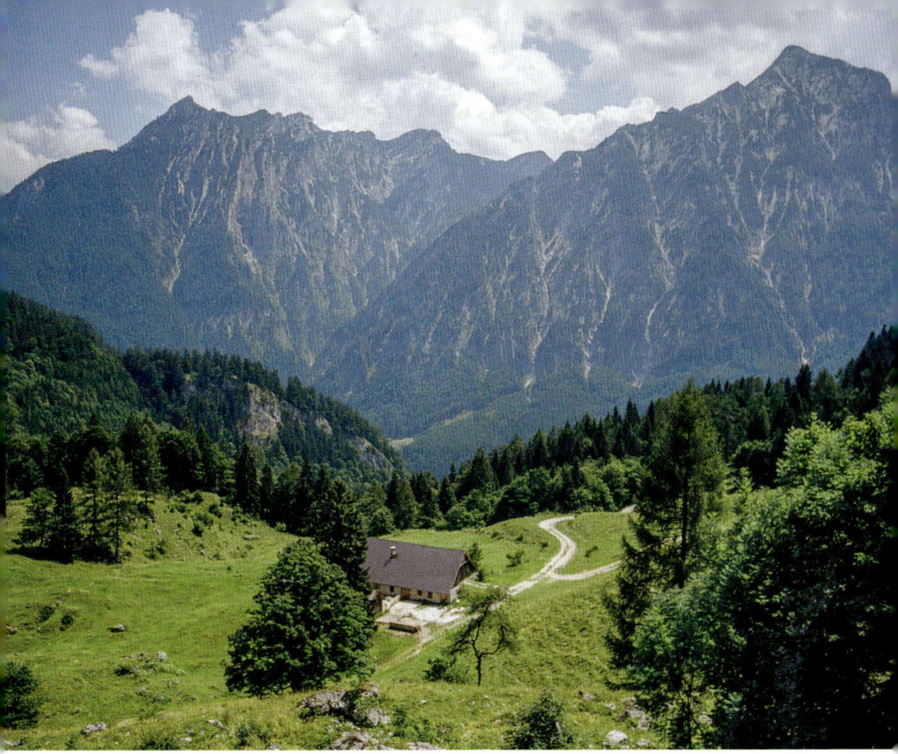

Die Schartenalm mit Retten- und Rinnkogel im Südosten.

tenalm-Wiesen (versperrte Hütte mit Brunnen) und wieder die Forststraße. Auf dieser wandern wir in Südrichtung sanft bergauf in den **Sattel** ❸, 995 m, zwischen Sparber und Bleckwand und dort zu einer Verzweigung. Von hier gehen wir rechts den Wiesenweg Nr. 877 (Markierung an Steinen) steil nach Westen hoch zu einer breiten begrünten Wegtrasse und auf ihr links haltend, also südwärts, durch ein kurzes Waldstück, danach wieder durch Almweiden zu einer Anhöhe. Nun geht es leicht fallend, an der Strahammer-Gedenkstätte (ein mächtiger Felsblock mit Bank, Gedenktafel und Kruzifix) vorbei, zur **Schartenalm** ❹, 1051 m. Hier gibt es einen guten Brunnen, die Alm wird im Sommer bestoßen, aber nicht bewirtschaftet. Von der Alm haben wir einen imponierenden Aufblick zum turmförmigen Doppelgipfel des Sparber im Nordosten,

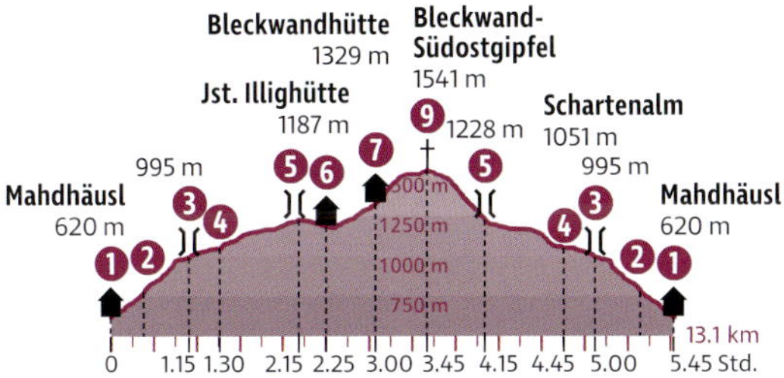

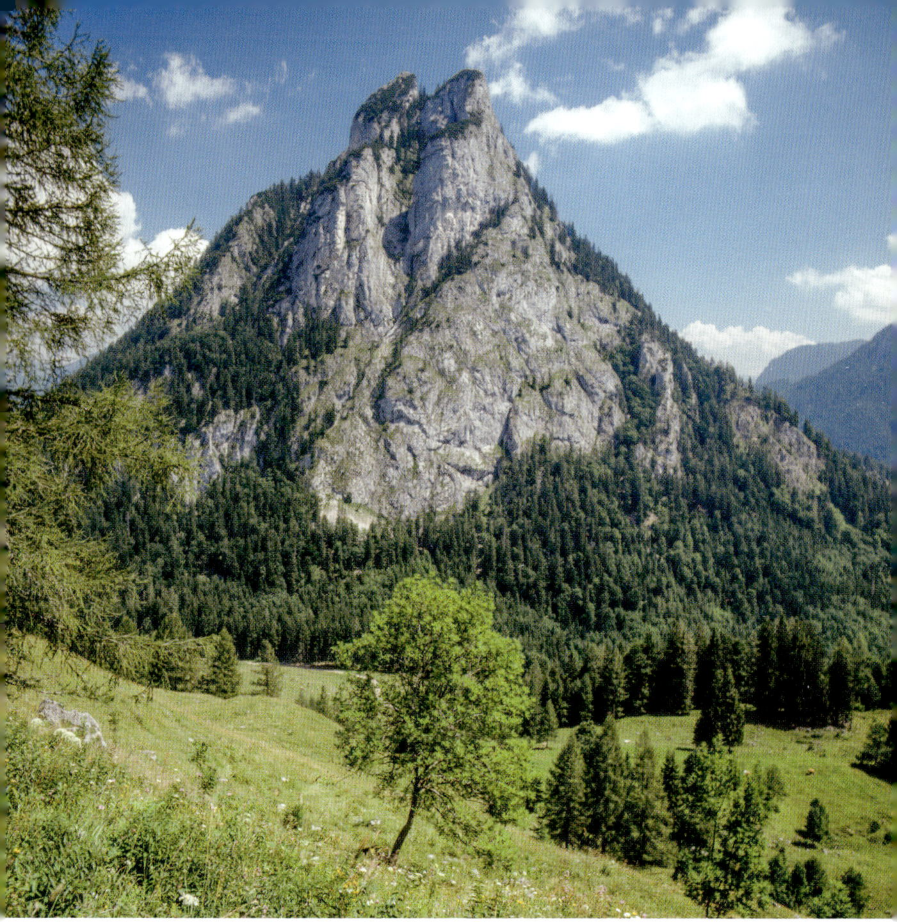

Aufblick von der Schartenalm zum turmförmigen Sparber.

weiter rechts zu Rettenkogel, Bergwerkskogel und Rinnkogel jenseits des Weißenbachtales.

Auf dem Fahrweg Nr. 877 wandern wir weiter durch Wiesen in Südrichtung sanft aufwärts in den Wald und dort zu einer Verzweigung, an der wir halb rechts auf einen Fußweg abbiegen. Auf diesem geht es nun unter einer grauen Wand vorbei, an den Waldhängen nach Süden empor an den Südostrücken der Bleckwand. Diesen steigen wir in einigen Serpentinen hoch, dann gehen wir nach links in die Südseite des Berges und queren dort den Hang über eine längere Strecke nahezu eben in eine weite Grasmulde. An ihrer rechten Seite wandern wir durch Wiesen nach Nordwesten aufwärts in die liebliche Passwiege des **Niedergadensattels** ❺ mit der privaten Wetzlerhütte, 1228 m. Auf dem Fahrweg geht es weiter geradeaus nach Nordwesten, vorbei an einem Parkplatz (Ende der Zufahrtsstraße von Gschwendt) und über die Wiesen der Niedergadenalm zur **Jausenstation Illighütte** ❻, 1187 m.

Am Parkplatz Bleckwandhütte etwa 100 m nach der Hütte halten wir uns an einer Verzweigung rechts.

EINKEHR

Gasthaus Mahdhäusl: Am Ausgangspunkt; 10 Schlafplätze; im November geschlossen, sonst immer geöffnet, Montag und Dienstag Ruhetag; Tel. +43 6137 7485, mahdhaeusl.com.
Illighütte auf der Niedergadenalm: Keine Übernachtung; 15. Mai bis 26. Oktober geöffnet, Montag und Dienstag Ruhetag; Tel. +43 664 2027707.
Bleckwandhütte: Naturfreunde Österreich; 21 Schlafplätze; 1. Mai bis 31. Oktober geöffnet; Tel. +43 6132 26991310, bleckwandhuette.naturfreunde.at.

Der Fußweg Nr. 32 führt uns kurz ostwärts hinauf, dann an den bewaldeten Abhängen der Bleckwand nach links (Norden) empor zu der am Nordwestrücken auf einer Waldlichtung gelegenen **Bleckwandhütte ❼**, 1329 m.
Auf dem Weg Nr. 876 wandern wir weiter über den Waldrücken empor auf den baumfreien Gipfelkamm und über ihn, an einem Felsenfenster vorbei, fast eben zum kreuzgeschmückten **Bleckwand-Nordwestgipfel ❽**, 1516 m. In Südostrichtung steigen wir nun zunächst sanft bergab in die Senke vor dem Hauptgipfel. An einer Wegverzweigung gehen wir weiter geradeaus (Weg Nr. 876) und durch lichten Wald hinauf, zuletzt nach rechts zum **Bleckwand-Südostgipfel ❾**, 1541 m, dem Hauptgipfel.
Zurück steigen wir ab zu der zuletzt erwähnten Wegverzweigung. Dort geht es links ab, auf Weg Nr. 31 die Südwestflanke des Berges durch Wald und Wiesen steil nach Süden hinab in den **Niedergadensattel ❺** und von dort auf dem bekannten Weg weiter zum Parkplatz am **Gasthaus Mahdhäusl ❶**.

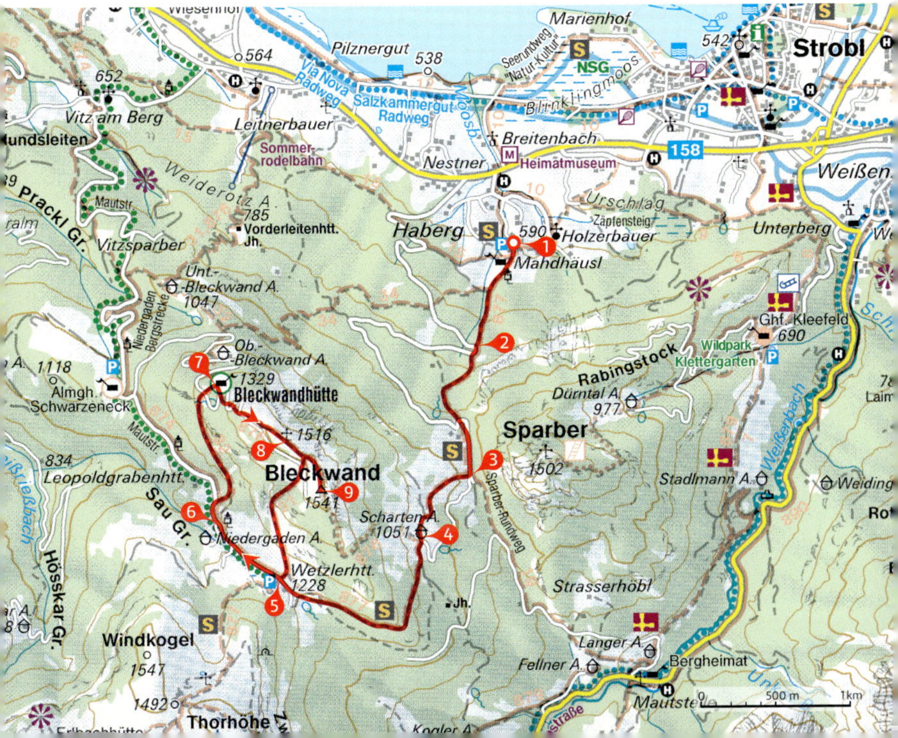

7 Labenberg-, Lienbach- und Pitscherbergalm

Almenrundweg vom Schizentrum Postalm

TOP | 3.10 Std. | 10,0 km | ↗ 360 m | ↘ 360 m

Feine Drei-Almen-Tour für die ganze Familie

In einem Buch, das sich den Hütten und Almen des Salzkammerguts widmet, darf die Postalm, das Wiesen-Eldorado des Gebiets schlechthin, nicht fehlen. Ausgehend vom unteren Postalm-Parkplatz besuchen wir nacheinander gleich drei dieser Kleinodien, alle ausgestattet mit Gastbetrieben. Doch diese Annehmlichkeiten sind nicht der einzige Grund für den Besuch! Denn wer, beim Wanderziel Pitscherbergalm angelangt, den Blick in die Runde wirft und die wundervolle Schau auf Gosaukamm und Dachsteingletscher genießt, begreift, dass es tatsächlich noch Paradiese auf Erden gibt.

Ausgangspunkt: Unterer Postalm-Parkplatz P1, 1150 m, an der Postalm-Mautstraße beim Restaurant Lienbachhof, 15 km von Strobl, 12 km von Abtenau. Regionalbus 159 von Abtenau (von Bad Ischl bzw. Strobl derzeit kein Bus!) im Sommer Dienstag und Donnerstag zum Parkplatz P1, Bushaltestelle »Postalm Schizentrum«.

Anforderungen: Einfache Tour auf meist markierten Wegen. Vorsicht bei Nebel!

Kinder: Das ist eine einfache und nicht allzu lange Wanderung für die ganze Familie, vorrangig mit Kindern, die auf den Almweiden im Umkreis der drei berührten Gastbetriebe ein ideales Spielgelände vorfinden.

Gipfelmöglichkeiten: 1. Von der Pitscherbergalm kann der aussichtsreiche Pitscherberg, 1720 m, auf markierten Steigen unschwierig bestiegen werden (Weg Nr. 840, 2 Std. gesamter zusätzlicher Zeitaufwand).

2. Ebenfalls unschwierig auf bezeichneten Steigen kann von der Labenbergalm der aussichtsreiche Labenberg, 1642 m, bestiegen werden (Weg Nr. 150, 1.15 Std. gesamter zusätzlicher Zeitaufwand).

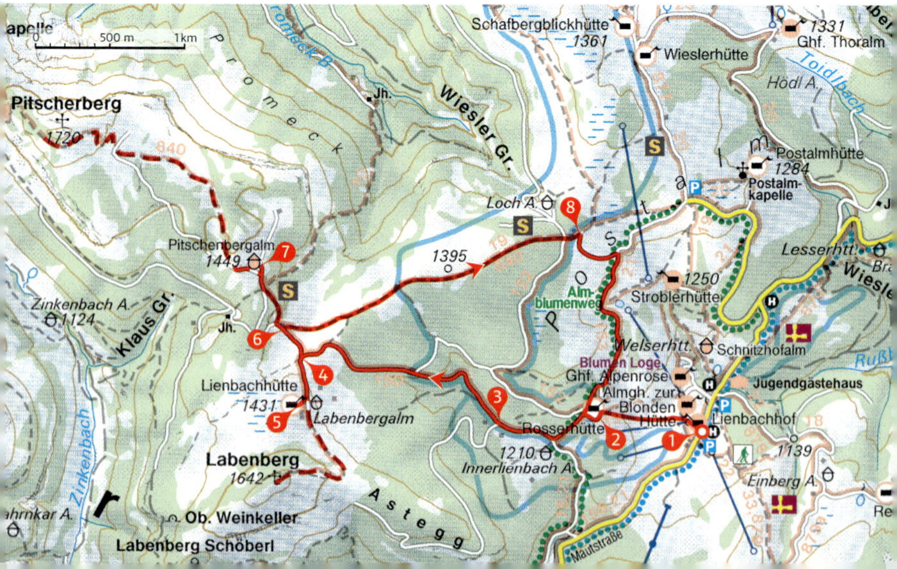

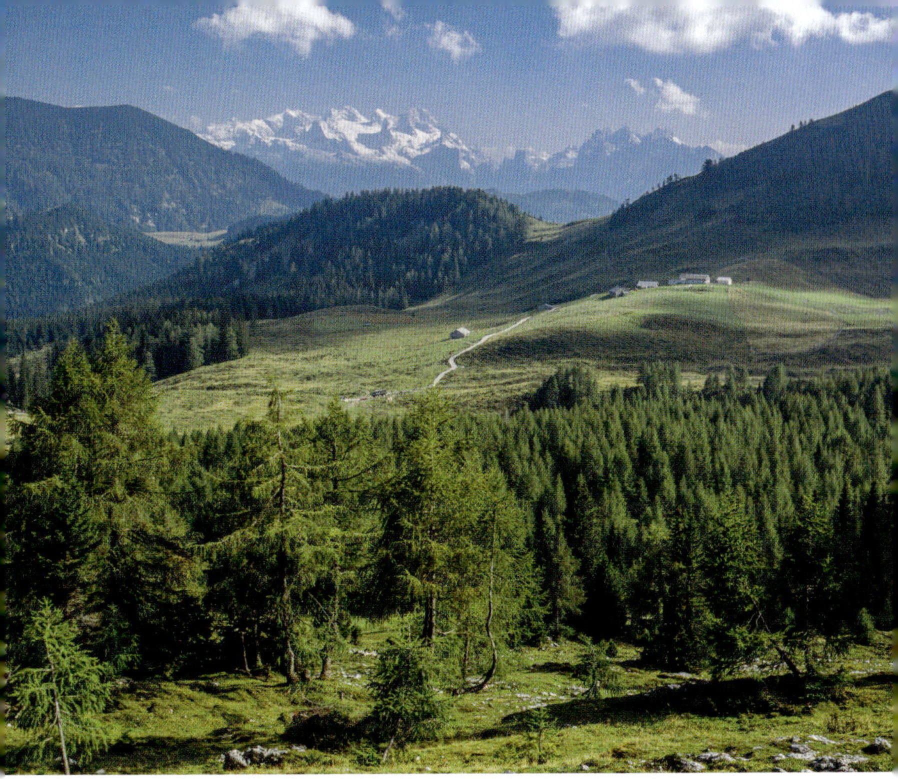

Blick von der Pitscherbergalm über die Labenbergalm hinweg zum Dachstein.

Wir verlassen den **Unteren Postalm-Parkplatz ❶** auf dem »Almblumenweg« (Tafeln) und gehen sanft bergauf nach Westen, links am Restaurant Lienbachhof vorbei. An der Rechtseinmündung der Rundwege R1 und R2 folgen wir diesen geradeaus zur **Jausenstation Rosserhütte ❷**, 1212 m. Von der Hütte geht es auf einer Naturstraße 100 m weiter zu einer querenden Straße am Waldrand. Auf dieser gehen wir nach links, halten uns an der nächsten größeren Verzweigung rechts (Weg Nr. 150, Rundweg R2) und gelangen so am Rande der **Lienbachalm** zu einer **Verzweigung ❸**. Geradeaus geht es auf dem Rundwanderweg nun durch einen seichten Waldgraben nach Westen aufwärts, zuletzt über Wiesen zu einer **Straßenteilung ❹**. Hier halten wir uns links und wandern südwärts über die Weiden bergauf zur nächsten Teilung und dort 50 m geradeaus zur **Labenbergalm** mit der **Jausenstation Lienbachhütte ❺**, 1431 m.

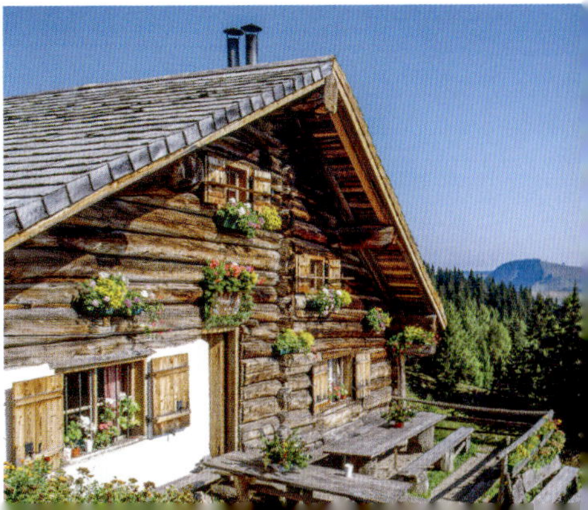

Ein Pflichtbesuch: die Jausenstation Pitscherbergalm.

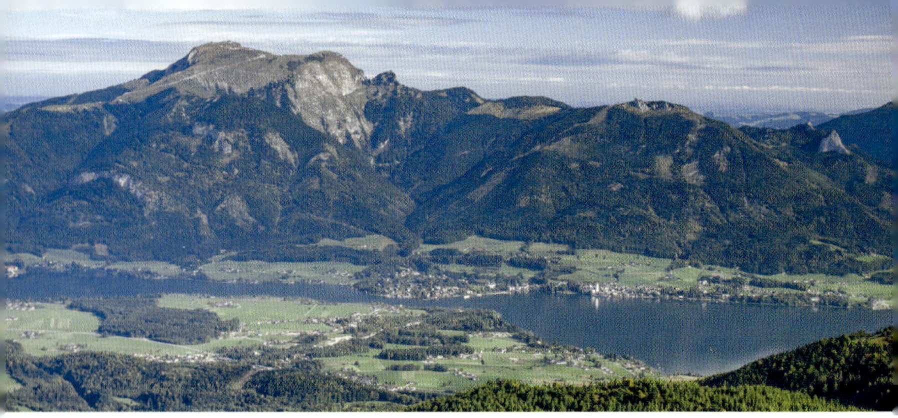

Wolfgangsee und Schafberg vom Pitscherberg.

Zurück an der **Straßenteilung** ❹ gehen wir auf einem Fahrweg geradeaus über Wiesen hinauf zur **Rechtseinmündung** ❻ von Weg Nr. 840. Dieser führt uns nordwestwärts durch traumhaft schönen Lärchenwald zur Pitscherbergalm mit der **Jausenstation Pitscherberghütte** ❼, 1449 m.

Wieder zurück an der **Linksabzweigung** ❻ von Weg Nr. 840 folgen wir dem bezeichneten Wiesenweg ostwärts im Auf und Ab zu einem Gatter, danach am Waldrand zu einer Teilung. Wir gehen weiter geradeaus auf dem Weg Nr. 840 (Rundweg R2), später durch Nadelwald abwärts zur bewirtschafteten **Huberhütte** ❽, 1346 m.

Von hier gelangen wir entlang der Zufahrtsstraße (keine Tafel, keine Markierung) nach Südosten hinab zu einer Querstraße (Rundweg R1 und R4), auf der wir nach rechts zur **Jausenstation Rosser Hütte** ❷ wandern. Die letzte Etappe zurück zum **Unteren Postalm-Parkplatz** ❶ verläuft wieder auf dem Hinweg.

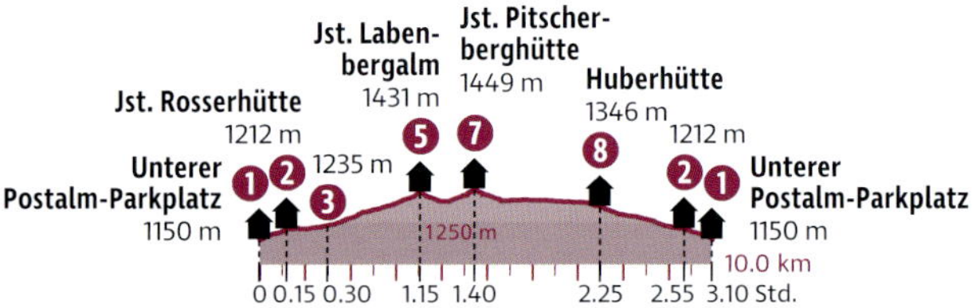

EINKEHR

Postalm-Restaurant Lienbachhof: Am Ausgangspunkt; 10./15. Mai bis 15. Oktober täglich geöffnet, Montag Ruhetag; Übernachtung in der Postalm-Lodge; Tel. +43 6137 6061; lienbachhof.at.

Jausenstation Rosserhütte: Keine Übernachtung; 5./10. Juni bis 30. September, davor und danach am Wochdenende; Tel. +43 664 2707558.

Jausenstation Lienbachhütte: Auf der Labenbergalm; keine Übernachtung; 10./15. Juni bis 25./30. Oktober täglich geöffnet; Tel. +43 664 3224944.

Jausenstation Pitscherberghütte: Keine Übernachtung; 25./30. Juni bis 15. Oktober bei Schönwetter geöffnet; Tel. +43 664 75071887.

Huberhütte: 20 Schlafplätze; ganzjährig geöffnet; Tel. +43 664 9314465, huberhuette-postalm.at. Man wird u. a. mit Buttermilch, Speckbrot, Käsebrot und Kaiserschmarren verwöhnt.

Wiesleralm, 1361 m, und Thoralm, 1331 m

Genusswanderung im Umfeld der Thorhöhe

2.30 Std. | 7,5 km | ↗ 320 m | ↘ 320 m

Almenbesuch und Gipfelüberschreitung in einem

Mit Bus oder Auto auf der Postalm angelangt, fragt sich so mancher, wohin er seine Schritten lenken soll. Denn jeder, der dieses Almparadies besucht – es gilt nach der Seiser Alm in Südtirol die größte Almhochfläche Europas – taucht in ein Tourengebiet der unbegrenzten Möglichkeiten ein. Aus dem reichen Angebot wird hier die Überschreitung der Thorhöhe, am Nordrand des Plateaus gelegen, herausgegriffen. Dabei kommt man nicht nur an einer ganzen Reihe uriger Almbetriebe vorbei, sondern genießt unterwegs und am Gipfel einen Überblick über das gesamte Postalm-Plateau.

Ausgangspunkt: Oberer Postalm-Parkplatz P3, 1325 m, zu erreichen über die Postalm-Mautstraße, 16 km von Strobl, 13 km von Abtenau. Im Sommer Dienstag und Donnerstag Regionalbus 159 von Abtenau (von Bad Ischl bzw. Strobl derzeit kein Bus!) zur Haltestelle »Postalm Postalmhöhe« am Oberen Parkplatz P3.
Anforderungen: Einfache Tour auf markierten und beschilderten Fahr- und Fußwegen. Vorsicht bei Nebel!
Kinder: Sofern man nicht gerade bei brütender Sommerhitze (es gibt kaum Schatten!) wandert, handelt es sich hier um ein vor allem Kindern sehr zu empfehlendes Unternehmen mit geringen körperlichen Anforderungen und zahlreichen Einkehrmöglichkeiten. Vom Oberen Postalm-Parkplatz P3 kann mit dem Kinderwagen problemlos bis zur Wiesleralm gefahren werden.
Gipfelmöglichkeiten: 1. Von der Wiesleralm kann das aussichtsreiche Wieslerhorn rasch und unschwierig bestiegen werden. Dabei folgt man kurz vor der Erlbachhütte dem markierten Weg westwärts über eine Anhöhe hinweg in eine Wiesenmulde. Aus ihr wandern wir noch ein Stück in Westrichtung bergauf, dann rechts haltend durch die steile grasige Ostflanke des Berges zur Kammhöhe und über diese nach Norden empor zum Gipfel des Wieslerhorns, 1603 m. Gesamter Zeitaufwand ab Wiesleralm 2 Std.
2. Aus dem Sattel zwischen Windkogel und Thorhöhe lohnt die Besteigung des Windkogels, 1547 m. Gesamter zusätzlicher Zeitaufwand: 30 Min.

Der doppelgipfelige Sparber von Südwesten, aus dem Blickwinkel der Postalm.

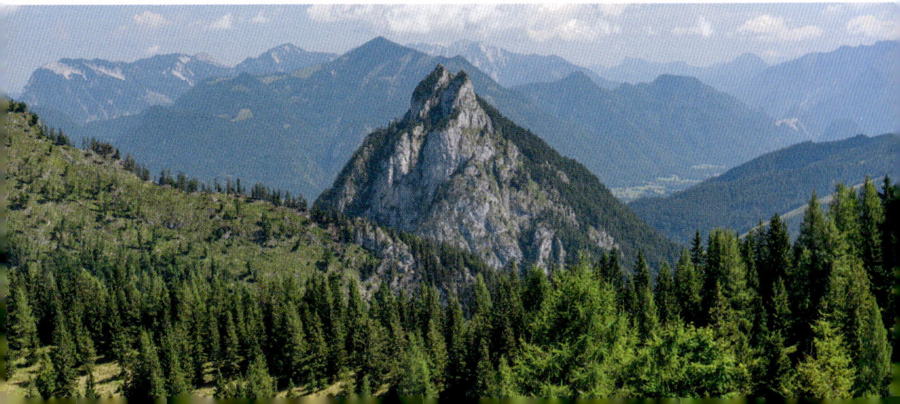

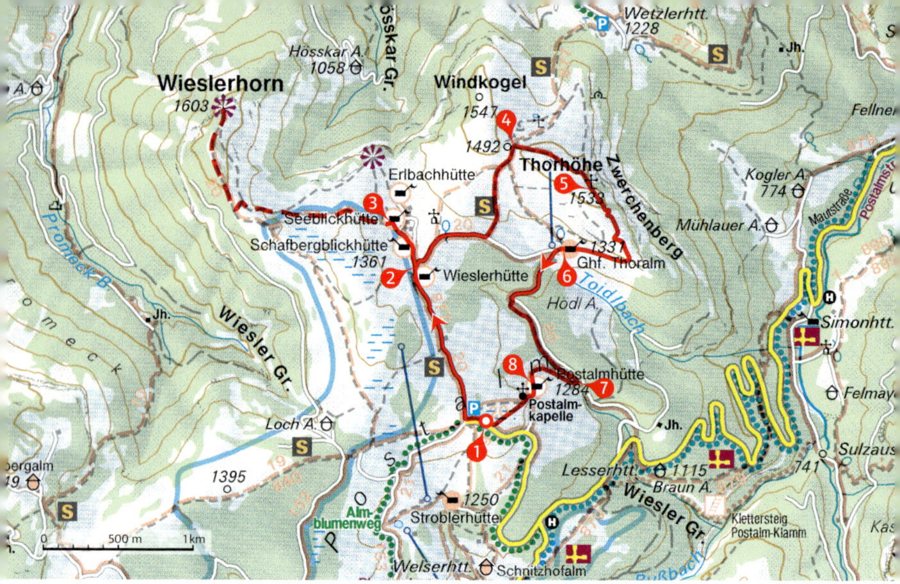

Wir verlassen den **Oberen Postalm-Parkplatz P3** ❶ am oberen Ende vorbei an einer Schranke. Gleich danach halten wir uns an der Straßenteilung rechts und wandern auf einer Schotterstraße (Weg Nr. 877 bzw. Postalm-Rundwanderweg R 3) durch Wiesen nach Norden aufwärts zur **Wieslerhütte** ❷, 1365 m, der ersten Einkehrmöglichkeit auf dieser Wanderung. An der Straßenteilung direkt dahinter geradeaus und nun

EINKEHR

Wieslerhütte: 6 Schlafplätze; 25. Mai bis 15. November geöffnet; Tel. +43 664 8991993.

Schafbergblickhütte: Auf der Wiesleralm; 10 Schlafplätze; 1. Mai bis 31. Oktober geöffnet; Tel. +43 6137 6107, schafbergblickhuette.at.

Jausenstation Erlbachhütte: Auf der Wiesleralm; keine Übernachtung; 1. Juni bis 31. Oktober geöffnet; Tel. +43 664 2441944.

Jausenstation Postalmhütte: »Historische Postalmhütte«; keine Übernachtung; 15. Mai bis 15. Oktober geöffnet, Tel. +43 664 3225026, postalmhuette.at.

leicht bergab erreichen wir die zwei Gastbetriebe der **Wiesleralm**: zuerst die **Schafbergblickhütte**, danach die **Erlbachhütte** ❸, 1361 m.

Zurück an der erwähnten Teilung nahe der Wieslerhütte gehen wir links auf der Almstraße (Rundwanderweg R 3) durch Wiesen auf gleicher Höhe erst nach Nordosten, dann ostwärts. An einer Verzweigung noch vor der Thoralm biegen wir erneut nach links und wandern auf einem bezeichneten Steig (Rundwanderweg 6 »Thorhöhe-Gipfelrundweg«) durch Almwiesen nordwärts steil bergauf in den **Sattel** ❹, 1492 m, zwischen Thorhöhe und Windkogel. Nun geht es nach rechts den Wiesenrücken in Ostrichtung aufwärts, über einen Vorgipfel und unter einer Stromleitung hinweg in einen Sattel und empor auf den Gipfelkamm, wo wir uns rechts halten. Entlang an einem Zaun und zuletzt durch ein Gatter (Durchlass) erreichen wir bald den abgezäunten Gipfel der **Thorhöhe** ❺, 1533 m, mit seinem geschnitzten Gipfelkreuz und Bänken, die zur Rast einladen. Hier bietet sich ein

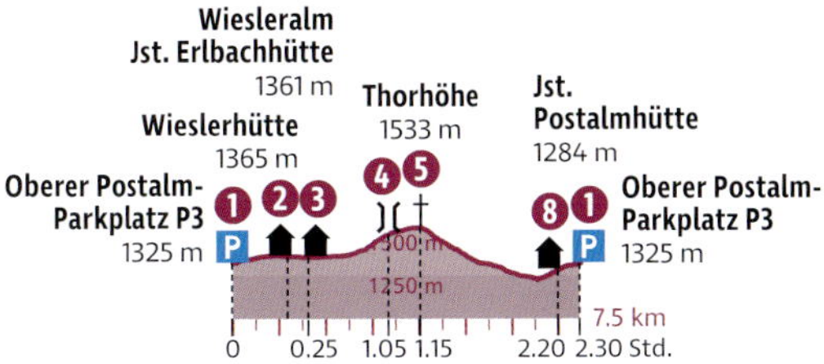

wunderbarer Überblick über das gesamte Gebiet der Postalm mit (von links) Gamsfeld, Braunedlkogel, Labenberg, Pitscherberg und Osterhorn. Im Nordosten entdeckt man den turmförmigen Sparber, dahinter den Leonsberg, im Osten Retten-, Bergswerks- und Rinnkogel.

Der Rundwanderweg R6 führt uns nun zunächst auf dem grasigen Südostrücken des Berges abwärts, anschließend nach rechts (Westen) zu der in einer Wiesenmulde gelegenen **Thoralm** ❻, 1331 m (Gasthof geschlossen!), wo wir an eine Almstraße gelangen. Als Rundwanderweg R 3 leitet uns diese in Südwestrichtung durch Wald hinab. In der ersten Linkskehre verlassen wir die Straße nach rechts auf einen Fußweg, der am **Wieslerbach** entlang abwärts führt. Später überqueren wir den Bach auf einem **Steg** ❼ nach rechts (Westen) und wandern durch Wiesen empor zur **Jausenstation Postalmhütte** ❽, 1284 m. Vorbei an der malerischen Postalm-Kapelle gehen wir schließlich in Westrichtung über eine Wiese zurück zum **Oberen Postalm-Parkplatz** ❶.

Gipfelrast auf der Thorhöhe mit Blick über die Postalm-Hochfläche.

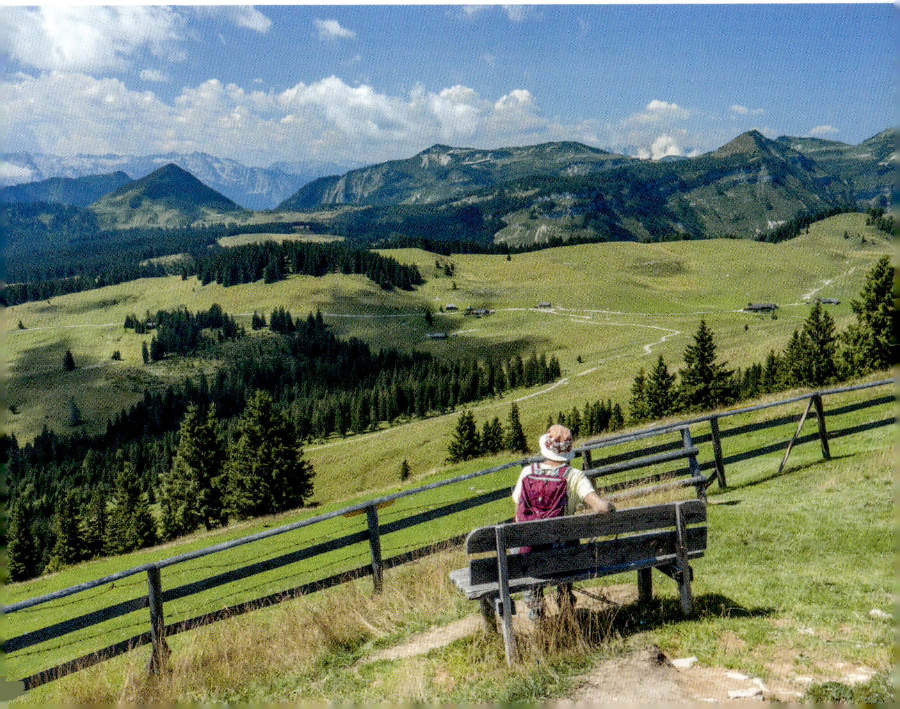

9 Schafbergalm, 1364 m

Vom Schafberg hinab zur Alm und ins Tal

2.40 Std. | 8,1 km | ↗ 50 m | ↘ 1240 m

Genusswanderung vor erhabener Gebirgskulisse

Von den drei noch existierenden österreichischen Zahnradbahnen ist die von St. Wolfgang auf den österreichischen Rigi, den Schafberg, führende die bekannteste und attraktivste. 1892/93, also vor rund 130 Jahren, errichtet und ehemals dampfbetrieben, bringen heutzutage moderne, dieselelektrisch gezogene Bahnen die Fahrgäste in 35 Minuten auf den Gipfel des Schafbergs. Es ist ein Erlebnis der besonderen Art, wenn sich da Meter für Meter das Panorama weitet und einem schlussendlich das ganze Salzkammergut, überragt von König Dachstein, zu Füßen liegt. Angesichts dieser erhabenen Gebirgskulisse spazieren wir über die Schafbergalm und das Kloster Aich hinab zum Gasthof Fürberg am Wolfgangseeufer, wo wir im lauschigen Gastgarten bei Kaffee und leckerer Torte auf das Linienschiff zurück nach St. Wolfgang warten.

Ausgangspunkt: Talstation, 545 m, der Schafberg-Zahnradbahn mit Großparkplatz und Bushaltestelle »St. Wolfgang im Salzk. Schafbergbf (R. Stolz-Straße)« (Linie 546) im westlichen Ortsteil von St. Wolfgang (Robert-Stolz-Straße). Schafberg-Zahnradbahn: Auffahrt zur Bergstation, 1732 m, südlich unterm Gipfel des Schafbergs in der Hochsaison (16. Mai – 27. September) um 9.20 und 11.10 Uhr, im Juli und August zusätzlich um 8.55 Uhr, bei Schönwetter und größerem Andrang weitere Züge alle 20 Minuten. In der Vor- und Nachsaison (25. April – 15. Mai / 28. September – 1. November) fahren die Züge nur bis zur Schafbergalm (Tel. +43 6138 22320, schafbergbahn.at). Nostalgiezüge (mit Dampfloks) jeden Sonntag zwischen 5./10. Juli und 1. September (Bergfahrt um 9.30 Uhr, Reservierung, 5schaetze.at).

EINKEHR

Berghotel Schafbergspitze: Am Gipfel des Schafbergs nahe der Bergstation; 70 Schlafplätze (Voranmeldung erforderlich!); geöffnet während der Betriebszeiten der Zahnradbahn; Tel. +43 6138 3542, schafberg.net.

Schutzhaus Himmelspforte: Am Gipfel des Schafbergs nahe der Bergstation; 15 Schlafplätze (Voranmeldung erforderlich!); geöffnet während der Betriebszeiten der Zahnradbahn; Tel. +43 6138 22320.

Gasthof Fürberg: Am Wolfgangsee-Ufer; Endpunkt der Wanderung; 60 Schlafplätze; Ostern bis 15./20. Oktober geöffnet, im Juli und August kein, sonst Dienstag Ruhetag; Tel. +43 6227 23850, fuerberg.at.

Endpunkt: Gasthof Fürberg, 545 m, mit Schiffsanlegestelle. Rückfahrt mit dem Linienschiff der ÖBB nach St. Wolfgang (25. April/1. Mai bis 26. Oktober täglich 9–18 Uhr alle ein bis zwei Stunden; Tel. +43 6138 22320, schafbergbahn.at).

Anforderungen: Einfache, aber wegen des Höhenunterschieds etwas anstrengende Wanderung. Meist breite, im Gipfelbereich steile Wege.

Kinder: Die Wanderung lässt sich auch mit gehfreudigen Kindern machen.

Variante: Vom Gasthof Fürberg kann man auf markierten Wegen auch zu Fuß über Wolfgang-Kapelle, Falkensteinsattel und die Siedlung Ried zur Schafbergbahn-Talstation in St. Wolfgang gelangen. Zusätzlicher Zeitaufwand: 2.15 Std.

Hinweis: Bei Talfahrt mit der Zahnradbahn ab der Mittelstation Schafbergalm reduziert sich die Gehzeit auf 55 Min.

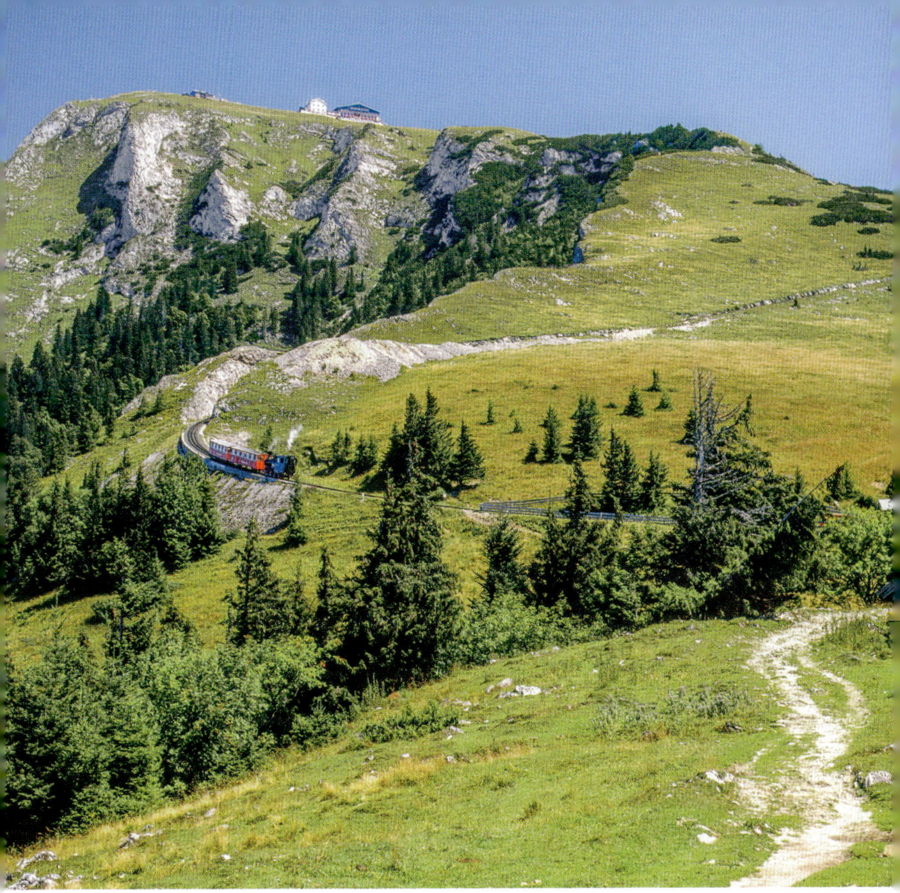

Aufblick von der Schafbergalm zum Gipfelaufbau des Schafbergs.

Von der **Talstation** in **St. Wolfgang** ❶ fahren wir mit der Schafberg-Zahnradbahn, vorbei an der **Mittelstation Schafbergalm** ❷, 1364 m, bequem hinauf zur **Bergstation** ❸, 1732 m.

Von dort führt ein breiter Weg, am Berghotel Schafbergspitze vorbei, kurz nach Norden empor zur **Schafbergspitze** ❹, 1782 m, mit grandiosem 360-Grad-Panorama inklusive 14-Seen-Blick. Vom Gipfel folgen wir

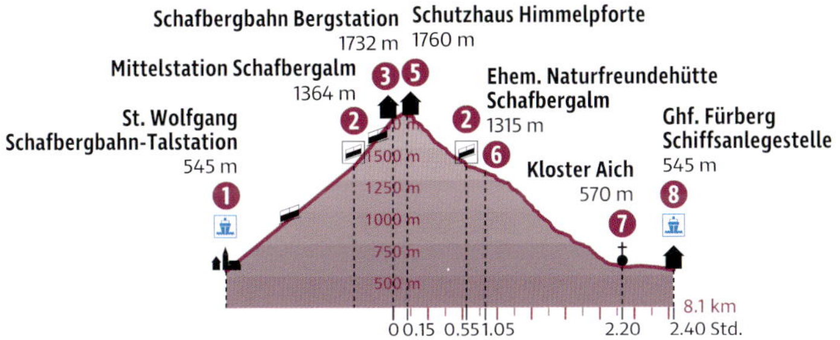

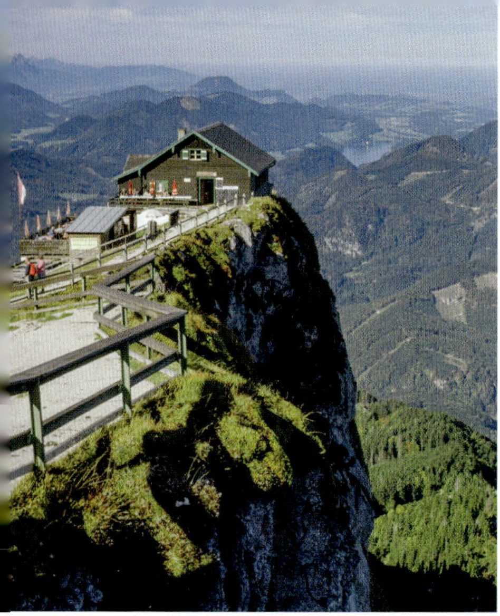

Das Schutzhaus Himmelspforte mit Blick zum Fuschlsee-Gebiet.

dem breiten Fußweg kurz nach Westen hinab zu dem höchst spektakulär auf einer luftigen Felskanzel stehenden **Schutzhaus Himmelspforte** **5**, 1760 m, mit atemberaubenden Tiefblicken zum Wolfgangsee und zum Mondseeland.

Weiter geht es auf einem Fahrweg quer durch die grasige Südseite des Schafbergs in Richtung Zahnradbahn-Bergstation nach Südosten hinab zu einer Weggabelung. Wir halten uns rechts und wandern auf dem »Wiesenweg« Nr. 20 und 804 über begrünte Hänge nach Südwesten abwärts. Weiter geht es über Felsstufen (mit Treppen) in Kehren steiler bergab. Wir überqueren dabei auch das Gleis der Zahnradbahn (Vorsicht!) und kommen schließlich über

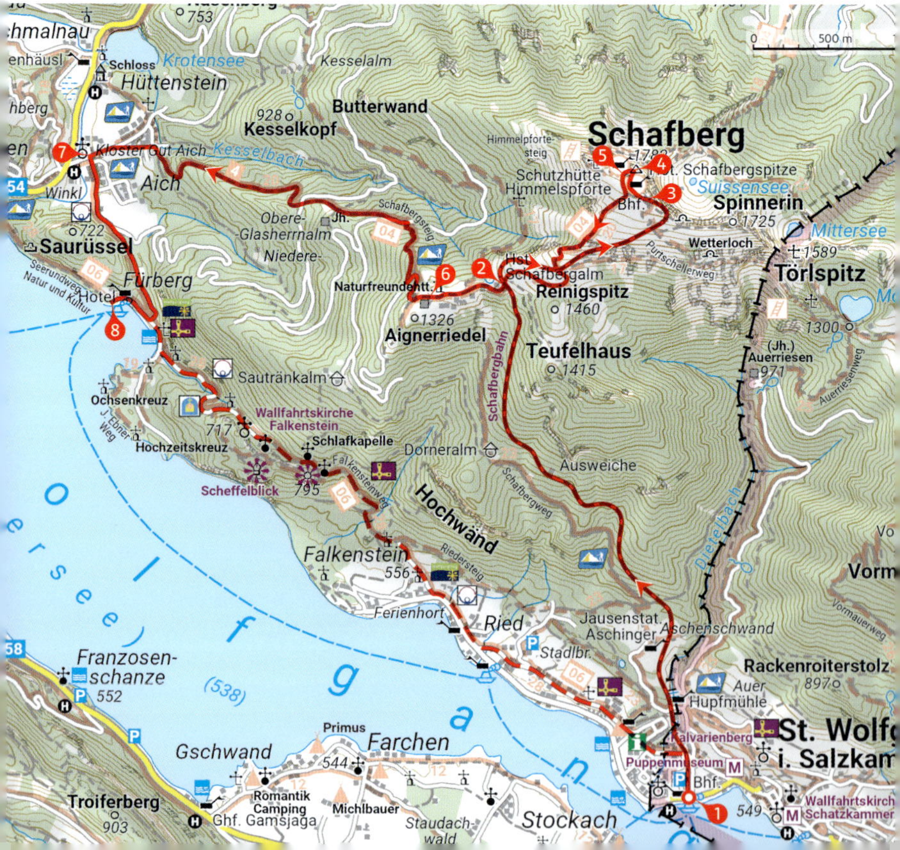

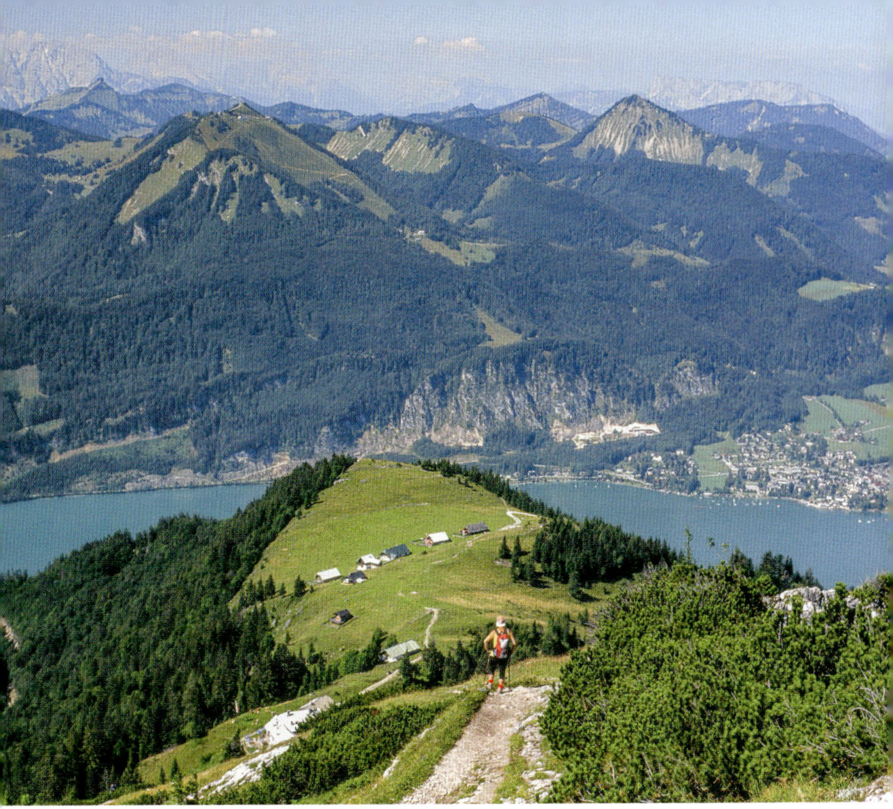

Im Abstieg vom Schafberggipfel. Tiefblick auf Schafbergalm und Wolfgangsee.

Wiesen zur **Mittelstation Schafbergalm ❷** mit dem ehemaligen Gasthof gleichen Namens.
Nun wandern wir über die grasige Bergschulter nach Südwesten abwärts in den Sattel bei der ehemaligen **Naturfreundehütte Schafbergalm ❻**, 1315 m. An der zweiten Verzweigung knapp 100 m nach der Hütte nehmen wir den Fahrweg nach rechts in die bewaldete Westseite des Berges hinein, wo sich ein grandioser Tiefblick zum Mondsee öffnet. Nach einer scharfen Linkskurve verlassen wir den Fahrweg nach rechts auf den Fußweg nach Winkl, der uns in Kehren nordwärts hinab in Richtung Kesselbachgraben zu einer querenden Forststraße führt. Auf der Straße gehen wir 20 m nach links, dann rechts ab und auf einem Fußweg, an den Waldhängen entlang, nach Westen hinab zur nächsten Forststraße. Dieser folgen wir 50 m nach links zu einer Verzweigung und wandern dann rechts den breiten Fußweg steil hinunter nach Winkl, Ortsteil Pucha. Entlang der Straße gehen wir links haltend weiter hinab zum **Kloster Aich ❼**, 570 m. Vor dem Kloster biegen wir links in eine Asphaltstraße und wandern auf ihr eben über Wiesen zu einer Teilung. Von hier gehen wir links auf einem Fußweg durch einen Waldgraben wieder zur Straße und auf ihr an das Nordufer des Wolfgangsees. Dort spazieren wir schließlich 150 m nach rechts zum **Gasthof Fürberg ❽**, 545 m, mit Schiffsanlegestelle.

10 Hoheneck-Almenrunde

Von Süden zu den Hoheneck-Almen

3.45 Std. | 12,7 km | ↗ 480 m | ↘ 480 m

Ein noch unentdeckter Winkel im Wolfgangsee-Gebiet

Zu Füßen des Hohenecks, im Norden von Rußbach (offizieller Ortsname »Rußbach bei St. Wolfgang«, nicht zu verwechseln mit »Rußbach am Pass Gschütt«!), findet sich nicht nur der im Sommer rege besuchte Schwarzensee, sondern es gibt auch eine Reihe stiller Almreviere, von denen wir vier auf dieser abwechslungsreichen Runde kennenlernen. Dabei tun sich großartige Einblicke in die Schafberggruppe und den Gamsfeld-Bezirk auf. Eine Einkehr ist auf den Almen selbst nicht möglich, aber das holen wir nach, wenn wir den in dichte Wälder eingebetteten Schwarzensee mit seinen beiden Südufer-Restaurants erreichen, der auch zu einem erfrischenden Bad einlädt.

Ausgangspunkt: Parknische (für einige Pkw), 630 m, an der Zufahrtsstraße vom Ort Rußbach zum Schwarzensee, gleich nach der Rechtsabzweigung der Haleswies-Forststraße, 1,3 km ab Rußbach (dort Bushaltestelle »Rußbach b. St. Wolfgang«, Linie 546), 7,3 km von Strobl.

Anforderungen: Einfache Wanderung, großteils auf unmarkierten Forststraßen. An einer Wegunterbrechung Orientierungssinn nötig!

Kinder: Wegen der für Kinder wohl ermüdenden Forstwege und der fehlenden Einkehr auf der Hoheneckalm keine ideale Tour mit Kindern.

Gipfelmöglichkeit: Vom Straßenende an der obersten Hütte der Hoheneckalm, 1070 m, kann der Gipfel des Hohenecks bestiegen werden. Dafür auf einer begrünten, unmarkierten Wegtrasse eine Wiesenmulde steil nach Nordwesten aufwärts in den Sattel, 1130 m, zwischen den beiden Gipfeln des Hohenecks. Links haltend empor zu grasiger Schulter (Aussichtspunkt) und dort rechts haltend (westwärts) zum licht bewaldeten höchsten Punkt des Hohenecks, 1165 m. Gesamter zusätzlicher Zeitaufwand 45 Min.

Die Hoheneckalm mit dem Hoheneck-Gipfel im Westen dahinter.

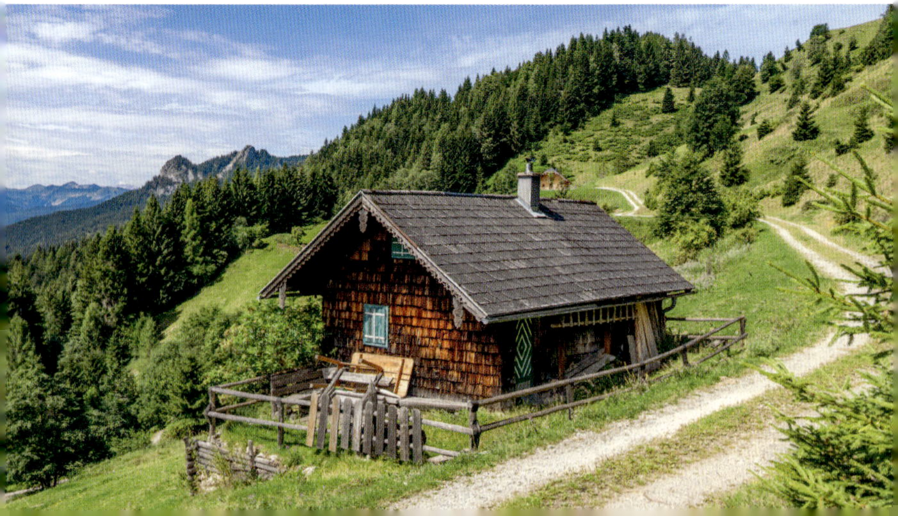

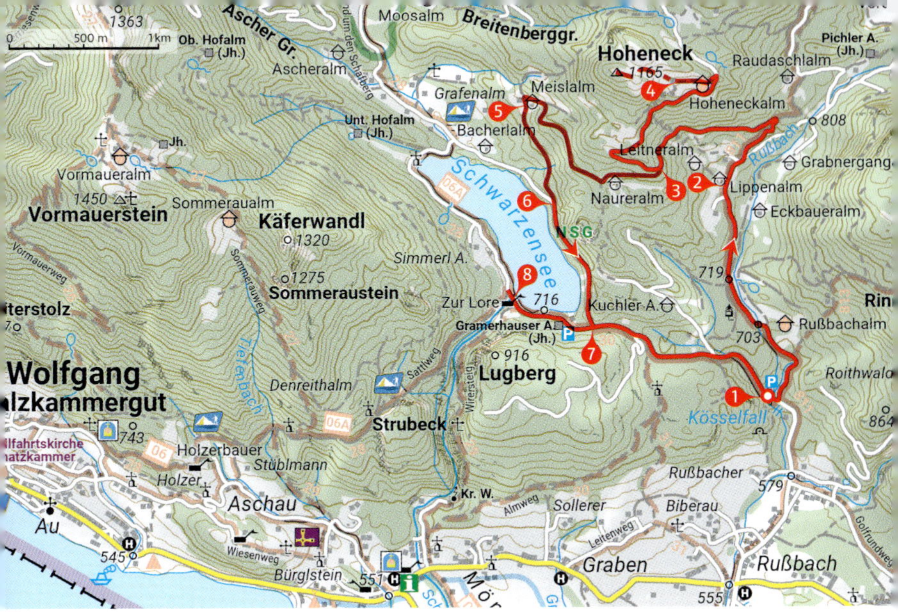

Von der **Parknische** ❶ gehen wir wenige Meter zurück Richtung Rußbach und dann nach links auf der Haleswies-Forststraße (Weg Nr. 811 und 813). Durch Wald geht es anfangs steil nach Norden aufwärts zur Rußbachalm. Dort halten wir uns an der Gabelung links, überqueren den Rußbach und wandern in Nordwestrichtung bergauf zu den Wiesen der **Lippenalm** ❷, 770 m. An ihr vorbei gelangen wir an eine Straßenteilung, an der wir nach links in die abgeschrankte »Forststraße Hoheneck« (Weg Nr. 811) abbiegen und durch den Wald in Nordostrichtung weitergehen. An der Verzweigung an der ersten Linkskehre folgen wir weiter der Straße nach Westen aufwärts zu einem Gatter (Weiderost), gleich danach zu einer **Verzweigung** ❸. Hier könnte man halb links direkt zur Naureralm gehen. Zum Hauptziel unserer Wanderung wandern wir allerdings zunächst im Wald nach halb rechts, dann nach einer Rechtskehre in einer langen Hangquerung nach Nordosten aufwärts zu den Wiesen und Hütten der Hoheneckalm. Dort halten wir uns an einer Verzweigung am Ostrücken des Hohenecks links und steigen nun in Westrichtung zum Straßenende an der höchstgelegen Almhütte der **Hoheneckalm** ❹, 1070 m, auf. Hier genießen wir den wunderbaren Blick zum Leonsberg im Osten sowie zur Gamsfeldgruppe im Süden (Gamsfeld, Rettenkogel, Bergwerkskogel, Rinnkogel) und zur Osterhorngruppe im Südwesten.

Nun geht es zunächst zurück zur **Verzweigung** ❸ vom Hinweg und dort nach rechts in Richtung Nau-

EINKEHR

Wirtshaus »Zur Lore«: Am Südende des Schwarzensees; keine Übernachtung; 1. April bis 26. Oktober geöffnet; Tel. +43 664 8762515, schwarzensee.at.
Almstadl Schwarzensee: Am Südende des Schwarzensees; keine Übernachtung; 1. Mai bis 1. November geöffnet, Montag und Dienstag Ruhetag; Tel. +43 676 4770048; almstadl-schwarzensee.at.
Getränkekiosk am Schwarzensee-Parkplatz: Sommerbewirtschaftung.

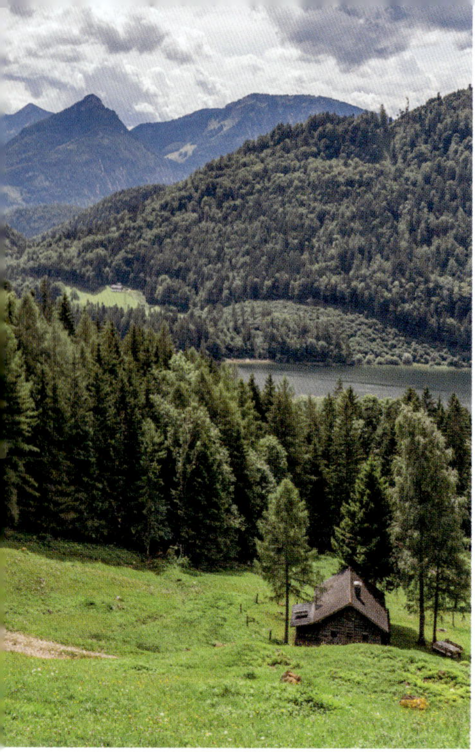

Meislalm mit Schwarzensee, Bleckwand und Sparber.

reralm. Auf einer Forststraße wandern wir westwärts im Wald bergab. An der Verzweigung an der wenig tiefer gelegenen Naureralm gehen wir nach rechts und folgen nun einem verfallenen Fahrweg in Nordwestrichtung eben weiter zu einer Unterbrechung nach zwei großen Steinhaufen. Anfangs wandern wir entlang der alten Wegtrasse im Wald eben weiter, dann halb links ein kurzes Stück auf Steigspuren bergab und über einen (hier umgefallenen) Zaun zu einem Steinmann. Auf der nun wieder besser erkennbaren Wegtrasse gehen wir aufwärts zu einem weiteren Zaun (Durchlass) und damit zur Fortsetzung des begrünten Fahrwegs. Auf diesem gelangen wir in Nordwestrichtung zuerst eben, dann abwärts zur unteren Almhütte der **Meislalm ❺**, 840 m. Beide Hütten der Alm sind versperrt, aber Bänke und ein guter Brunnen laden hier zur Rast ein. Vom Oberrand der steil nach Süden zum Schwarzensee geneigten Almweide präsentiert sich ein herrlicher Tiefblick zum See mit Rettenkogel, Bergwerkskogel, Rinnkogel und Braunedlkogel dahinter.

Auf einer unmarkierten Schotterstraße wandern wir nun an den Waldhängen nach Süden hinab zur asphaltierten **Schwarzensee-Ostuferstraße ❻**. Auf ihr gehen wir links etwas oberhalb des Sees zum **Parkplatz Schwarzensee ❼**, 750 m, wo wir uns an einem Getränkekiosk erfrischen können. Wir verlassen den Parkplatz nach rechts und gelangen westwärts über eine Naturstraße hinab zum Seeabfluss am Südende des **Schwarzensees ❽**, 716 m, mit den Gastbetrieben **Alm-Stadl** und **»Zur Lore«**.

Nach einer Einkehr wandern wir wieder zurück zum **Parkplatz Schwarzensee ❼**. Von hier folgen wir geradeaus für die letzten 1,5 km der asphaltierten Zufahrt nach Südosten hinab durch einen Waldgraben zur **Parknische ❶** an der Schwarzensee-Straße.

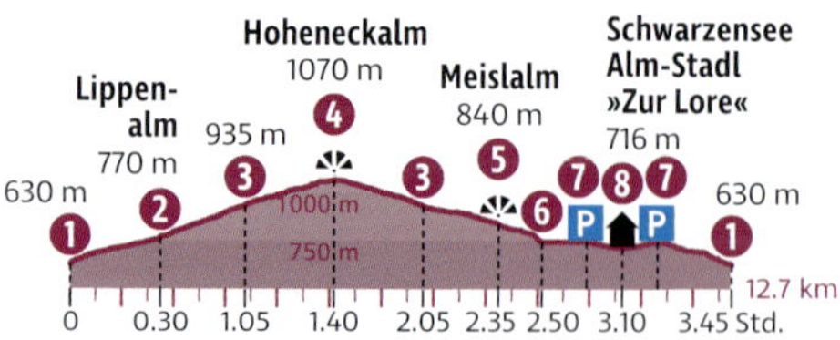

Eisenauer Alm, 1015 m

Der Nordzugang durch die Burggrabenklamm

11

4.15 Std. | 12,1 km | ↗ 570 m | ↘ 570 m

Almidylle zu Füßen des Schafbergs

Auf einer ausladenden Wiesenschulter nördlich unterm Schafberg gelegen, gehört die Eisenauer Alm zu den begehrtesten Zielen der Salzkammergut-Urlauber. Zu ihr kann man entweder von Westen, von Kreuzstein am Mondseeufer, oder, wie hier beschrieben, von Norden aus der Attersee-Region durch die Burggrabenklamm gelangen. Geschmacksache, welcher Route man den Vorzug gibt, beide sind abwechslungsreich und vermitteln imponierende Landschaftsbilder. An der Alm angekommen, warten auf müde Wanderer nicht nur ein, sondern sogar zwei urige Gastbetriebe, an denen man vorzüglich speisen kann.

Ausgangspunkt: Parkplatz Burgbachau, 479 m, ca. 300 m westlich der Bushaltestelle »Burggrabenklamm Bundesstraße« (Linie 548 und 562), an der Seeleiten Straße am Attersee-Südufer, 2 km von Unterach, 4 km von Weißenbach.
Anforderungen: Überwiegend unschwierige Wanderung. Im Bereich der Burggrabenklamm (Absturzgefahr!) sind Trittsicherheit und Schwindelfreiheit nötig.
Kinder: Ein Besuch der Eisenauer Alm mit ihren einladenden Gastbetrieben und Spielwiesen ist mit Kindern interessant und lohnend. Im Bereich der Burggrabenklamm ist jedoch besondere Vorsicht geboten (Absturzgefahr!).
Gipfelmöglichkeit: Geübte Geher können von der Eisenauer Alm den wegen seines grandiosen Panoramas gerühmten Schafberg, 1782 m, besteigen. Gesamter zusätzlicher Zeitaufwand 3.30 Std.
Variante: Bei der Rückkehr zum Ausgangspunkt entlang der Anstiegsroute spart man rund 30 Minuten Gehzeit.
Hinweis: Der bei der Madonnenstatue »Maria Klamm« links abzweigende, durch Stege und Brücken gesicherte Felsenweg zum 18 m hohen Burggraben-Wasserfall im vorderen Abschnitt der Burggrabenklamm bleibt bis auf Weiteres gesperrt.

EINKEHR

Buchberghütte: Auf der Eisenauer Alm; 25 Schlafplätze; 1. Mai bis 31. Oktober geöffnet, Juli und August Montag, sonst Montag und Dienstag Ruhetag; Tel. +43 664 2105333, facebook.com/buchberghuette.
Kienberghütte: Auf der Eisenauer Alm; 15 Schlafplätze, 1. Mai bis 31. Oktober geöffnet, Donnerstag Ruhetag, Oktober nur Samstag, Sonntag und Feiertag geöffnet; Tel. +43 664 1435737).

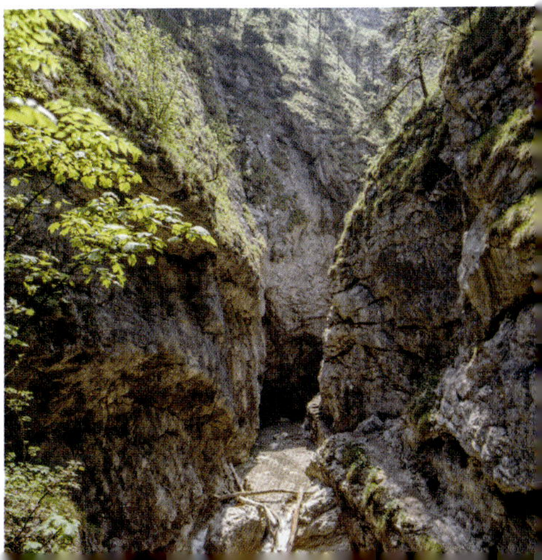

Der Eingang in die Burggrabenklamm.

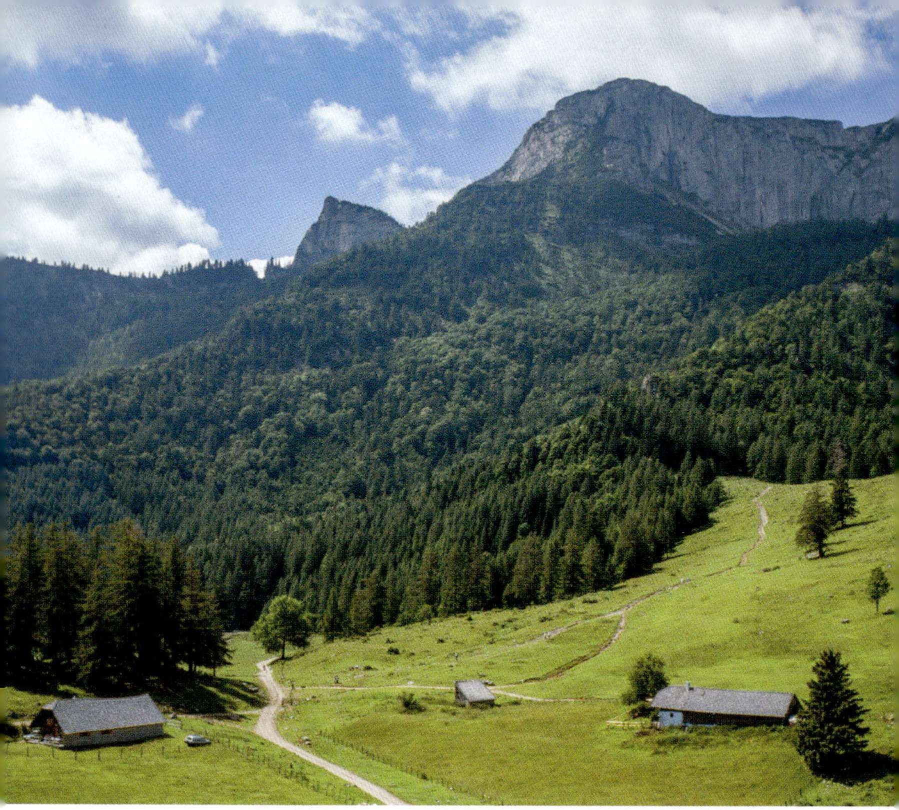

Die Wiesenschulter der Eisenauer Alm, überragt von Törlspitz und Spinnerin.

Vom **Parkplatz Burgbachau** ❶ wandern wir auf einem breiten Weg durch Wald nach Südosten aufwärts zum Eingang in die Burggrabenklamm mit der Madonnenstatue »Maria Klamm« rechts. Hier folgen wir geradeaus dem »Erzherzogin-Valerie-Weg« einen felsig-bewaldeten Steilhang in Kehren bergauf, später geht es an der rechten Begrenzungsflanke der Klamm auf einem exponierten, aus dem Fels gesprengten Steig (Vorsicht!) nach Süden hinauf in den oberen, flachen Schluchtabschnitt. Bald überqueren wir den Klausbach auf einer Brücke nach links und gelangen südwärts weiter zur **Magdalenenquelle** ❷ mit einer Unterstandshütte im Talknie.

In Windungen führt unser Weg nach Westen aufwärts zu einer bewaldeten Schulter mit einer **Wegteilung**

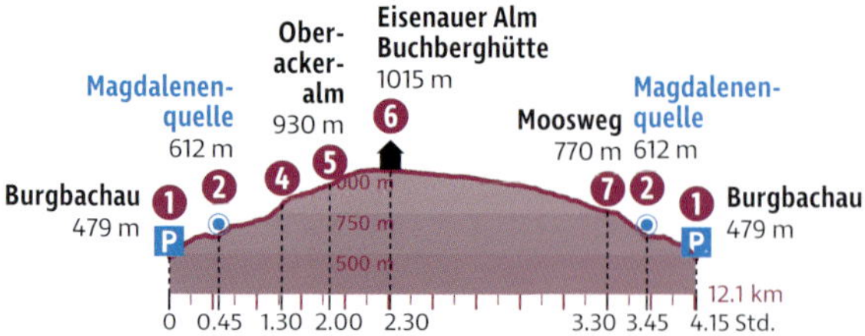

❸, 675 m, an der wir uns rechts halten. Auf dem »Gretlsteig« (Weg Nr. 26) wandern wir auf und ab an der linken Seite des klammartigen Ackergrabens nach Westen. Später quert unser Weg an die rechte Talseite und läuft dort durch Wald in Westrichtung weiter, schließlich nach rechts (Norden) empor zur **Unterackeralm ❹**, 810 m. An den Südhängen der Ackerschneid gehen wir durch Wald und über Wiesen nach Nordwesten zur **Oberackeralm ❺**, 930 m, und weiter zur **Eisenauer Alm**. Hier gelangen wir auf einer Naturstraße über die flachen Almweiden nach Südwesten zur **Buchberghütte ❻**, 1015 m, und zur **Kienberghütte**.

Rückweg: Zunächst folgen wir der Straße 100 m nach Südwesten in den Eisenauer Sattel, wo wir uns links halten. Auf der Forststraße folgt nun eine lange Wanderung an den bewaldeten Nordhängen des Schafberges nach Osten abwärts zum **»Moosweg« ❼** (Nr. 28), der nach rechts zum Wiesensattel »Im Moos« führt.

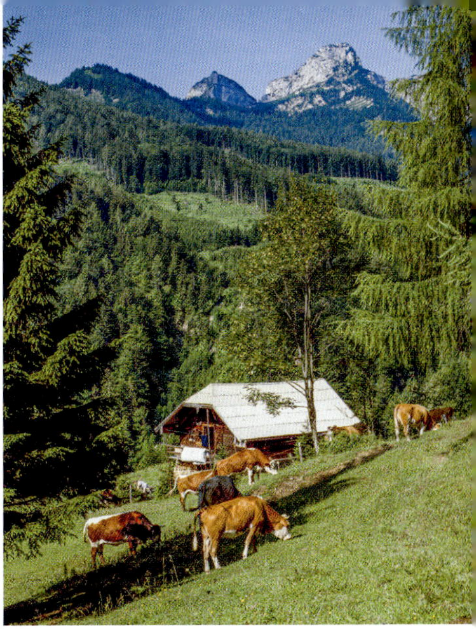

Die Unterackeralm mit den Felsbastionen der Schafberggruppe.

Wir aber folgen dem Weg nach links (Norden) in Kehren gegen die Burggrabenklamm hinunter zur Schulter mit **Wegteilung ❸**. Weiter geht es auf der schon bekannten Route zum **Parkplatz Burgbachau ❶**.

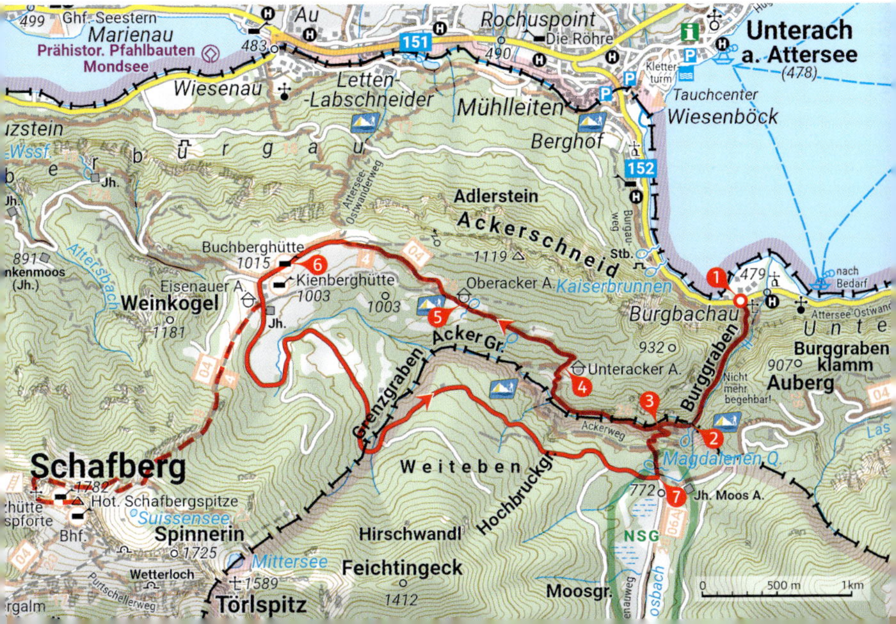

12 Jausenstation Dachsteinblick, 771 m
Große Wanderrunde von Nußdorf

TOP | 4.00 Std. | 11,8 km | ↗ 525 m | ↘ 525 m

Beliebte Einkehr überm Westufer des Attersees
Hat man seinen Urlaubssitz in Nußdorf und liebt neben dem obligaten Badevergnügen auch das Wandern, unschwierige Touren, problemlose Streifzüge auf guten Waldwegen oder Forststraßen, dann sollte man die Jausenstation Dachsteinblick an der Südseite des Roßmooses ins Visier nehmen. Genießt man schon im Anstieg herrliche Tiefblicke auf die blauen Fluten des Sees, so weitet sich der Blick am Ziel zu den Felsgipfeln des Höllengebirges, auf Leonsberg, Schafberg und Dachstein.

Ausgangspunkt: Ortszentrum von Nußdorf am Attersee, 500 m, beim Landgasthof Ragginger, nahe der Bushaltestelle »Nußdorf/Attersee Dorfmitte« (Linie Linie 561 Attnang-Puchheim – Unterach). Kostenfreier Parkplatz an der Durchgangsstraße am nördlichen Ortsrand.
Anforderungen: Einfache mittellange Wanderung auf bezeichnete Forststraßen und guten Fußwegen.
Kinder: Wegen des recht langen Rückwegs mit einigen Gegensteigungen ist die an sich unschwierige Wanderung nur bedingt mit Kindern zu empfehlen.
Hinweis: Der direkte Weg von Nußdorf zur Jausenstation Dachsteinblick kann nach einer Hangrutschung am Ostabhang des Reither Gupfs auf unbestimmte Zeit nicht begangen werden.

»Pfarrer-Salettl« und Attersee vom Anstieg zur Jausenstation Dachsteinblick.

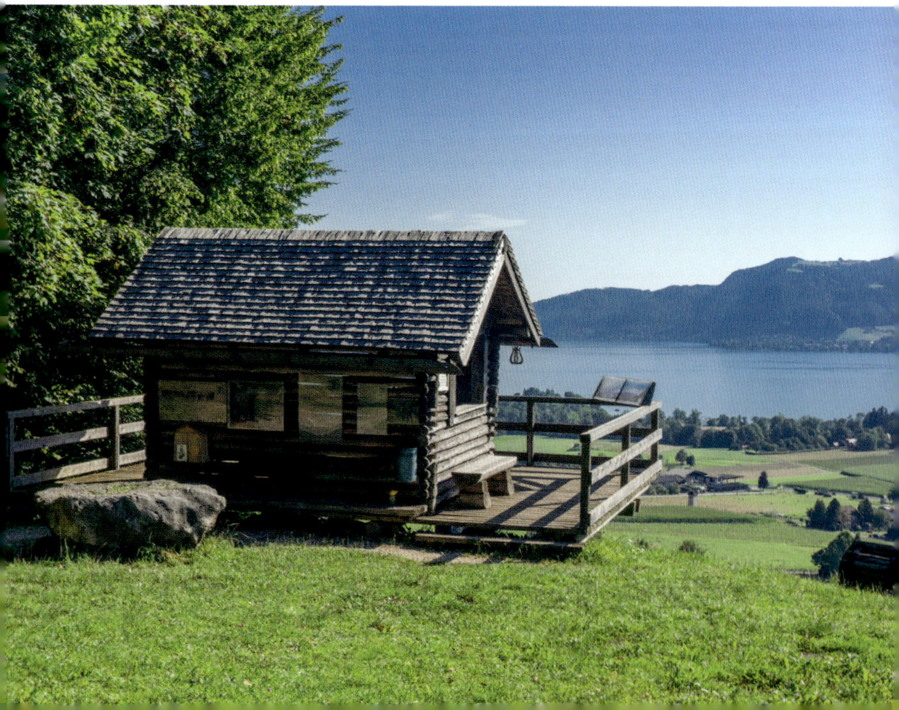

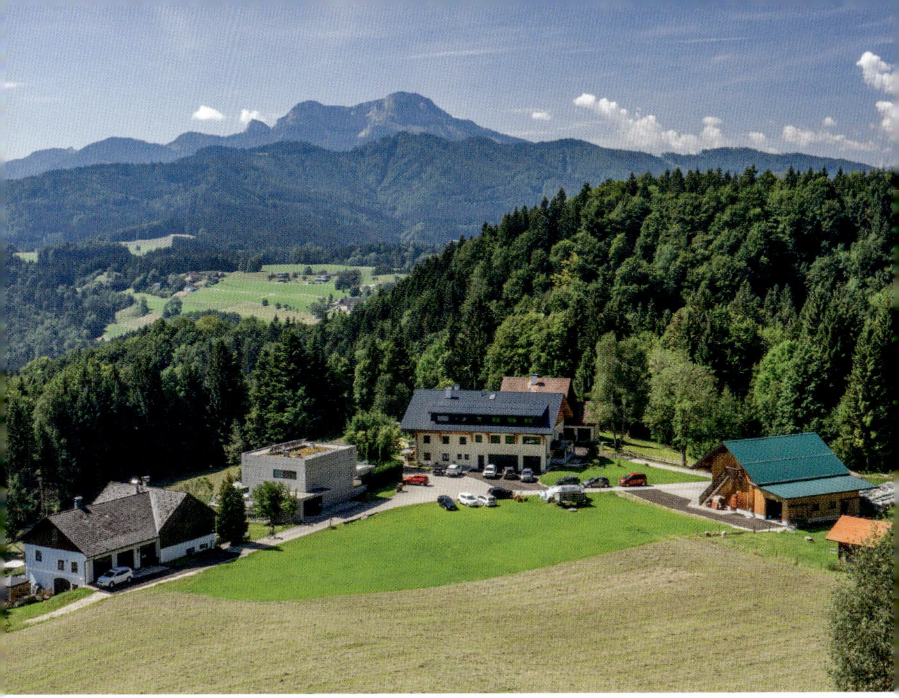

Die Jausenstation Dachsteinblick mit dem Schafberg in der Ferne.

Vom Ortszentrum in **Nußdorf ❶** gehen wir zunächst die Straße »Am Anger« Richtung Wienerroith-Sonnleiten in Westrichtung aufwärts, bis wir nach links in den Attersee-Westwanderweg in Richtung Rossmoos und Dachsteinblick abbiegen. Auf diesem Fußweg wandern wir an einem alten Sägewerk vorbei durch einen Waldgraben nach Südwesten aufwärts, später über den Waldrücken zur Linken des Grabens empor zum Aussichtspunkt beim Unterstand **»Pfarrer-Salettl« ❷**, wo sich ein schöner Tiefblick zum Attersee mit dem Höllengebirge im Südosten darüber bietet.

Weiter geht es über den Waldrücken in Südrichtung aufwärts zu einer **Weggabelung ❸**. Hier wandern wir nun auf einem breiten Weg rechts steil hinauf zur nächsten Verzweigung und dort links haltend zur **Holzhütte »Rißzaun« ❹**. Im Wald gehen wir kurz weiter zu einer Wegsperre und dort kurz nach rechts hinab zu einer Forststraße. Auf dieser halten wir uns links und queren die nordseitigen Waldhänge des Rossmooses nach Westen aufwärts bis zu einer **Straßenteilung ❺**. Hier biegen wir scharf links in die Forststraße »Bäckerleiten« und folgen ihr nach Südosten aufwärts, später um

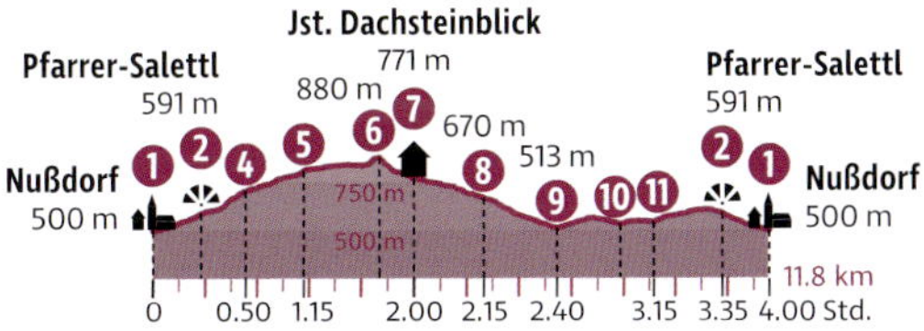

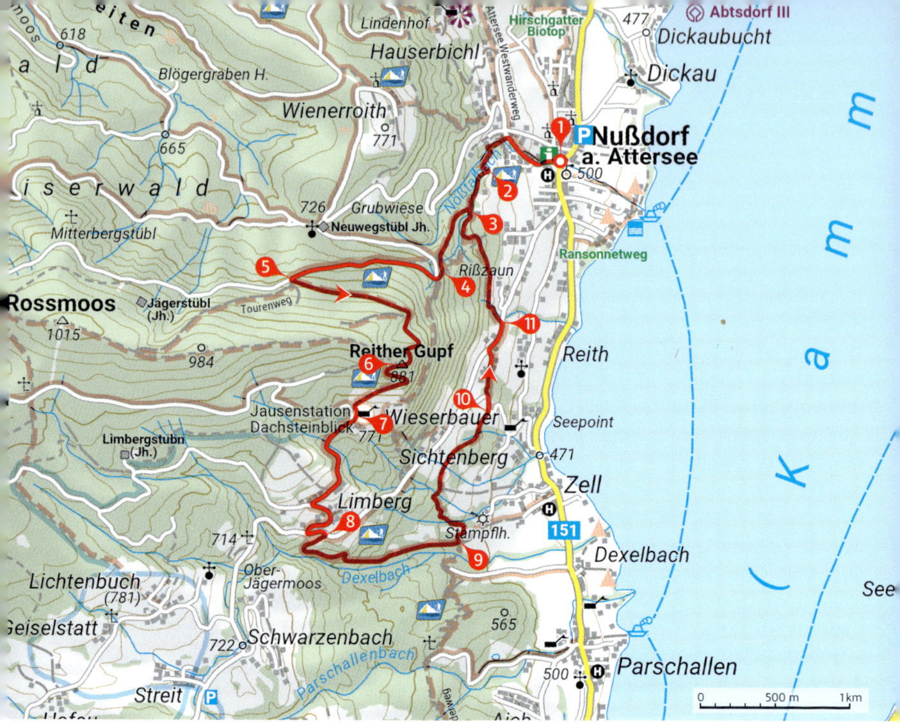

einen Bergrücken nach rechts herum und leicht fallend in eine Mulde. Aus dieser folgen wir nun einem Fußweg nach Süden empor an den Ostrücken des Rossmooses und dort durch Wald, zu einigen Aussichtspunkten mit Blick auf den Attersee. Weiter geht es an der kleinen Erhe-

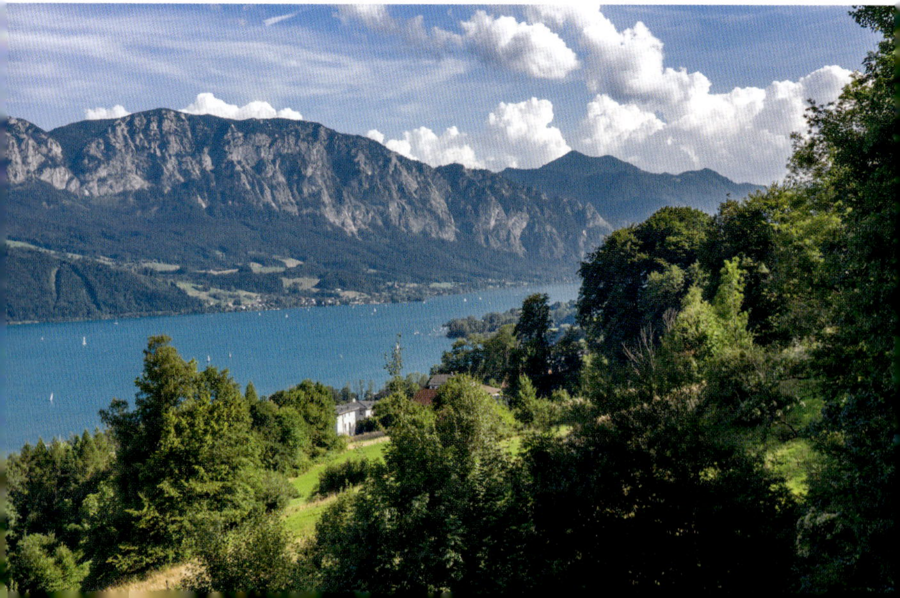
Der Attersee-Westwanderweg führt zurück nach Nußdorf. Blick aufs Höllengebirge.

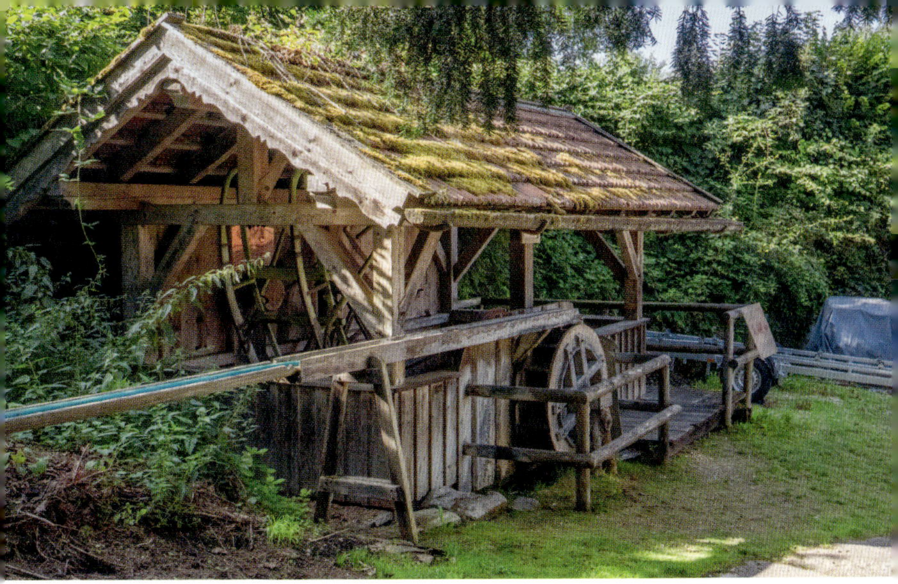

Das alte Sägewerk im Nahbereich von Nußdorf.

bung des **Reither Gupf**, 881 m, vorbei zu einer **Verzweigung** ❻. Hier wandern wir links haltend auf einem breiten Waldweg zunächst in einigen Kehren abwärts, dann durch Wiesen schräg nach rechts (Südwesten) hinunter zur **Jausenstation Dachsteinblick** ❼, 771 m.

Nach der Einkehr folgen wir der asphaltierten Zufahrtsstraße 1 km nach Süden hinab zu den Häusern von **Limberg**, 700m. 100 m nach der Linkskehre unterhalb des Ortes biegen wir rechts von der Straße ab ❽ und wandern auf dem beschilderten Fußweg scharf nach rechts (Südwesten) durch Wald hinab zum Dexelbach. Links von diesem geht es nun durch den Wald nach Osten mäßig steil abwärts, später auf einem Fahrweg nur noch sanft bergab zum **Attersee-Westwanderweg** ❾, der noch vor dem Erreichen der Uferwiesen quert. Wir folgen dem Weg links haltend in Windungen nach Nordwesten aufwärts, zunächst durch Wald, später am Unterrand einer großen Wiese zur querenden **Asphaltstraße** ❿, die von Seepoint heraufführt. Wir gehen auf der Straße 100 m bergauf und verlassen sie nach rechts in ein Waldstück. Bald erreichen wir die Limbergstraße, auf der wir rechts haltend nach 200 m an die Linksabzweigung des **Westwanderwegs** ⓫ gelangen.

Auf dem Wanderweg geht es nun durch Wald in Kehren nach Nordwesten aufwärts, dann am Oberrand einer Wiese entlang und durch Wald weiter bergauf, zuletzt eben zur **Weggabelung** ❸, die wir schon auf dem Hinweg passiert haben. Von hier wandern wir nun auf dem bekannten Weg zurück nach **Nußdorf** ❶.

EINKEHR

Jausenstation Dachsteinblick: Keine Übernachtung; 1. Mai bis 30. September geöffnet, Juli und August kein, sonst Montag und Dienstag Ruhetag; Tel. +43 7666 860515.

Weitere Einkehrmöglichkeiten: Mehrere Gastbetriebe in Nußdorf.

13 Weyregger Almen-Runde

Um den Laxenbachgraben bei Weyregg

4.15 Std. | 13,0 km | ↗500 m | ↘500 m

Auf Almensuche in den Vorbergen östlich des Attersees

Beiderseits des Attersees findet sich in der Landschaft der oberösterreichischen Seehügel eine Reihe traumhaft schöner Almreviere. Bewirtschaftet und auf kurzen, attraktiven Wegen gut erreichbar, sind sie beliebte Ausflugsziele der Attergau-Besucher. Ein Gustostückerl ist die feine Almen-Runde im Süden des Weyregger Grabens. Auf ihr wird zunächst die Hubertushütte auf der Födinger Alm am Kienesberg, danach die leider nicht mehr bewirtschaftete Gupfalm besucht, wobei der waldreiche Laxenbachgraben im weiten Bogen ausgegangen wird.

Ausgangspunkt: Parkplatz, 540 m, im inneren Weyregger Graben hinter Jachenpoint und kurz vor dem Waldgasthof Födinger. Asphaltierte Zufahrt von Weyregg, 3 km.
Anforderungen: Einfache Wanderung auf nicht immer gut beschilderten Fahr- und Fußwegen.

Kinder: Die Tour ist auch mit Kindern zu empfehlen.
Die Forststraße aus dem Weyregger Graben zur Födinger Alm kann mit Kinderwagen, im Winter auch mit Rodeln und Bobs befahren werden.
Hinweis: Die Gupfalm ist unzugänglich, weil in Privatbesitz.

Födinger Alm: die Gartenterrasse vor der Hubertushütte.

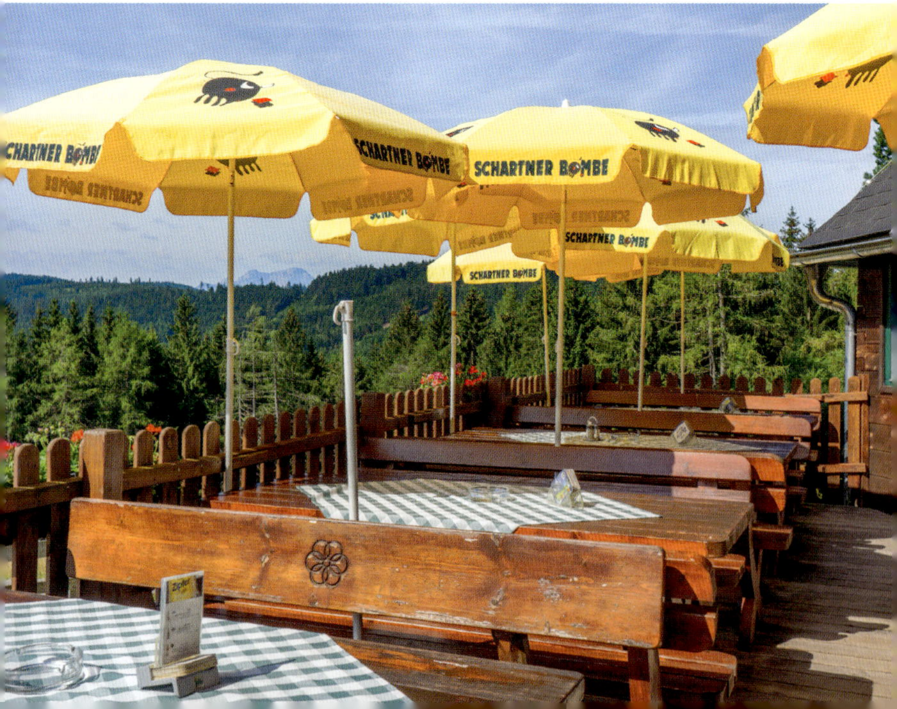

Vom **Parkplatz** ❶ gehen wir auf der asphaltierten Zufahrtsstraße 200 m retour zur Mündung des Laxenbachgrabens bei den Häusern von Jachenpoint. Hier bieten wir nach links in die anfangs asphaltierte Forststraße zur Födinger Alm ein. Unsere Straße verläuft zunächst ein Stück durch den Waldgraben nach Süden aufwärts, dann aus dem Graben in Kehren nach links empor an den breiten Nordrücken des Kienesberges. Über diesen geht es nun in Windungen bergauf, später in die Westflanke des Berges hinein und dort zu einer **Straßengabelung** ❷, an der es geradeaus weiter zur Gupfalm gehen würde. Wir steigen jedoch auf der Straße kurz nach links hinauf zu der am Südwestabhang des Kienesberges, am Oberrand einer Waldlichtung, gelegenen **Födinger Alm** mit der **Hubertushütte** ❸, 863 m, einer Jausenstation mit schöner Terrasse und kleiner Marienkapelle. Von hier können wir den wunderbaren Ausblick genießen: nach Süden zum Höllengebirge mit dem Brunnkogel, nach Südwesten zum Schafberg (rechts vor ihm der »Gupf«), ganz links im Osten zum Gipfel des Traunsteins.

Nun geht es kurz zurück zur erwähnten **Straßenverzweigung** ❷, an der wir der rot markierten Forststraße nach links in Richtung Gupfalm folgen. Zunächst wandern wir nach Osten abwärts in eine Senke. Dort biegen wir an einer beschilderten Verzweigung nach rechts ab und

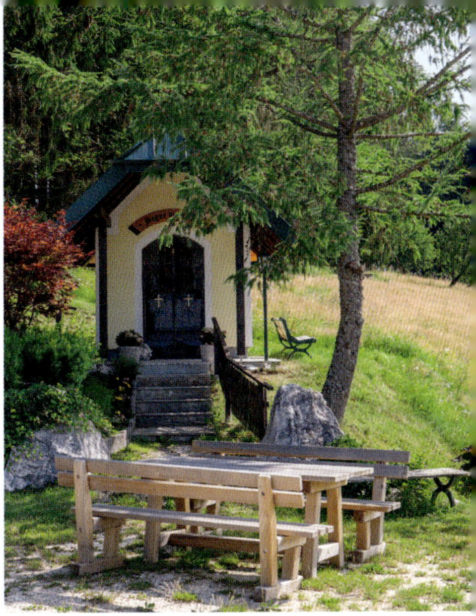

Kleine Kapelle auf der Födinger Alm.

steigen auf dem Fußweg im Wald nach Süden weiter bergab zu einer querenden Forststraße. Dieser folgen wir nach rechts in Südwestrichtung eben zu einer Gabelung, gehen dort geradeaus und kommen nach 100 m zur nächsten Verzweigung. Links haltend wandern wir nun teils eben, teils leicht steigend vorbei an der alten Holzhütte der **Laxenbacher Holzstube**, 752 m, zu einer wichtigen **Straßengabelung** ❹. Links ginge es hier zum »Praterstern«, wir folgen jedoch der Forststraße nach halb rechts, an der ostseitigen Waldflanke des »Gupf« entlang. In Nordwestrichtung gehen und zunächst leicht bergauf, dann stetig abwärts zum Straßenende an einem **Wen-**

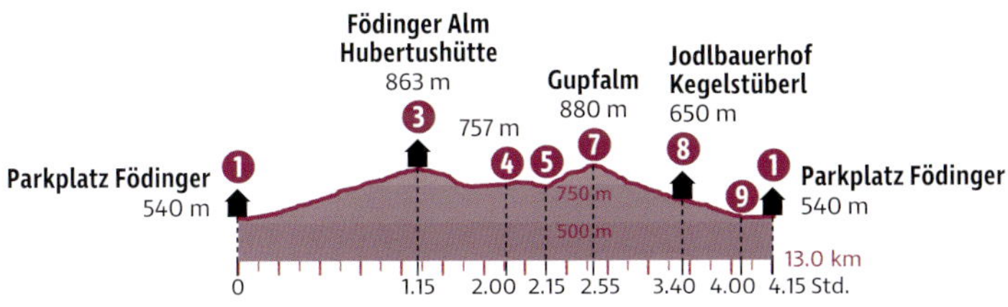

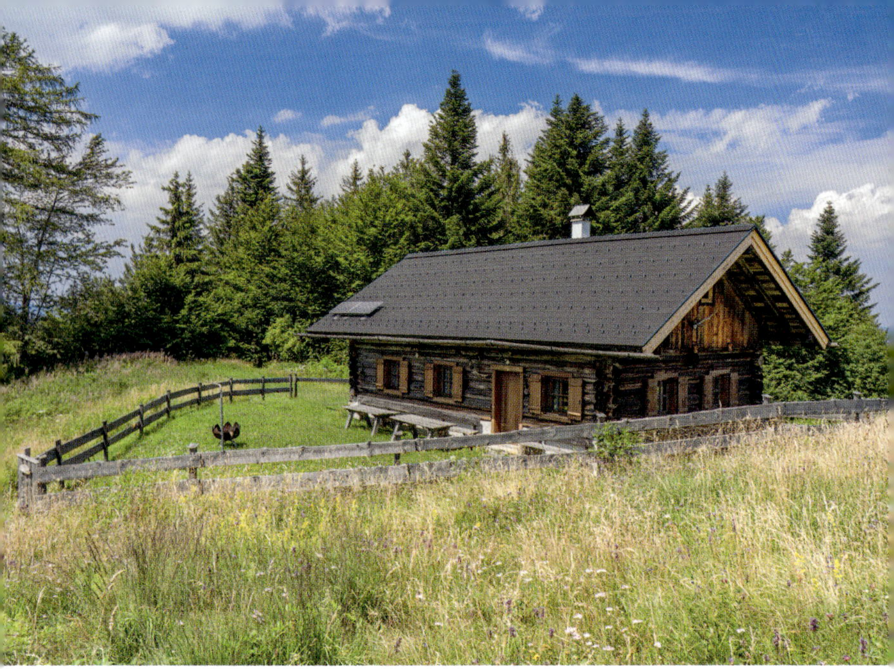

Über den Fluten des Attersees: die unbewirtschaftete Gupfalm.

deplatz ❺, 740 m. Nun wandern wir auf einem rot markierten Fußweg anfangs steil, dann bei mäßiger Steigung im Wald nach Westen zu einem **querenden Fahrweg** ❻. Auf diesem links haltend aufwärts erreichen wir bald die Wiesenschulter der Gupfalm mit Tiefblick zum nördlichen Attersee. An einer Verzweigung (halb links ginge es zum »Praterstern«) folgen wir dem Fußweg über die Weide nach rechts zur nahen, am westlichen Wiesenrand gelegenen eingezäunten Almhütte der unbewirtschafteten **Gupfalm** ❼, 880 m. Vom Aussichtspunkt knapp unterhalb der Hütte hat man einen schönen Tiefblick zum mittleren Attersee!

Wir kehren zunächst zurück zur **Verzweigung** ❻, an der wir oben in den Fahrweg gebogen sind, und folgen dort dem Fahrweg geradeaus und durch den Wald in weiten Kehren nach Norden abwärts, später durch schöne Wiesen hinab zum **Jodlbauerhof** ❽, 650 m, wo man abends im **»Kegelstüberl«** einkehren kann. Entlang der asphaltierten Zufahrt wandern wir nun durch Wiesen in Windungen hinab zur **Straße im Weyregger Graben** ❾ und auf ihr nach rechts talein zurück zum **Parkplatz** ❶ beim Waldgasthof Födinger.

EINKEHR

Waldgasthof Födinger: Am Ausgangspunkt; 25 Schlafplätze, 1. bis 15. November geschlossen, sonst immer geöffnet; Mai bis August Dienstag, sonst Montag und Dienstag Ruhetag; Tel. +43 7664 2303, waldgasthof-foedinger.at.
Hubertushütte auf der Födinger Alm: Keine Übernachtung, Montag und Dienstag Ruhetag; waldgasthof-foedinger.at.
Kegelstüberl beim Jodlbauerhof: 18 Schlafplätze in Ferienwohnungen; ab 19 Uhr geöffnet, Montag und Donnerstag Ruhetag; Tel. +43 664 1140337, jodlbauer.at.

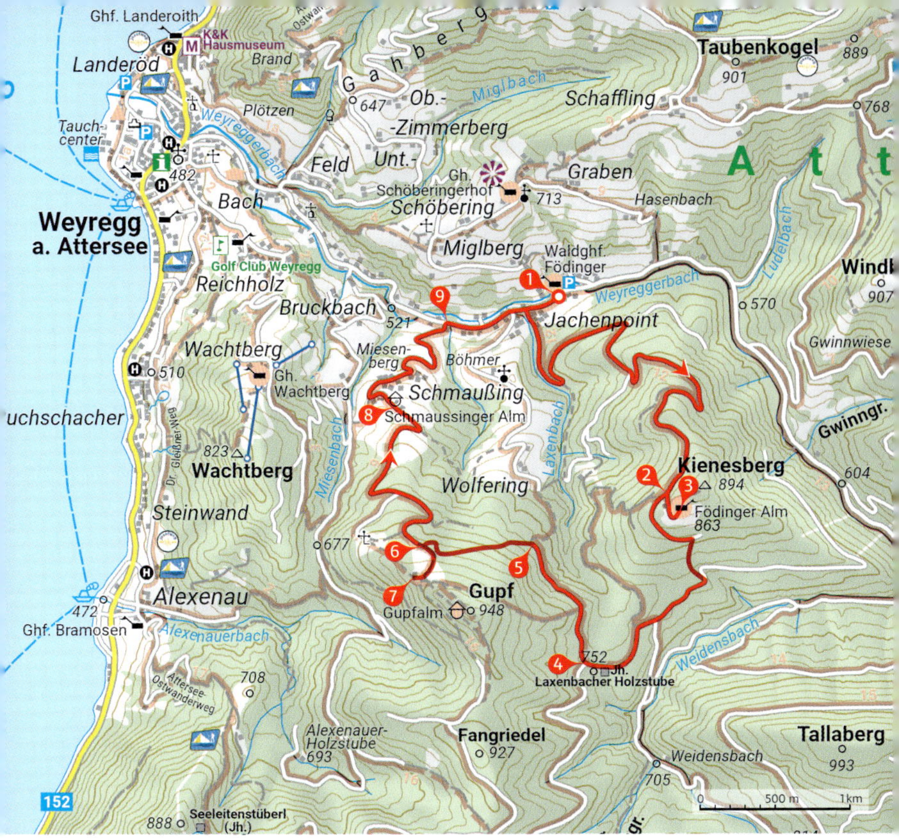

Der stattliche Jodlbauerhof im Abstieg von der Gupfalm.

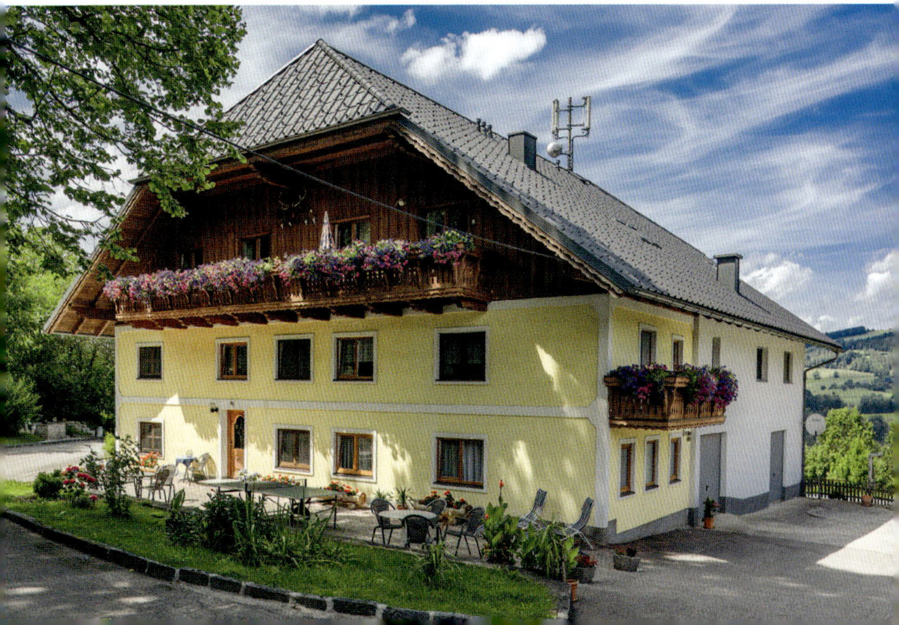

14 Kreuzingalm, 780 m

Über Gahberg hin und Miglberg retour

4.45 Std. | 14,4 km | ↗500 m | ↘500 m

Beliebte Almeinkehr bei Weyregg am Attersee

Wer im Gebiet des nördlichen Attersees wandern möchte, hat rings um den Badeort Weyregg reichlich Gelegenheit dazu: Ist es südlich des Weyregger Grabens der famose Ringweg zu den Almen Födinger und Gupf, so steht im Norden der Talung die einladende Kreuzingalm am Hongar zur Wahl, wobei sich der Zugang über den Gahberg mit dem Retourweg über den Hof Schaffling und das Gasthaus Schöberingerhof am Miglberg zu einer aussichtsreichen Runde verbinden lässt. Auf der Kreuzingalm wird man nicht nur mit urigem Bauernleben, friedlichem Glockengeläute und würziger Luft verwöhnt, es wird auch für das leibliche Wohl gesorgt, was sich bei einer herzhaften Speck- oder Kasjause, einem »Bratl in der Rein«, einem Knödelteller mit süffigem Apfel- und Birnenmost gut überprüfen lässt …

Ausgangspunkt: Weyregg, 482 m, Parkplatz im Ortszentrum an der Attersee-Ostuferstraße (neben der Feuerwehr und gegenüber vom Friedhof) mit Bushaltestelle »Weyregg/Attersee Feuerwehr« (Linie 562).

Anforderungen: Lange, aber einfache Rundwanderung auf markierten Fuß- und Fahrwegen, zum Teil auch auf Asphaltstraßen.

Kinder: Das Almgelände rings um die Kreuzingalm bietet Kindern vielfältige Spielmöglichkeiten und Gelegenheit zu Tierbeobachtungen (Kühe).

Blumengeschmücktes Haus in Hintergahberg.

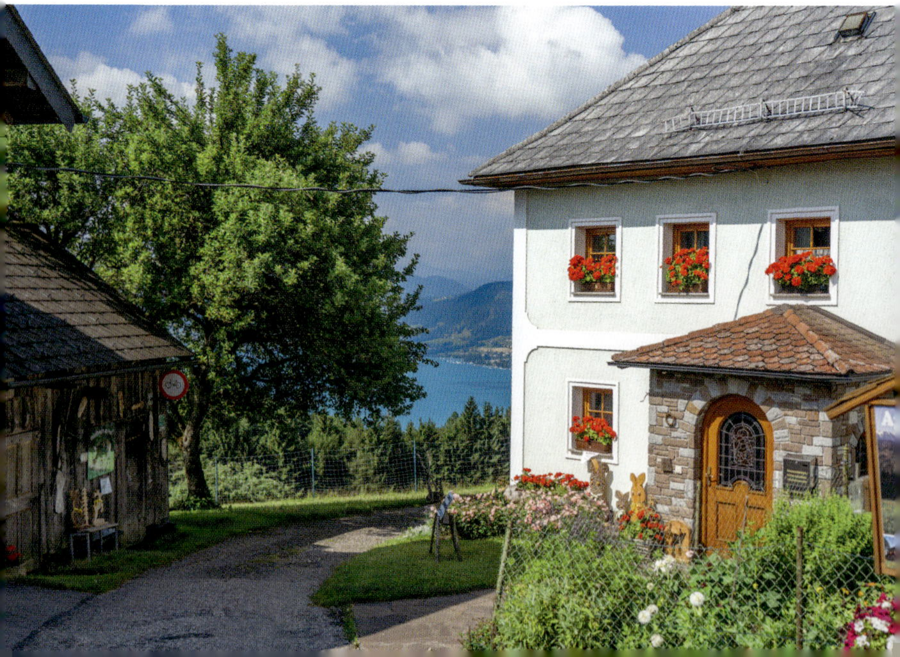

Von unserem Ausgangspunkt in **Weyregg** ❶ gehen wir zunächst auf der Attersee-Ostuferstraße (Weyregger Straße, B152) nach Norden, wobei wir den Abzweig der Straße in den Weyregger Graben passieren und den Weyregger Bach überqueren. Nach 500 m verlassen wir die Straße nach rechts in den asphaltierten Plötzingerweg (Güterweg Plötzinger), auf dem wir durch Wiesen nach Südosten empor zur **Linksabzweigung** ❷ des rot markierten »Brandsteigs« gelangen, dem wir bergauf in Richtung Gahberg folgen. An einer ersten Verzweigung am Waldrand gehen wir geradeaus und kommen bald zu einer dritten Verzweigung. Hier biegen wir auf dem »Brandsteig« (Weg Nr. 5) nach links in den Wald und wandern dort den steilen bewaldeten Südwestrücken des Gahbergs teils in Kehren aufwärts zu einer Schulter. Links von einem Zaun mit Gatter und einer schönen Almweide steigen wir im Wald weiter bergauf zum Oberrand der Wiese, wo uns eine Bank mit einem Prachtblick über den Attersee hinweg auf Schafberg und Höllengebirge erwartet. Danach erreichen wir eine Schulter beim **Brandnerhof** ❸, 715 m.

Vor dem letzten Gebäude des Hofes folgen wir den betonierten Fahrspuren eines Güterwegs nach links (Westen) aufwärts, dann geht es im

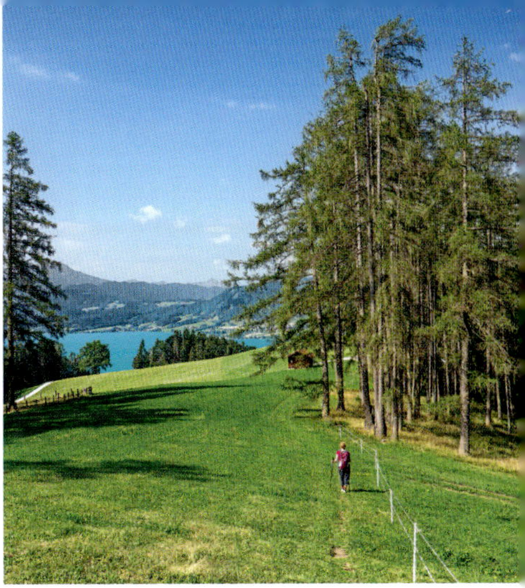

Unterwegs am Südwestrücken des Gahbergs.

Rechtsbogen an den oberen Gahberg-Rücken. Über diesen wandern wir auf einem Naturfahrweg durch Wiesen nach Nordosten aufwärts bis unterhalb des Gipfels, zuletzt in einer langen Geraden nach rechts (Osten) hinauf zu den am grasigen Ostrücken des Berges gelegenen Häusern von **Hintergahberg** ❹, 855 m.

Von Hintergahberg gehen wir auf einem asphaltierten Güterweg eben nach Osten zu der von rechts einmünden Gahberg-Höhenstraße von Weyregg. Dieser folgen wir, am Wiesenrücken verbleibend, in einer nahezu ebenen, schönen und aussichtsreichen Höhenwanderung geradeaus zur Sternwarte Gahberg

EINKEHR

Gasthof Kreuzingalm: 36 Schlafplätze; Mai bis September Montag, sonst Montag und Dienstag Ruhetag; Tel.+43 7664 20777 und +43 650 7618400). In den Monaten Juli und August empfiehlt sich am Donnerstag der Besuch der »Almgaudi« (Live-Musik) auf der Kreuzingalm. Zu den lukullischen Spezialitäten dort gehören Pofesen, Bauernkrapfen, Brettljause, Leberknödelsuppe und das »Bratl in der Rein«.

Gasthaus Schöberingerhof: 14 Schlafplätze; Montag ganztägig und Dienstag Ruhetag, Mittwoch ab 18 Uhr Hüttenabend; Tel. +43 7664 2356, schoeberingerhof.at.

Weitere Einkehrmöglichkeiten: Im Ortsgebiet von Weyregg mehrere Gastbetriebe.

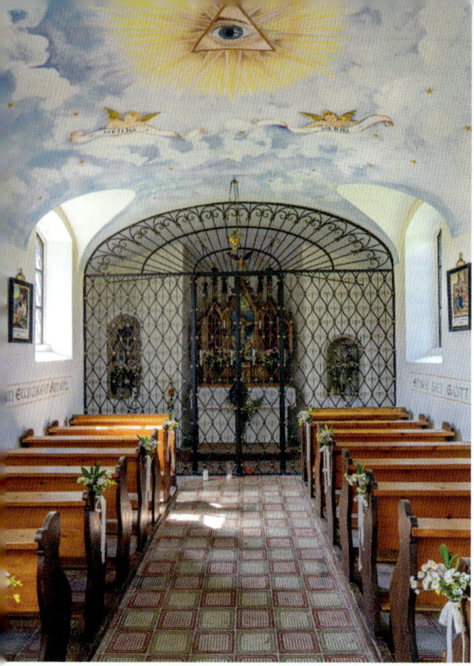

In der Gahberg-Kapelle.

und weiter zur **Gahberg-Kapelle ❺**, 863 m. Die Straße leitet uns ostwärts weiter in den Wald und dort sanft bergab in eine Senke mit einer Verzweigung. Hier verlassen wir die Autostraße nach halb links und gelangen auf einem Naturfahrweg zu einer Schranke. Gleich danach biegen wir rechts ab und steigen auf einem markierten Fußweg teils in Kehren nach Südosten auf den Waldgipfel des **Taubenkogels ❻**, 901 m. Nach unserem kleinen Gipfelabstecher folgen wir weiter dem rot markierten Querweg, der am Ostrücken des Berges zunächst nahezu eben, später als begrünter Fahrweg teils im Wald, teils durch Wiesen eben oder sanft bergab verläuft, zu einer markanten Verzweigung. Hier biegen wir scharf rechts ab und wandern auf einem Fahrweg durch Wiesen nach Südwesten hinab zu der nahe am Waldrand gelegenen **Kreuzingalm ❼**, 780 m.

Nachdem wir uns gestärkt haben, folgen wir der asphaltierten Zufahrt an den Waldhängen entlang in Westrichtung abwärts zu einer Straßengabelung, 768 m. Wir halten uns rechts und gehen nun stetig sanft bergauf, zuletzt durch Wiesen zu den auf einem aussichtsreichen Bergrücken gelegenen Häusern von **Schaffling ❽**, 830 m, mit freiem Blick nach Süden zum Schafberg und auf das Höllengebirge. Wir verlassen die Straße nach halb links und wandern auf einem Naturfahrweg (Nr. 9) über einen sanften runden Wiesenrücken nach Südwesten abwärts, zuletzt

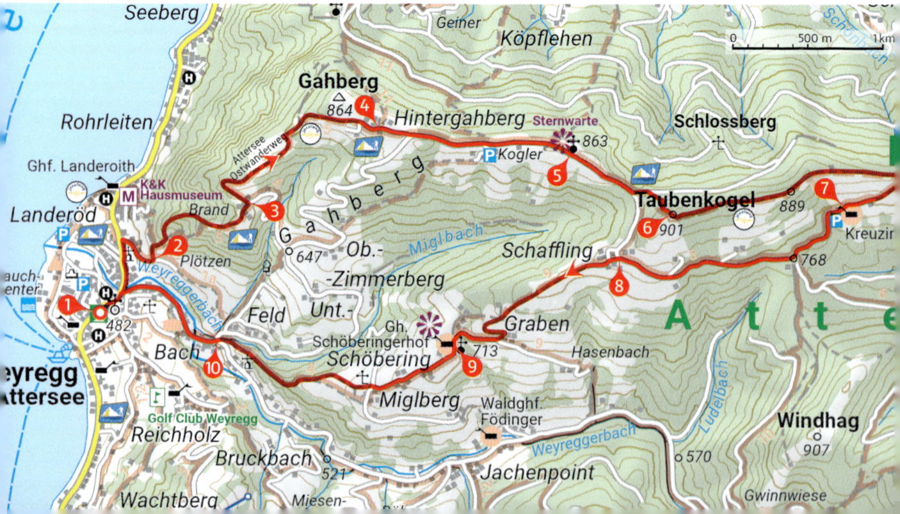

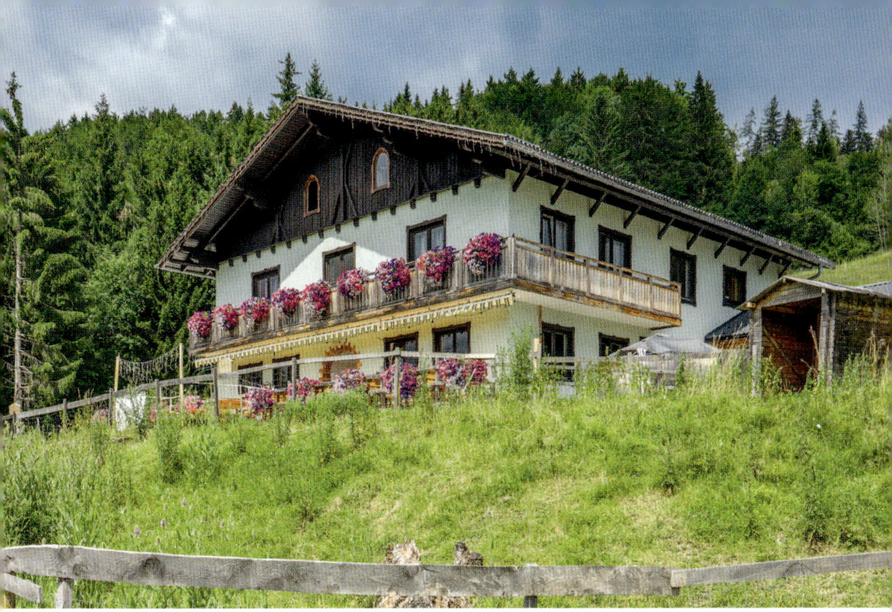

Die Kreuzingalm, ein Highlight im Tourenprogramm von Weyregg.

durch ein kurzes Waldstück steiler hinab zu den obersten Häusern der Streusiedlung Miglberg und dort zu einer schmalen Asphaltstraße. Auf dieser geht es nun, an Höfen vorbei, durch Wiesen mit einem schönen Tiefblick zum Attersee nach Südwesten hinab in eine Senke, 700 m, und wieder kurz bergauf zu dem auf einer Anhöhe neben einer malerischen Holzkapelle stehenden **Gasthaus Schöberingerhof** ❾, 713 m.

Vom Gasthaus folgen wir der asphaltierten Zufahrtsstraße, an Höfen vorbei und durch Wiesen, den Miglberg-Rücken nach Südwesten hinab zu einer markanten Rechtskurve. Dort biegen wir nach links in einen Güterweg und kommen sogleich zur nächsten Verzweigung (mit Tafeln). Hier geht es rechts ab und auf einem Naturfahrweg (»nach Weyregg übers Horn«) nach Westen hinab zu einer großen, ringsum von Wald eingefassten ebenen Wiesenfläche. Am rechten Wiesenrand entlang wandern wir erst eben, dann abwärts zum westlichsten Wiesenzipfel und dort in den Wald. Auf einem Fußweg gelangen wir über einen beiderseits steil abfallenden schmalen Waldrücken nach Westen hinab in den Weyregger Graben und dort in den Weyregger Ortsteil **Bach** ❿, 500 m, beim Restaurant Bachtaverne. Auf dem Gehsteig gehen wir nun eben in Nordwestrichtung talauswärts zurück nach **Weyregg** ❶.

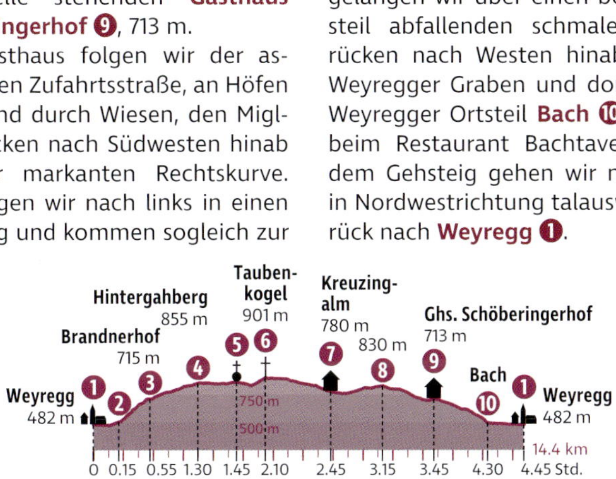

15 Hongar, 943 m, und Almgasthof Schwarz

Von Aurach im Uhrzeigersinn über den Berg

4.45 Std. | 14,9 km | ↗500 m | ↘500 m

Genussreicher Runde am Alpennordrand

Zu den beliebtesten Einkehrgaststätten des Traun- und Attergaus gehört der Gasthof Schwarz am Hongar, von dem sich ein imponierender Blick auf das Höllengebirge und über das nördliche Alpenvorland bietet. Doch gibt es kaum jemanden, der sich mit dem Gasthausbesuch begnügt, wo doch der nahe Hongar-Gipfel – die höchste Erhebung in dem 20 Kilometer langen Kamm zwischen Traun- und Attersee und Lieblingsberg des österreichischen Dichters Thomas Bernhard – eine tolle Alpenschau vom Traunstein bis zum Hohenstaufen bei Salzburg verspricht.

Ausgangspunkt:: Aurach am Hongar, 488 m, an der A1 zwischen Schörfling und Laakirchen. Pfarrkirche St. Rupert im Zentrum mit der Bushaltestelle »Aurach am Hongar Ortsmitte« (Linie 582 Schörfling – Vöcklabruck), Parkplätze im Ortszentrum.

Anforderungen: Lange, aber einfache Tour auf gut markierten Fahr- und Fußwegen.

Kinder: Einfache, auch mit Kindern zu empfehlende Tour mit Einkehrmöglichkeit etwa in Wegmitte. Beim Almgasthof Schwarz Kinder- und Erlebnisspielplatz mit Kletterturm, Schaukeln, Seilbahn, Indianerzelten und Feuerplatz zum Grillen.

Hinweis: Vom Hongar-Parkplatz ist der Almgasthof Schwarz zu Fuß in 25 Min. zu erreichen.

Tipps: 1. Vom Hongar-Gipfel hat man einen großartigen Ausblick auf die im Süden aufgereihten Kalkalpen, die man von der Falken- und Kremsmauer im Osten über Traunstein, Totes Gebirge (Großer Priel), Schermberg, Höllengebirge (Brunnkogel), Schafberg und Berchtesgadner Alpen (Hoher Göll, Untersberg, Watzmann) überschaut.
2. Sehenswert beim Almgasthof Schwarz ist ein mächtiges Schnitzkreuz mit lebensgroßem Christus.

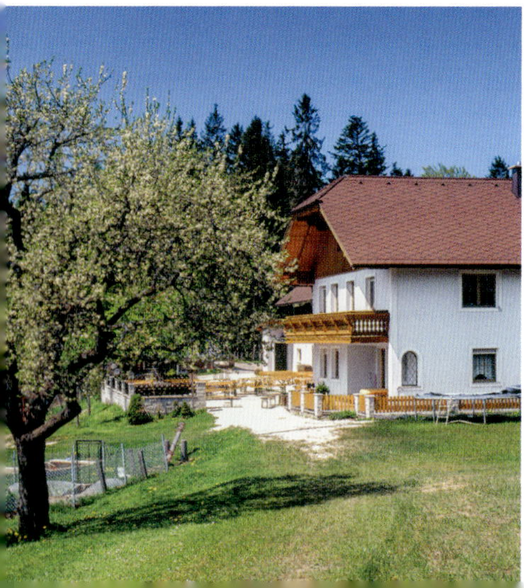

Von der Kirche St. Rupert in **Aurach** ❶ gehen wir die Asphaltstraße in Richtung Kasten südwärts, unterqueren die Westautobahn (A1) und kommen zur **Linksabzweigung** ❷ des **»Güterwegs Kasten«**. Wir folgen diesem Fahrweg durch Wiesen in Südostrichtung aufwärts zur Streusiedlung **Buchberg** und nach dem letzten Haus in den Wald ❸. Dort wandern wir auf der rot markierten Naturstraße (»Forstweg Schwarzau«) zu einer Rechtskehre, danach in Süd-

Der Almgasthof Schwarz am Hongar, beliebt und viel besucht.

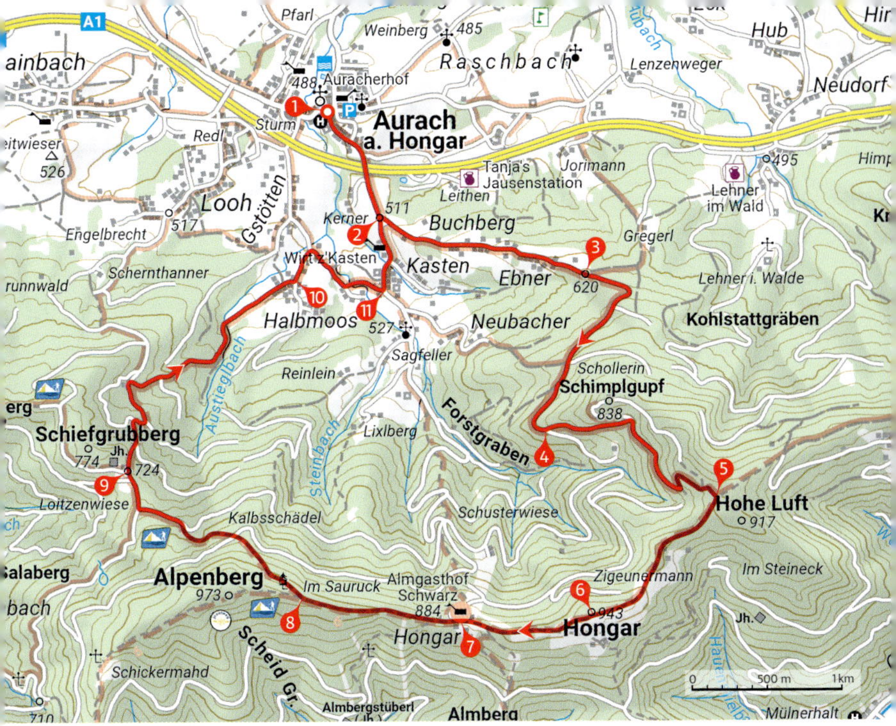

westrichtung aufwärts und in einem Linksbogen um den Westrücken des Schimplgupf herum zu einer **Straßengabelung** ❹ in der Südseite des Hügels. Auf der Forststraße links geht es nun in Richtung Hongar nach Osten aufwärts zur nächsten Teilung und dort rechts haltend weiter zu einer dritten Verzweigung. Hier biegen wir scharf nach links in den Güterweg, wandern hinauf an den breiten Nordwestrücken der Hohen Luft und über ihn zum **Querweg Pinsdorf – Hongar** ❺ vor der Waldkuppe der Hohen Luft. Auf dem markierten Fahrweg gehen wir nach rechts (Südwesten) eben weiter und kurz hinab in den Sattel beim »Zigeunermann«, 895 m. Nun steigen wir über Wiesen steil nach Südwesten empor auf einen Vorgipfel – ein eingezäunter Platz mit Bänken und einer Panoramatafel – und am Wiesenrücken weiter zum Gipfel des **Hongar** ❻, 943 m, der mit einem Prachtblick nach Süden zu den Kalkalpen aufwarten kann.

Vom Gipfel wandern wir weiter auf dem rot markierten Weg über den Westrücken des Berges durch Wiesen und Waldparzellen hinab zu dem am Wiesensattel vor dem Alpenberg gelegenen **Almgasthof Schwarz** ❼, 884 m.

Auf einem markierten Fahrweg geht es in Westrichtung über den Waldrü-

EINKEHR

Almgasthof Schwarz: Am Hongar; 24 Schlafplätze; 20./25. November bis 25./26. Dezember geschlossen, sonst immer geöffnet, außer feiertags Montag bis Mittwoch Ruhetag; Tel. +43 7662 2012, hongar.at.

Gasthaus Riedl »Auracherhof«: In Aurach; Sonn- und Feiertag ab 15 Uhr, Dienstag ab 14 Uhr und Mittwoch ganztägig geschlossen; Tel. +43 7662 8641, gasthaus-riedl.at.

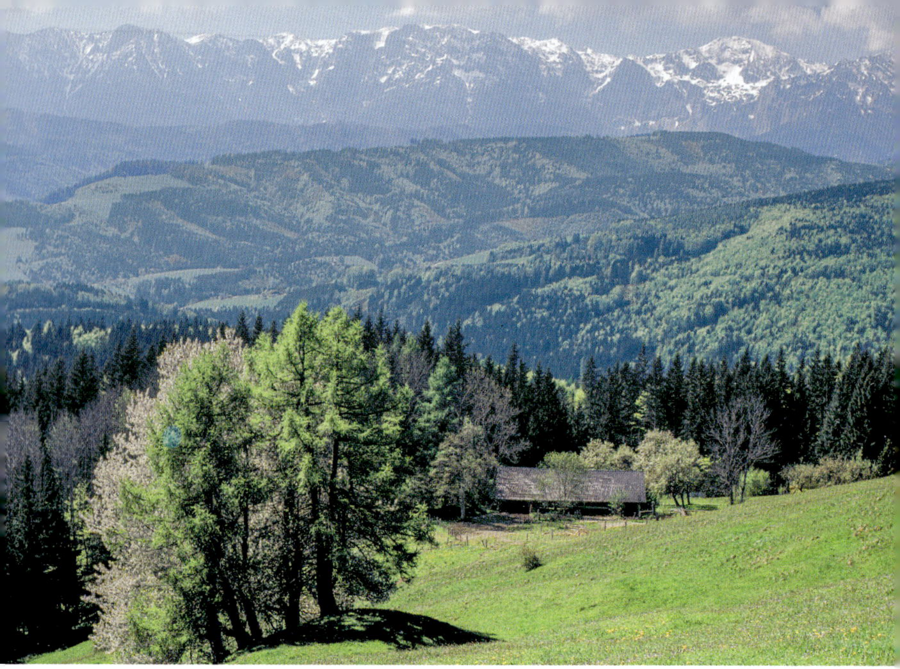

Blick vom Hongar nach Süden zum Höllengebirge.

cken in Richtung Alpenberg aufwärts zu einer **Teilung 8**. Wir folgen rechts einem Güterweg nach Nordwesten bergab zur nächsten Verzweigung. Wir nehmen den Fußweg nach links und erreichen nach Kreuzung einer Forststraße eine weitere Straße. Auf dieser geht es nach links zu einer Querstraße und auf ihr rechts haltend nordwärts, bald zum Verzweigungspunkt und Biotop **Loitzenwiese 9**, 724 m, mit Infotafeln, Bänken und einem Kruzifix am Sattel vor dem Schiefgrubberg. Auf der Straße im Wald gehen wir geradeaus zu einer Gabelung. Nach rechts (Nordosten) sanft bergab zu einer großen Waldwiese und über diese, zuletzt auf einer Asphaltstraße, in das Dorf **Halbmoos 10**, 510 m.

Bei Gabelung im Ortskern verlassen wir die Straße nach links. An der Verzweigung am Ortsende biegen wir in die Straße scharf nach rechts (Südosten) und erreichen in einem Linksbogen nach Norden das Ortsgebiet von **Kasten 11**, 510 m. Dort wandern wir nach links in Nordrichtung durch den Ort, dann auf einer Asphaltstraße auf und ab, an der **Abzweigung des »Güterwegs Kasten« 2** vorbei und schließlich unter der Westautobahn hindurch zurück ins Ortszentrum von **Aurach 1**.

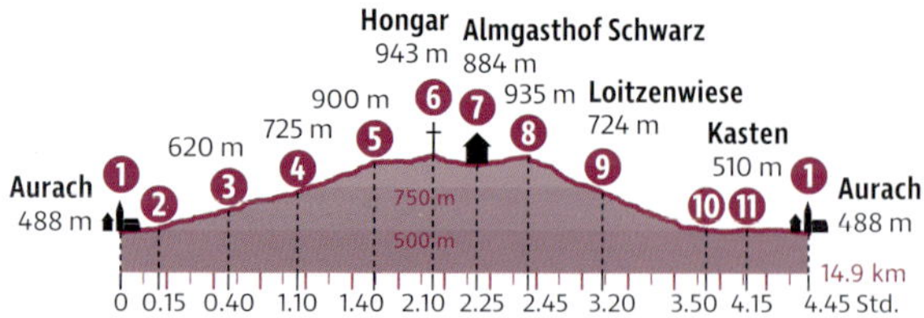

Hochsteinalm, 907 m
Von der Pension Windlegern

16

2.00 Std. | 5,7 km | ↗195 m | ↘195 m

TOP

Ein Almparadies in Traunsee-Nähe

Wer die Hochsteinalm je besucht hat, weiß, dass es sich dabei um kein einsames Allerweltziel handelt, sondern dass sie an Schönwettertagen Hunderte Ausflügler anlockt, von allen Seiten anmarschierend, von der Pension Windlegern, aus dem Langbathtal oder von Traunkirchen her. Auf dieser paradiesischen Wiesenoase am Höhenrücken zwischen Langbath- und Mühlbachtal macht man sich's auf der Gartenterrasse bequem, delektiert sich an diversen Leckereien und lässt aus sicherer Distanz die wuchtigen nordseitigen Felsabstürze des Höllengebirges auf sich wirken. Hat man indes Gipfelambitionen, ist die Besteigung des nahen Lärlkogels ein guter Tipp, denn er schenkt einen unvergleichlichen Rundumblick über die grandiose Traunseelandschaft.

Ausgangspunkt: Frühstückspension Windlegern, 816 m, Parkplatz. Zufahrt mit eigenem Kfz auf teils schmalen Asphaltstraßen von Neukirchen (6 km), Gmunden (15 km) und Traunkirchen (10 km).
Anforderungen: Kurze einfache Wanderung auf zwar beschilderten, aber teils unmarkierten Wegen und Forststraßen.
Kinder: Die Hochsteinalm ist ein beliebtes Ausflugsziel für Schulklassen. Im Nahbereich der Alm gibt es einen Spielplatz mit Schaukel, Spielhäuschen & Co. sowie einen attraktiven Streichelzoo und Tierpark mit schottischen Minihochlandrindern, Pferden und Eseln, Hasen, Schafen, Ziegen, Lamas, Stachelschweinen und Meerschweinchen. Von Mühlbachberg kann die Alm über einen 3,5 km langen kinderwagentauglichen Fahrweg (im Winter Naturrodelbahn!) erreicht werden.
Gipfelmöglichkeit: Von der Hochsteinalm kann der aussichtsreiche Felszacken des Lärlkogels von trittsicheren Gehern lohnend bestiegen werden: Vom Holzparapluie (Gatter) neben dem Gasthof steigen wir auf einem rot markierten Weg nordwärts in den Wald, dort bergauf in einen Sattel, danach abwärts zu einer querenden Forststraße. Dieser folgen wir 20 m nach rechts zur Linksabzweigung eines rot markierten Steiges. Auf ihm geht es nach Nordosten hinauf an einen Rücken und jenseits, eine Mulde querend, in einen Sattel. Über den Waldrücken steigen wir nach links hoch, zuletzt etwas exponiert (Felsgrat) auf den Gipfel des Lärlkogels, 969 m. Gesamter zusätzlicher Zeitaufwand ca. 35 Minuten.
Varianten: Die Alm kann auf schönen Wanderwegen auch von Süden aus dem Langbathtal (1 Std.) sowie anspruchsvoller und länger von Traunkirchen über Baalstein und Geiswand (3 Std.) erreicht werden.
Hinweise: 1. Am luftigen Felsgipfel des Lärlkogels ist mit Kindern Vorsicht geboten!
2. Der Forstweg vom Mühlbachberg dient im Winter als Naturrodelbahn.

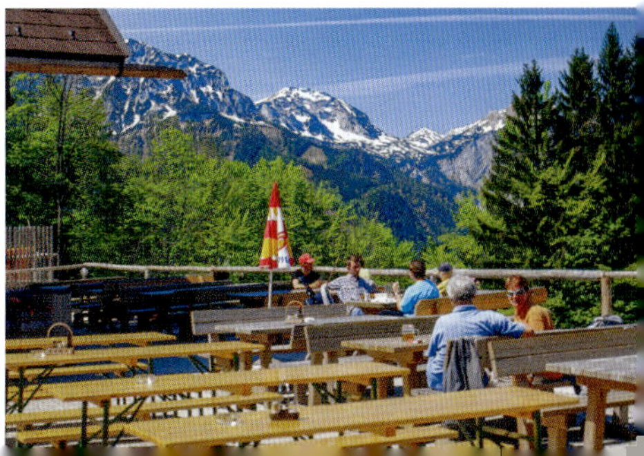

Der Gastgarten vom Gasthof Hochsteinalm vor dem Höllengebirge.

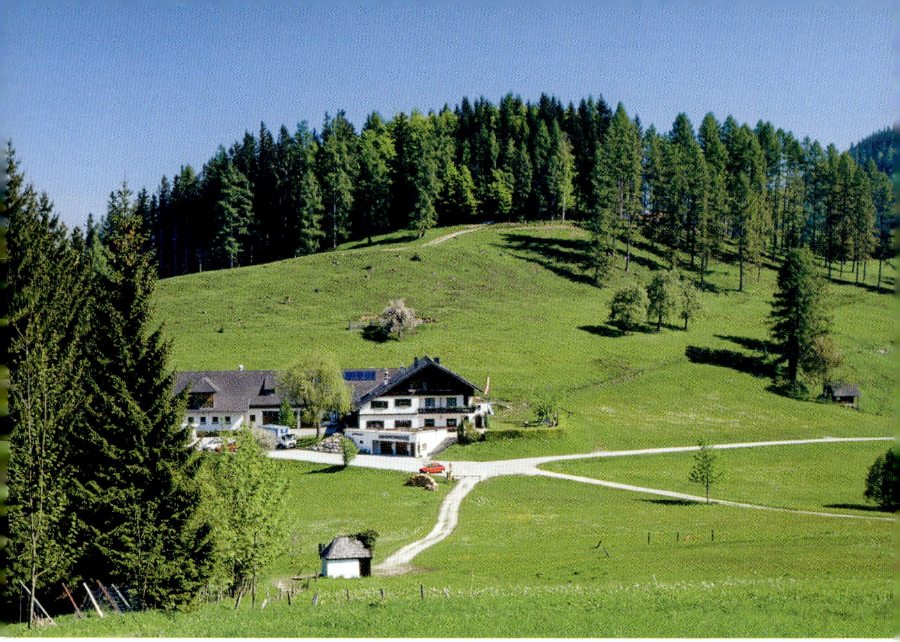

Am Ausgangspunkt: die in Wiesen eingebettete Pension Windlegern.

Von der Pension **Windlegern ❶** starten wir auf einer Naturstraße (Weg Nr. 2B) über eine Wiese eben nach Süden zu einer Kapelle und wandern anschließend auf einem Fußweg aufwärts zu einer Verzweigung. Hier gehen wir halb links in den Wald und dort hinauf zu einer Forststraße. Auf ihr geht es nun in einer langen Hangquerung nach links (Südosten) aufwärts zu einer Anhöhe, danach an der Nordseite des Hohenaugupf zum Verzweigungspunkt **»Erzgrube« ❷**.

Hier wandern wir die Straße kurz nach rechts empor zum Sattel zwischen Hochstein und Hohenaugupf. Schließlich gelangen wir über Wiesen, an einem Tiergehege vorbei, nach Südosten hinauf zum **Gasthof Hochsteinalm ❸**.

Der Abstieg zurück zur Pension **Windlegern ❶** erfolgt auf demselben Weg.

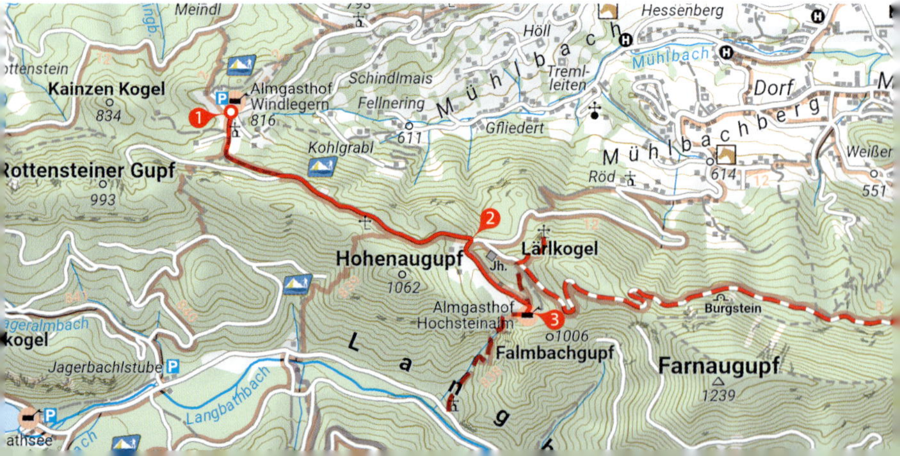

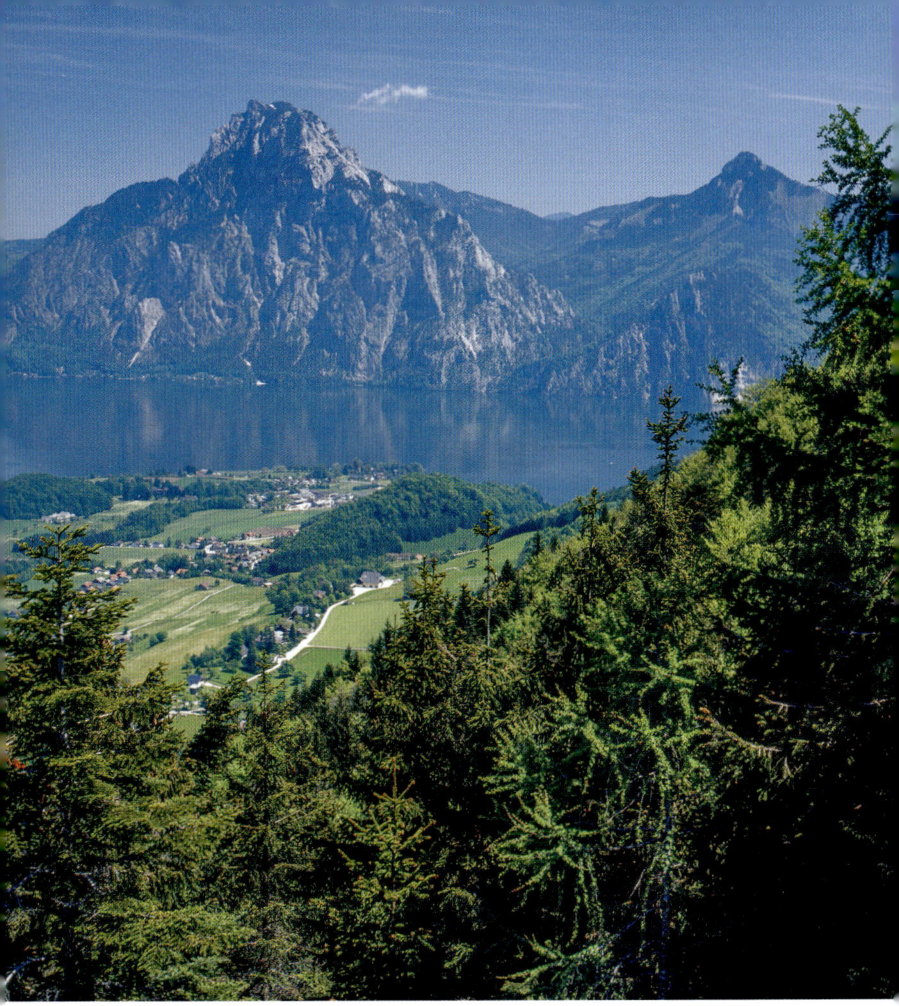

Der unmittelbar aus dem Traunsee aufsteigende Traunstein vom Lärlkogel.

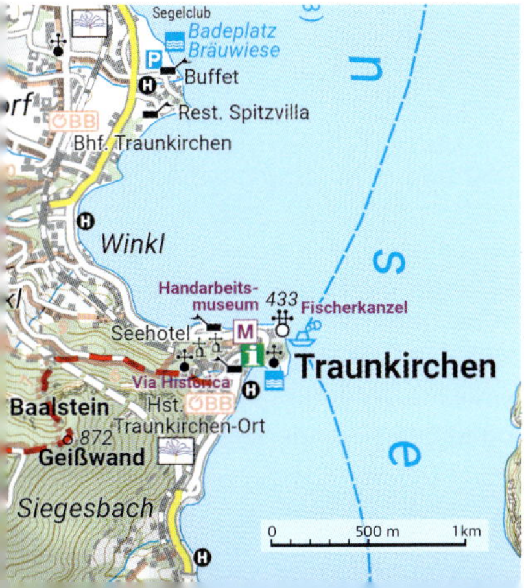

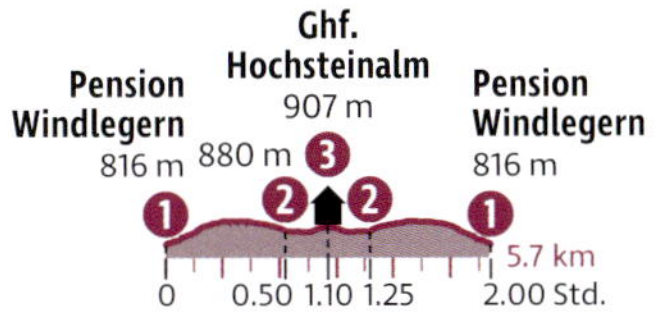

EINKEHR

Gasthof Hochsteinalm: 50 Schlafplätze; November geschlossen, sonst immer geöffnet; Juli und August kein, sonst Montag und Dienstag Ruhetag; Tel. +43 664 9875221, hochsteinalm.at.

17 Sonnsteinhütte, 918 m
Steilanstieg von Traunkirchen/Siegesbach

3.00 Std. | 6,3 km | ↗500 m | ↘500 m

500 Meter Steilanstieg für Geübte

Mit dem Auto unterwegs von Gmunden nach Ebensee durchstößt man sein »Eingeweide« in einer engen Tunnelröhre, merkt nichts von den Felsabbrüchen und schroffen Flanken des Kleinen Sonnsteins darüber, auf dem ganz obenauf, fast schon im Gipfelbereich, der Adlerhorst der Sonnsteinhütte sitzt. Winzig und täglich nur während der Sommerferien bewirtschaftet, verlangt ihr Besuch Trittsicherheit und etwas Ausdauer. An der Hütte angekommen, sollte man unbedingt weiter zum nahen Gipfel des Kleinen Sonnsteins gehen, der mit einem atemberaubenden Blick über die Wasserfläche des Traunsees hinweg auf den gegenüber übermächtig aufragenden Traunstein aufwartet.

Ausgangspunkt: Traunkirchen, 433 m, Parkplatz P5 am »Ortsplatz« am Traunseeufer im Zentrum. In Traunkirchen Haltestelle »Traunkirchen Ort« der Salzkammergutbahn (Linie 170-0) und Bushaltestelle »Traunkirchen Ortsplatz« (Linie 507), fünf Parkplätze im Ortsgebiet, davon zwei (P1 »Harrachberg« und P2 »Lunn Park«) gebührenfrei

Anforderungen: Anspruchsvolle Tour. Trittsicherheit und Schwindelfreiheit nötig. Mehrere exponierte, zum Teil gesicherte Felspassagen.

Kinder: Bei entsprechender Vorsicht (Absturzgefahr besteht vor allem im Hütten- und Gipfelbereich) kann die Tour auch in Begleitung gehfreudiger Kinder (nicht unter 10 Jahre!) unternommen werden.

Gipfelmöglichkeit: Von der Sonnsteinhütte kann der östlich darüber aufragende aussichtsreiche Kleine Sonnstein (auch »Traunkirchner Sonnstein«), 923 m, auf einem markierten Weg in wenigen Minuten bestiegen werden. Atemberaubender Tiefblick zum Traunsee mit der gewaltigen Felsmasse des Traunstein im Nordosten darüber!

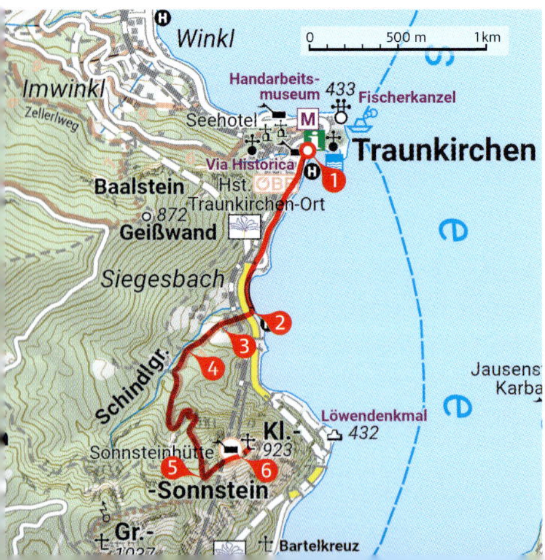

EINKEHR

Sonnsteinhütte: Keine Übernachtung; Ostern bis 31. Oktober Samstag, Sonntag und feiertags, Juli und August täglich geöffnet; sonnsteinhuette.at).
Weitere Einkehrmöglichkeiten: Mehrere Gastbetriebe in Traunkirchen.

Vom Ortsplatz in **Traunkirchen** ❶ wandern wir auf der alten Traunsee-Westuferstraße in Südrichtung aus dem Ort zur B145, der wir kurz weiter zur **Siegesbach-Brücke** ❷ mit Bushaltestelle »Traunkirchen Siegesbach« der Linie 507 folgen.
Hier biegen wir rechts ab und wandern auf dem gut beschilderten und markierten Weg Nr. 1 über Stiegen nach Westen steil hinauf zur Streusiedlung **Siegesbach** ❸, 490 m, im Talboden des Schindlgrabens. Wir passieren die Häuser und gelangen

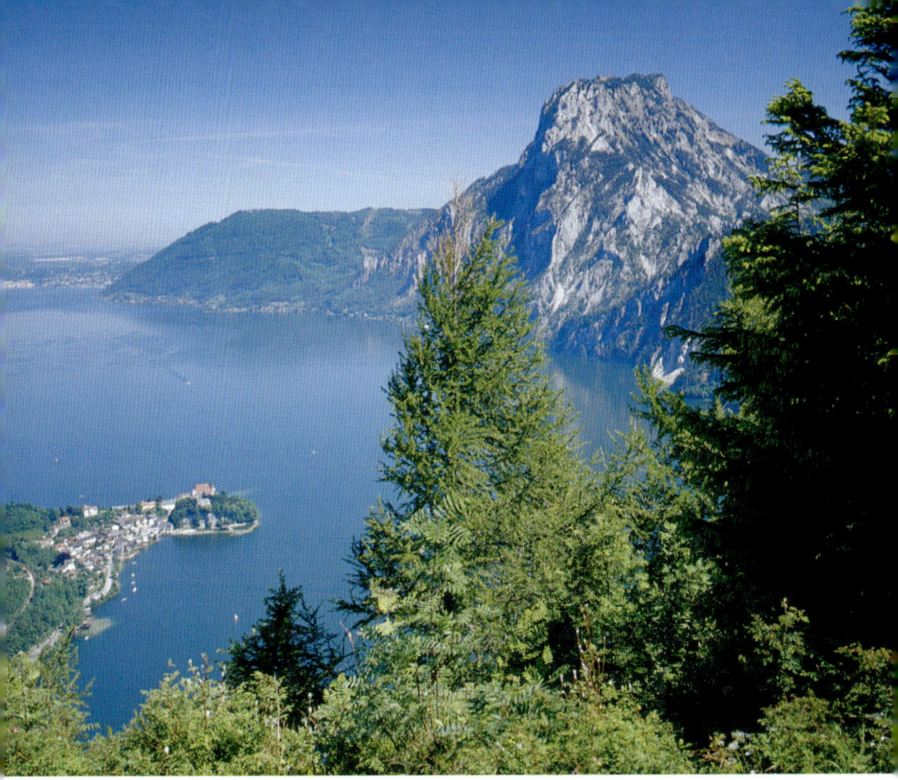

Der Traunsee mit Traunkirchen und Traunstein vom Kleinen Sonnstein.

durch den Wald zu einer Verzweigung **4**. Hier halten wir uns links und wandern auf dem Weg Nr. 1 nach Südwesten aufwärts zu einem Bildstock, dann nach links empor an einen Waldrücken. Über diesen wandern wir zur Rechten des schluchtartigen Eisgrabens bergauf, später in die Grabensohle und dort nach links über den Bach. Jenseits des Baches steigen wir die steilen Waldhänge der **Schusterleiten** in Kehren hoch und kommen durch einen Graben in den Sattel **»Ludleben«** **5**, 815 m, zwischen Großem und Kleinem Sonnstein.

Über den licht bewaldeten Felsrücken steigen wir nach links aufwärts zur Bank an der **»Hohen Rast«** und steil weiter auf einen Vorgipfel des Kleinen Sonnsteins. Schließlich gehen wir kurz hinab in die Scharte zur eindrucksvoll gelegenen **Sonnsteinhütte** **6**, 918 m.

Der **Rückweg** nach **Traunkirchen** **1** erfolgt auf dem Hinweg.

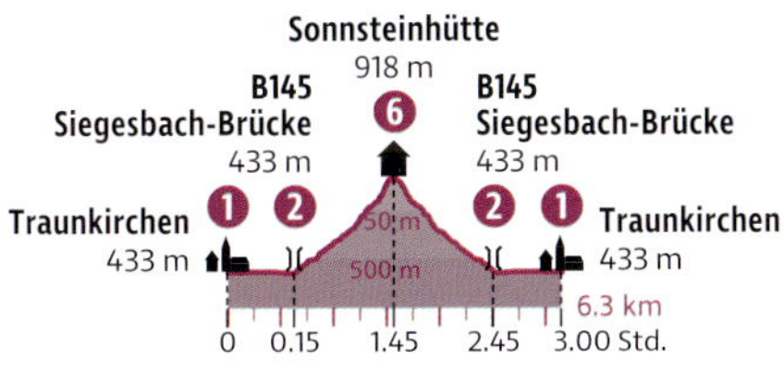

18 Rieder Hütte, 1765 m

Vom Feuerkogel zur Bergsteiger-Einkehr

3.30 Std. | 9,0 km | ↗380 m | ↘380 m

Zuerst mit der Gondel, dann per pedes ...

Wer den Feuerkogel mit der Gondelbahn besucht und oben mehr will als nur in die Runde schauen, wandert in zwei Gehstunden zur Rieder Hütte (Wiedereröffnung nach Schließung: Mai 2025!). Wird man am Feuerkogel mit einer atemberaubenden Schau auf den Traunsee und zum stolzen Traunstein verwöhnt, so bringt der Gang über die gewellte Hochfläche des Höllengebirges Einblicke in wilde Karstlandschaften mit einem Mix aus Felsformationen, Latschenbeständen und Dolomitenlöchern. Nach ausgiebiger Rast und Schlemmerei geht es auf derselben Route wieder zurück, sofern man nicht den Großen Höllkogel »mitnimmt«, der als zentrale und höchste Erhebung des Gebirges ein tolles 360-Grad-Panorama zur Schau stellt.

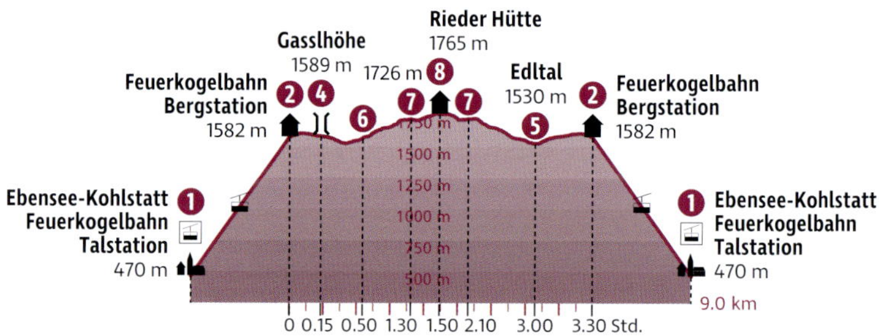

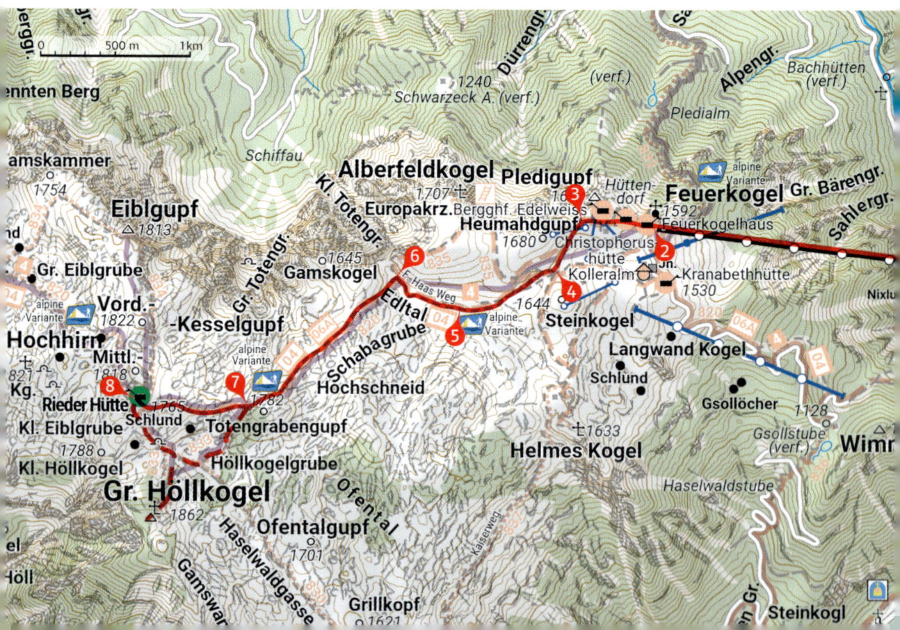

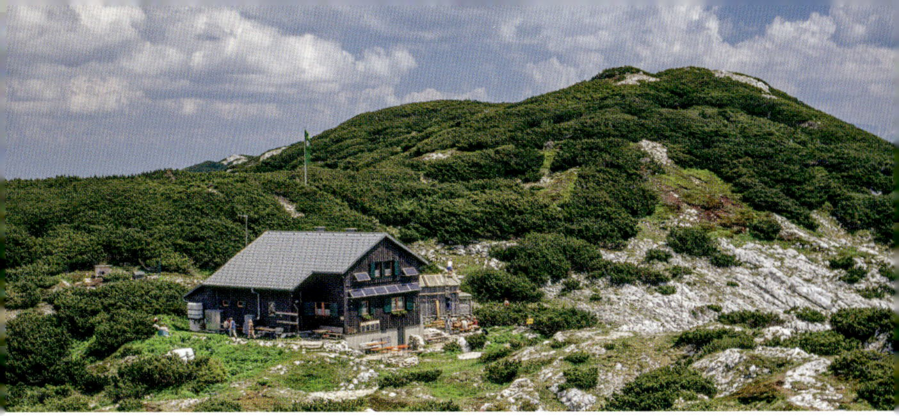

Die Rieder Hütte auf der Karsthochfläche des Höllengebirges.

Ausgangspunkt: Ebensee, Ortsteil Kohlstatt, Talstation der Feuerkogel-Seilbahn, 470 m, mit Parkplatz, 1,5 km nordwestlich vom Ortszentrum Ebensee mit der Bahnstation »Ebensee« und Bushaltestelle »Ebensee Bahnhof (Vorplatz)« (Linie 509).
Feuerkogel-Seilbahn: Bergstation 1592 m. Vom 25. Mai bis 5. November täglich zwischen 8.20 bzw. 8.30 Uhr und 17.00 bzw. 18.00 Uhr in Betrieb (feuerkogel.info).
Anforderungen: Unschwierige Wanderung auf markierten Wegen und Steigen. Trittsicherheit nötig. Auf der Karsthochfläche des Höllengebirges ist bei Nebel Vorsicht geboten!

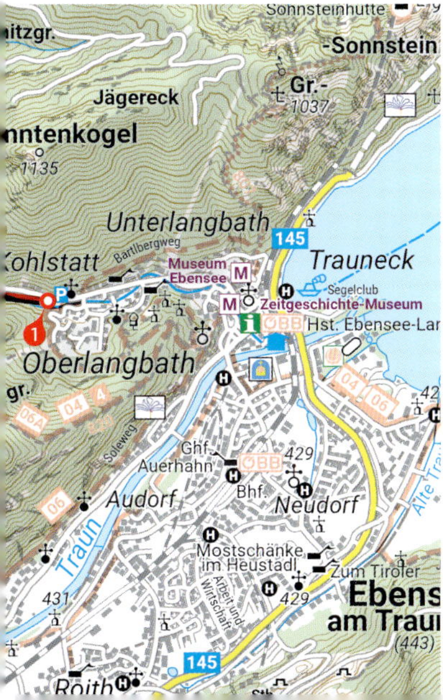

Kinder: Die Wanderung ist auch in Begleitung gehfreudiger Kinder zu empfehlen. Leicht möglich, dass – nach ausgiebiger Rast und Stärkung an der Rieder Hütte – bei einer anschließenden Besteigung des Großen Höllkogels die Begeisterung der Kinder für Landschaft, Berg und Natur geweckt wird.
Gipfelmöglichkeit: Auf der Rückkehr zur Feuerkogel-Seilbahn kann die höchste Erhebung des Höllengebirges, der Große Höllkogel, lohnend überschritten werden: Von der Rieder Hütte geht es auf Weg Nr. 830 durch Latschen und über Karrenfelsen nach Südosten empor zur Verzweigung am Höllkogel-Nordrücken. Diesen steigen wir auf Weg Nr. 833 durch Latschengassen in Kehren nach rechts empor zum Gipfel des Großen Höllkogels, 1862 m. Wieder über den Nordrücken geht es hinab zum Querweg Nr. 830 und auf ihm kurz nach rechts (Osten) in die Höllkogelgrube. Dort halten wir uns links und gelangen auf Weg Nr. 833 durch Latschen und über Felsstufen nach Nordosten empor zur Verzweigung westlich unterm Totengrabengupf. Weiter geht es auf dem bekannten Weg zurück zum Feuerkogel. 1 Gehstunde zusätzlicher Zeitaufwand.
HInweis: Die Rieder Hütte ist aktuell (Frühjahr 2024) geschlossen und wird voraussichtlich im Mai 2025 offiziell wiedereröffnet.

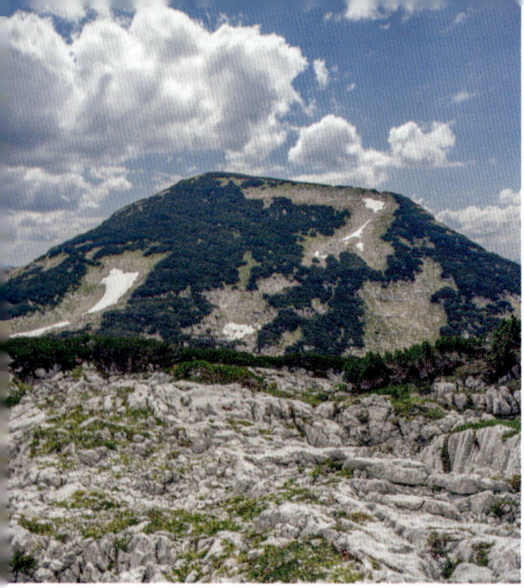

Der Große Höllkogel in Nordansicht.

Von der **Talstation der Feuerkogel-Seilbahn** ❶ in **Ebensee-Kohlstatt** fahren wir mit der Gondel bequem hinauf zur **Bergstation** ❷, 1592 m. Auf einem breiten Weg (Nr. 820 und 835) wandern wir an Gasthöfen vorbei nach Westen aufwärts zur Anhöhe beim Berggasthof Edelweiß, 1625 m. Von hier führt unser Weg zunächst leicht abwärts in den **Wiesensattel** ❸, 1610 m, vor dem Heumahdgupf und dort unter einem Schlepplift hindurch nach links zu einer Teilung. Hier gehen wir halb links auf Weg Nr. 820 und 804 an den Hängen des Berges nach Südwesten abwärts in den **Sattel »Gasslhöhe«** ❹, 1589 m, an einer Verzweigung. Auf Weg Nr. 820 biegen wir hier nach rechts in die Südflanke des Heumahdgupf und gelangen dort durch Latschen hinab in die Dolinenmulde des **Edltales** ❺. Danach geht es wieder bergauf und nach rechts (Nordwesten) zu einer **Verzweigung** ❻. Hier halten wir uns links (Weg Nr. 820) und wandern an der felsigen Steilflanke des Gamskogels nach Südwesten hinauf, dann durch Latschen auf und ab weiter, schließlich durch eine steile Rinne zu einer Schulter empor. An der Nordseite des Totengrabengupf steigen wir über Felsstufen (Drahtseil an exponierter Stelle!) nach Südwesten aufwärts zum höchsten Punkt der Querung, danach über Karrenfelsen hinab zur **Verzweigung** ❼ westlich unterm Totengrabengupf.

Hier geht es nun rechts auf Weg Nr. 820 hinunter in einen Sattel, danach ein Stück den Hinteren Kesselgupf hinauf und am Westabhang des Berges durch Latschen und über Karrenfelsen eben in den Sattel (mit Hütten-Fahnenmast) zwischen Mittlerem und Hinterem Kesselgupf. Nach einem kurzen Abstieg nach Süden erreichen wir schließlich die (2024 noch vorübergehend geschlossene) **Rieder Hütte** ❽, 1765 m.

Rückweg: Zurück zur **Feuerkogelbahn-Bergstation** ❷ und weiter zur **Talstation** ❶ geht es auf demselben Weg.

EINKEHR

Feuerkogelhaus: Am Feuerkogel nahe der Bergstation; 47 Schlafplätze; mit der Seilbahn geöffnet; Tel. +43 6133 5494, feuerkogel.com.

Berggasthof Edelweiß: Am Feuerkogel nahe der Bergstation; 55 Schlafplätze; mit der Seilbahn geöffnet; Tel. +43 6133 5490, feuerkogel.at).

Kranabethhütte: Kurzer Abstecher 500 m südlich der Bergstation; 35 Schlafplätze; mit der Seilbahn geöffnet; Tel. +43 664 3920001, kranabethhuette-feuerkogel.at.

Berggasthof Christophorushütte: Am Feuerkogel nahe der Bergstation; 48 Schlafplätze; mit der Seilbahn geöffnet; Tel. +43 664 995 456 98, feuerkogel.rocks.

Rieder Hütte: 36 Schlafplätze; 15./20. Mai bis 15./20. Oktober geöffnet; Tel. +43 6133 93013, alpenverein.at/riederhuette; Wiedereröffnung nach Schließung für Mai 2025 geplant.

Grünbergalm, 984 m, und Ramsaualm

Zur Almidylle am Laudachsee

2.30 Std. | 7,2 km | ↗ 180 m | ↘ 180 m

Landschaftliche Highlights ohne Mühe

Schon bevor 2018 der 1,5 Kilometer lange Baumwipfelpfad auf dem per Seilbahn erreichbaren Grünberg errichtet wurde, waren Laudachsee und Ramsaualm begehrte Ausflugsziele – weshalb sich so mancher fragt, ob die Investitionen und Naturzerstörungen dort wirklich ein Gebot der Stunde waren. Wie auch immer, ein Hit sind der Rundumblick vom Grünberg und dem riesigen Aussichtsturm dort, die Aussicht auf Traunstein, Traunsee, Dachstein und das zu unseren Füßen ausgebreitete Alpenvorland noch allemal. Und wer ohne besondere Anstrengung zum Laudachsee weiterspaziert, wird mit einer grandiosen Landschaft, Panoramablick, Seenjuwel, Liegewiesen und gleich zwei Einkehrgaststätten belohnt.

Ausgangspunkt: Gmunden, Ortsteil Weyer, Talstation der Grünberg-Seilbahn, 430 m, mit Parkplatz. Bahnhof »Gmunden« der Salzkammergutbahn 170 im Nordwesten von Gmunden (2,5 km vom Ausgangspunkt). Von dort mit dem Citybus 511 zur Talstation der Grünberg-Seilbahn.
Grünberg-Seilbahn: Bergstation 978 m, knapp östlich des Grünberg-Gipfels. Vom 1./5. April bis 5./10. November 9 bis 18.30/19.30 Uhr durchgehend in Betrieb, im Oktober und November 9 bis 17.30 Uhr zur vollen und halben Stunde, bei Bedarf auch durchgehend; gruenberg.info.

Anforderungen: Einfache, kurze Wanderung, auch für Kinder und ungeübte Wanderer geeignet.

Kinder: Die Begehung des Baumwipfelpfads erweist sich mit der Wanderung zur Ramsaualm am Laudachsee als ideales Ausflugsprogramm mit Kindern. Beide können auch mit dem Kinderwagen besucht werden.

Gipfelmöglichkeit: Von der Ramsaualm kann der Katzenstein, 1349 m, auf einem markierten Steig in 1.30 Std. (Anstiegszeit) erreicht werden. Nur für geübte, trittfeste Geher bei trockenen Verhältnissen!

Variante: Vom Sattel Radmoos kann man, dem Mitterweg (Weg Nr. 04 und 21) und später dem Ortnerweg folgend, durch die bewaldete Süd- und Westseite des Grünbergs in 1.15 Std. zur Grünbergbahn-Talstation absteigen.

Hinweis: Von der Bergstation der Grünberg-Seilbahn empfiehlt sich die gefahrlose Begehung des im Sommer 2018 eröffneten 1,5 Kilometer langen kostenpflichtigen Baumwipfelpfads. Auf ihm wird zwanzig Meter über dem Grund, also in »Baumhöhe«, der Gipfelbereich des Grünbergs umrundet. Höhepunkt ist die Besteigung des 39 Meter hohen Aussichtsturmes mit Tunnelrutsche über eine stufenlose, also auch rollstuhl- und kinderwagentaugliche Wegspirale. Die Panoramaterrasse oben erschließt eine grandiose Aussicht über Alpenvorland und Traunsee bis zu Gletschern des Dachsteins.

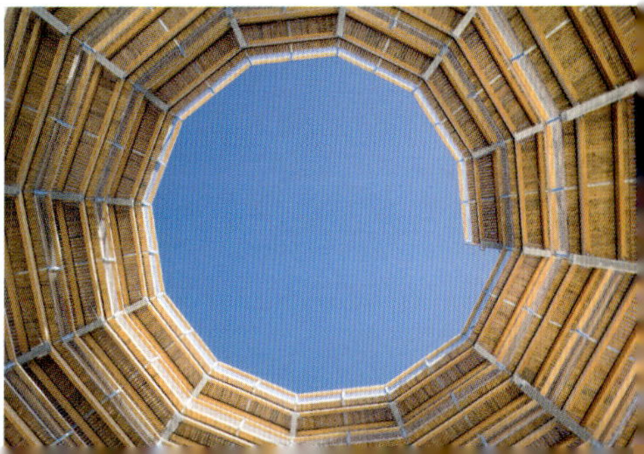

Blick in die Kuppel des Baumwipfelpfad-Aussichtsturms am Grünberg.

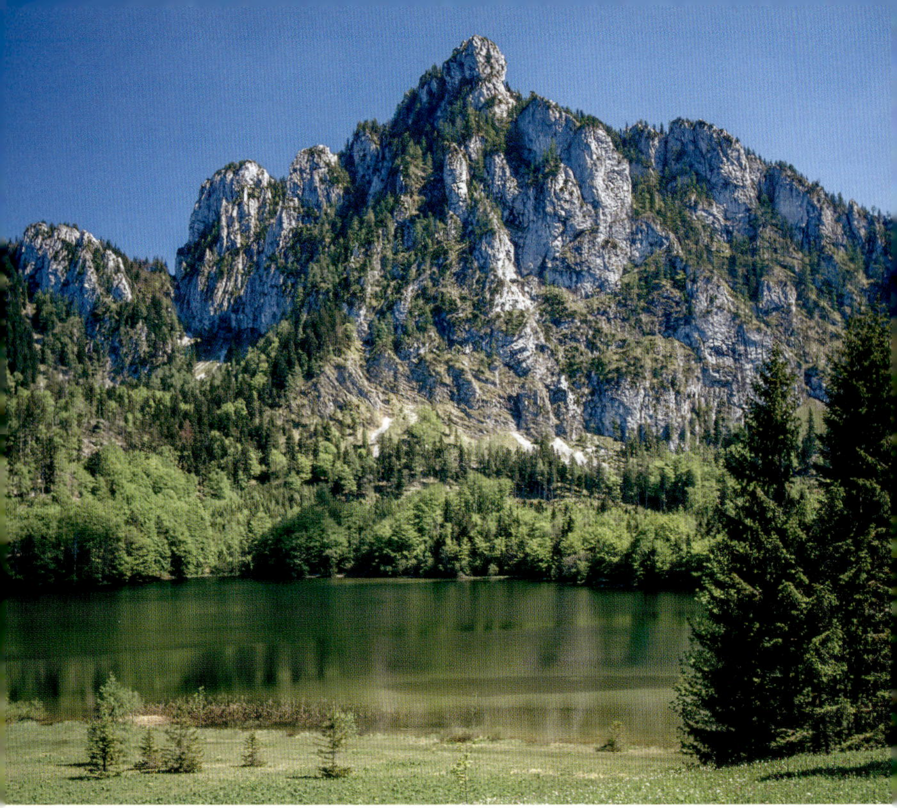

Katzenstein und Laudachsee von Nordwesten.

EINKEHR

Grünbergalm: Nahe der Bergstation; 18 Schlafplätze; mit der Grünbergbahn geöffnet; Tel. +43 699 11998551 und +43 7612 77798, gruenbergalm.at. **Jausenstation Ramsaualm:** 15 Schlafplätze; 1. April bis 31. Oktober geöffnet, Juli bis Mitte September kein, sonst Montag Ruhetag; Tel. +43 720 316847 oder +43 664 9329694, laudachsee.com.

Nach der Seilbahnfahrt von der **Grünbergbahn-Talstation ❶** zur **Bergstation ❷** nehmen wir zunächst den breiten Fußweg nach Westen aufwärts zur **Grünbergalm ❸**, 984 m, an der uns neben einer Einkehrmöglichkeit ein wunderbarer Traunseeblick erwartet. Wir wandern zurück und wählen vor der Grünbergbahn-Bergstation den Fußweg Nr. 410 (»Waldlehrpfad«), der

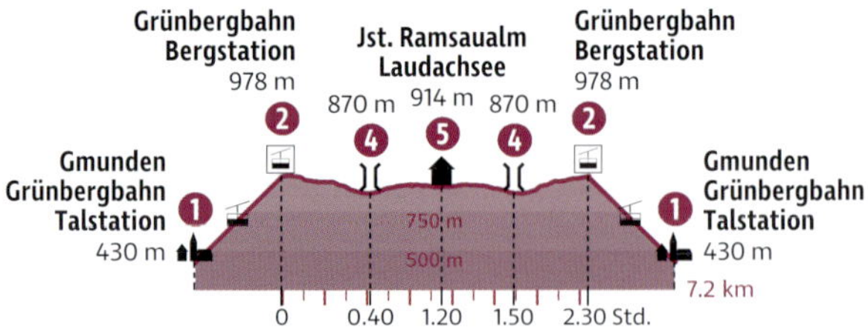

uns am Baumwipfelpfad-Aussichtsturm vorbei über den Südostrücken des Grünbergs hinab in den Sattel, 955 m, vor dem Hochgschirr führt. Rechts haltend, die Hochgschirr-Südflanke querend, folgen wir dem breiten Fußweg in Südostrichtung weiter, später teils in Kehren steiler bergab und eben in den Waldsattel **Radmoos ❹**, 870 m. Dort gehen wir auf der querenden Forststraße 20 m nach rechts zur nächsten Querstraße. Auf dieser halten wir uns links, bleiben damit immer noch auf dem Waldlehrpfad, wandern an der Quelle »Siebenbrünnlein« vorbei, südostwärts bergauf, später mehr nach rechts und schließlich leicht fallend zu den Uferwiesen am Laudachsee

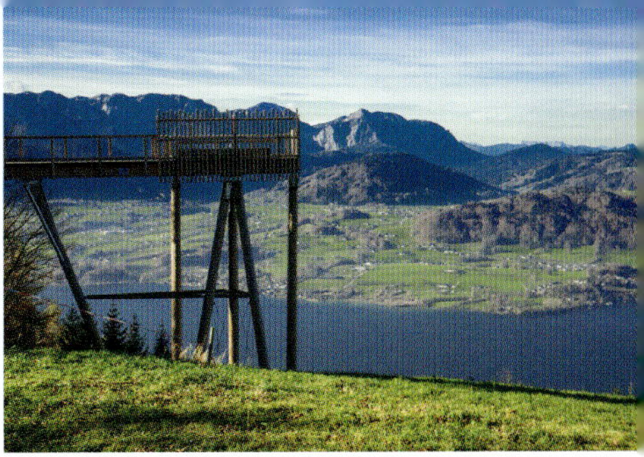

Die Holzkonstruktion des Baumwipfelpfads am Grünberg (dahinter Traunsee und Höllengebirge).

mit der **Jausenstation Ramsaualm ❺**, 914 m.

Auf dem Anstiegsweg geht es wieder zurück zur **Grünbergbahn-Bergstation ❷** und mit der Gondel hinab zur **Talstation ❶**.

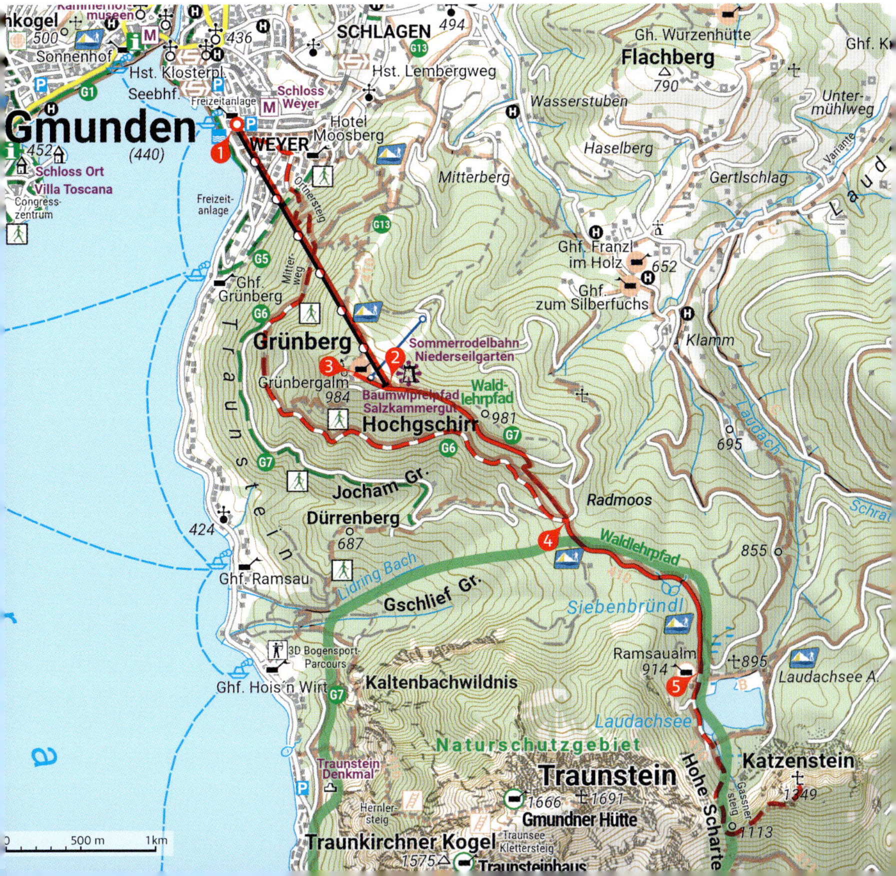

20 Mairalm, 789 m

Vom Traunseeufer über den Miesweg

2.45 Std. | 9,3 km | ↗ 410 m | ↘ 410 m

Beliebte Almeinkehr unterm Traunstein

Obwohl hinter ihm versteckt, ist die am Normalweg auf den Traunstein gelegene Mairalm, die »Moaralm«, ein überaus beliebtes Wanderziel. Natürlich nehmen wir als Zugang den originellen Miesweg, der vom Wendeplatz (Parkplatz, Bushalt) am Traunsee-Ostufer auf luftigen Stegen an den Uferwänden entlang, zur Mündung des Lainautales und durch dieses zur Alm bringt. Mit Einkehr in der urigen Gaststätte dort – es werden Leckereien wie Mostschaumsuppe, Almbratl, Traunsee-Reinanken, Weinbeerlbunki (Rosinen-Hefeteig-Kuchen), Powidlpofesen und Kaiserschmarren geboten – und Rückkehr durch die finsteren Tunnel der Lainaustraße ist das eine Wanderung mit besonderem Erlebniswert vor allem mit Kindern und für Junggebliebene.

Ausgangspunkt: Wendeplatz am Traunsee-Ostuferparkplatz, 443 m, am Südende der Traunsteinstraße, 5,5 km südlich von Gmunden.
Wichtig: Der Traunsee-Ostuferparkplatz ist Ausgangspunkt für viele Unternehmungen im Traunsteingebiet. Er kann mit dem eigenen Kfz sowie per Wanderbus und Taxi erreicht werden (s. u.). Am Wochenende ist die gesamte Traunsteinstraße Kurzparkzone (3 Std. Parkdauer). Daher wird empfohlen, das Auto in Gmunden oder am Parkplatz der Grünberg-Seilbahn in Gmunden-Weyer zu parken und mit dem Wanderbus (nur an Wochenenden) oder dem Traunstein-Taxi (täglich) bis zum Ostuferparkplatz zu fahren.
Der Bus fährt wetterunabhängig am Samstag, Sonn- und Feiertag von Gmunden Seebahnhof (Busbahnhof) von April bis Oktober ab 5.30 bzw. 4.30 Uhr; Tel. +43 699 17183506, traunseeschifffahrt.at (Stichwort »Mobil in Gmunden«).
Das Traunsteintaxi fährt vom 1. April bis 31. Oktober täglich halbstündlich zwischen 5 und 20 Uhr vom Klosterplatz zum Ostuferparkplatz und retour. Das Taxi muss mindestens eine halbe Stunde vor Fahrtantritt (bei Fahrt um 5 Uhr am Vorabend!) mit eingeschalteter Anruferkennung unter Tel. +43 50422 1691 bestellt werden, traunseetaxi.at; kein Fahrradtransport!

Anforderungen: Unschwierige Wanderung. Bergsteigerische Übung und Trittsicherheit sind bei Begehung des Mieswegs (nicht auf der Variante entlang der Lainaustraße) erforderlich!

Kinder: Das ist eine mit Kindern sehr zu empfehlende Tour mittlerer Länge ohne große Anstiegshöhen und mit Einkehrmöglichkeit am Ziel. Bei Begehung des Mieswegs ist jedoch Vorsicht geboten.
Die Lainaustraße (nicht der Miesweg!) kann bis zur Mairalm mit dem Kinderwagen befahren werden.

Gipfelmöglichkeiten: 1. 250 m nach der Lainaubrücke zweigt rechts der markierte Weg auf den Schönberg, 895 m, ab. Der aussichtsreiche Felsgipfel kann von trittfesten, schwindelfreien Gehern in 1.15 Std. lohnend bestiegen werden.
2. Eine Besteigung des Traunsteins von der Mairalm ist nur ganz ausdauernden und geübten Gehern zu empfehlen (gesamter zusätzlicher Zeitaufwand ca. 5 Std.).

Variante: Vom Ostuferparkplatz kann man statt des Mieswegs weniger schön, aber einfacher auch der Straße zur Lainaubrücke folgen. 15 Minuten Zeitersparnis.

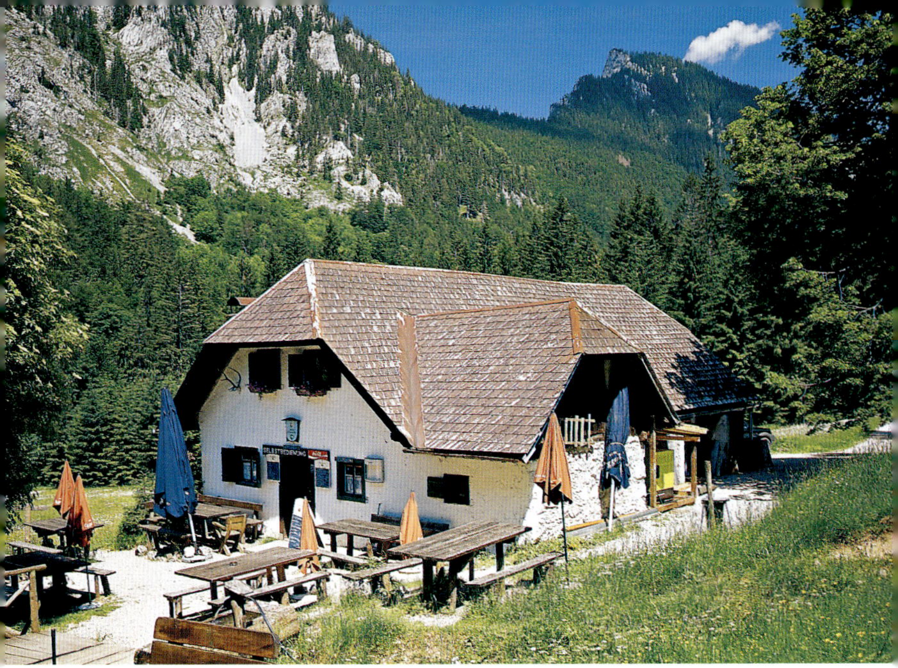

Die Mairalm im Lainautal, Einkehrstation am Weg auf und um den Traunstein.

Vom **Traunsee-Ostuferparkplatz ❶** folgen wir dem breiten Uferweg (nicht der links verlaufenden Lainaustraße!) an Häusern und der aufgelassenen Jausenstation Moaristidl vorbei zu einem Badeplatz und weiter zur Lainaustraße. Bei einem Tunneleingang zweigt rechts der **Miesweg ❷** ab. Auf diesem an senkrechten Wänden entlangführenden, durch Drahtseile beiderseits gesicherten Steig geht es über Holzstege und über Felsabsätze (Eisenklammern) im Auf und Ab zu einem **Wasserfall ❸** mit Rastplatz. Nun steigen wir über steile Schrofen in Kehren teils über Stufen (»Lainaustiege«) empor und erreichen an der

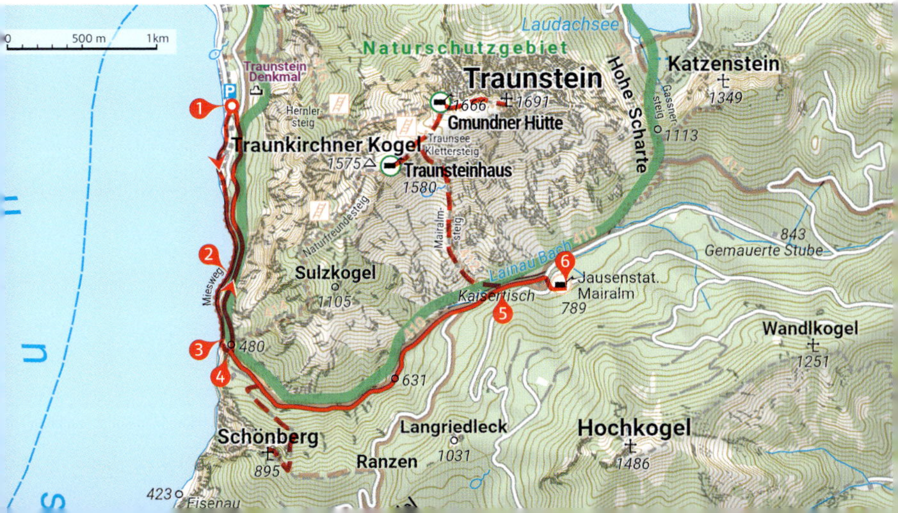

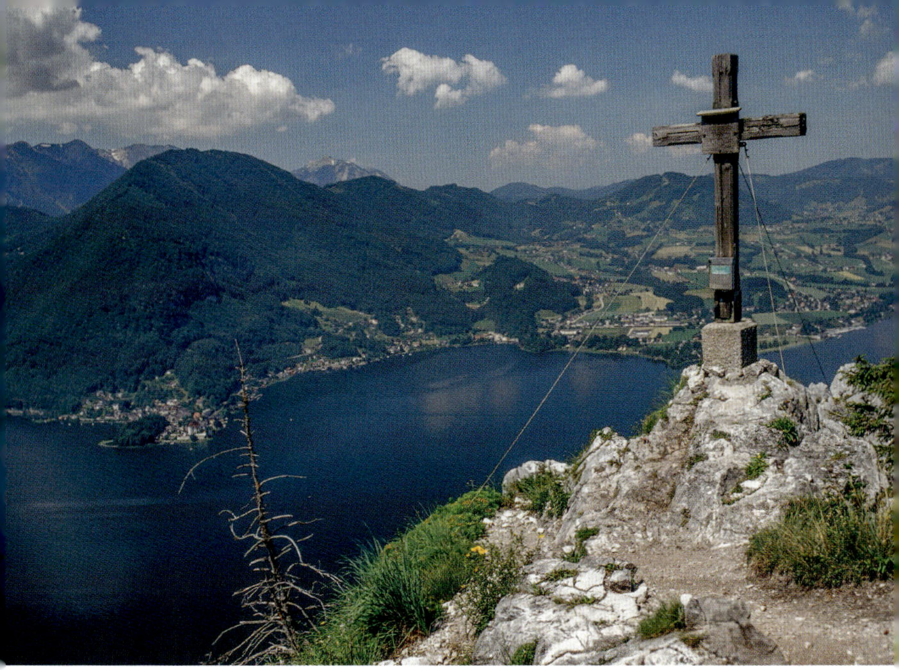

Der luftige Felsgipfel des Schönbergs über der Wasserfläche des Traunsees.

Lainaubrücke ❹, 480 m, wieder die Straße. (Auf der anderen Seite der Brücke zweigt rechts sofort der Naturfreundesteig Weg Nr. 414 auf den Traunstein ab.)

Wir überqueren die Brücke aber nicht, sondern gehen auf der Straße (Weg Nr. 410) nach rechts. An der rechten Seite des Lainautals im Wald führt sie uns nach Osten aufwärts zur Linksabzweigung des Mairalmsteigs Nr. 412 auf den Traunstein beim **»Kaisertisch«** ❺, 755 m, einem Rastplatz mit Bänken und Infotafeln. Wir folgen hier weiter der Straße geradeaus bergauf. An einem Haus in einer Talverflachung biegen wir rechts ab und gehen auf einem Fußweg durch Wald und über Wiesen kurz nach Osten empor zur **Jausenstation Mairalm** ❻, 789 m.

Auf dem Rückweg wandern wir wieder auf der Lainaustraße (Weg Nr. 410) an der linken Talseite hinab zur **Lainaubrücke** ❹, 480 m. Hier gehen wir nun nach rechts über die Brücke, dann durch zwei Tunnel auf der Straße zurück zum **Traunsee-Ostuferparkplatz** ❶.

EINKEHR

Jausenstation Mairalm: Keine Übernachtung; März und April am Wochenende, 1. Mai bis 1. November täglich geöffnet; Tel. +43 680 1227525, moaralm-gmunden.at.

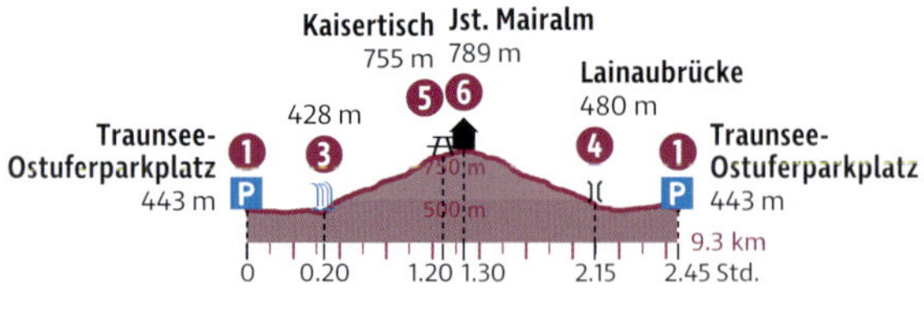

Katrinalm, 1393 m
Nach der Seilbahnfahrt zur Gipfelrunde

21

2.15 Std. | 4,7 km | ↗ 250 m | ↘ 250 m

Wanderfreuden am Hausberg von Bad Ischl

Ob in Bad Ischl zur Kur oder als Urlaubsgast, der Hausberg der alten Kaiserstadt, die »Katrin«, verdient jedenfalls einen Besuch. Bei Zuhilfenahme der vom Stadtrand auf die Katrinalm fahrenden Kleinkabinenbahn spart man sich zwar den schweißtreibenden 900-Meter-Anstieg, doch sind wir damit erst am Ausgangspunkt unserer Panorama-Tour, die über Katrin-Gipfel und Hainzen in die Runde führt und einen prachtvollen Rundumblick mit dem König Dachstein als Highlight gewährt. Natürlich ist vor oder nach der Wanderung eine Einkehr in der Katrin-Almhütte angebracht, wo man mit allerlei Schlemmereien – süß, sauer oder salzig – verwöhnt wird.

Ausgangspunkt: Bad Ischl, Ortsteil Kaltenbach, Talstation der Katrin-Seilbahn, 470 m, mit Großparkplatz und Bushaltestelle »Kaltenbach b. Bad Ischl Katrin-Seilbahn« (Stadtbus 551 etwa im Stundentakt vom Busbahnhof im Stadtzentrum Bad Ischl).
Katrin-Seilbahn: Bergstation 1413 m. Sommerbetrieb vom 1. April bis 15./20. November täglich 9 bis 17 Uhr; Tel. +43 6132 237880, katrinseilbahn.com.

Anforderungen: Unschwierige Wanderung auf markierten Steigen. Trittsicherheit nötig.
Kinder: Im Gipfelbereich der Katrin ist an einigen exponierteren Wegpassagen mit Kindern (es besteht Absturzgefahr!) Vorsicht geboten.
Die Katrin-Almhütte kann von der Bergstation der Katrin-Seilbahn auf dem Fahrweg auch mit dem Kinderwagen erreicht werden.

Tiefblick von der Katrin-Seilbahn auf die Kaiser- und Operettenstadt Bad Ischl.

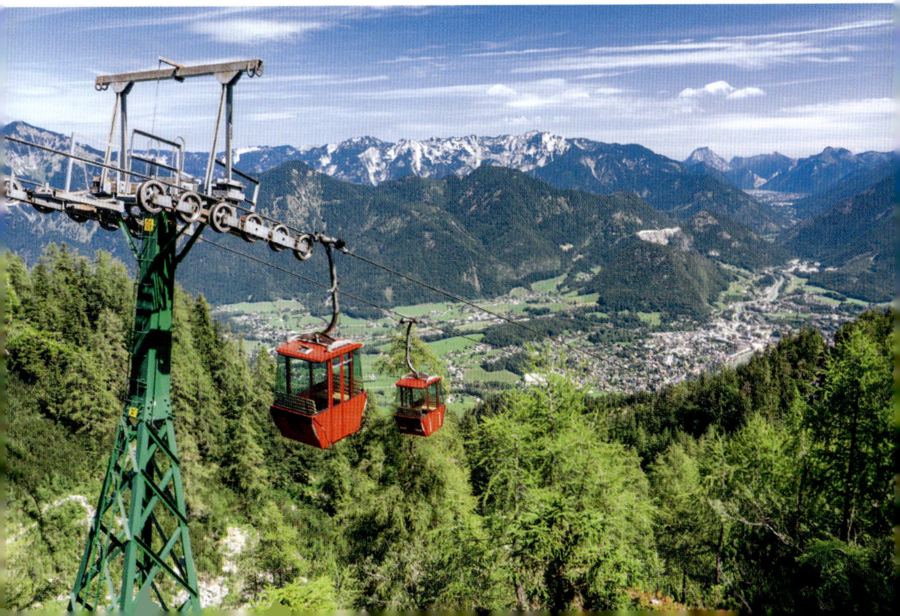

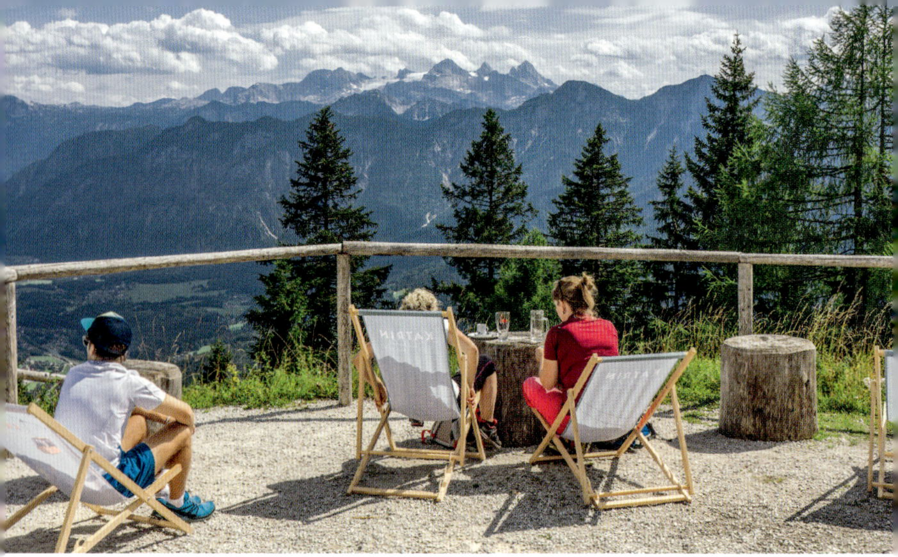

Muße mit Dachsteinblick: bei einem Drink vor dem Berggasthof Katrin.

Nach der Gondelfahrt von der **Talstation** der **Katrin-Seilbahn ❶** in **Bad Ischl-Kaltenbach** zur **Bergstation ❷** wandern wir auf Weg Nr. 895 und 898 100 m nach Südwesten zu einer Verzweigung. Hier folgen wir dem Weg Nr. 895 nach rechts über eine steile, felsig-begrünte Flanke in Kehren nach Nordwesten empor. An einer Verzweigung wandern wir geradeaus weiter zum Gipfel der **Katrin ❸**, 1542 m, mit 8 Meter hohem Metallkreuz und Sendemast.

Zurück geht es zunächst zur erwähnten Verzweigung, dort nun rechts und auf Weg Nr. 895 durch Latschen nach Südwesten aufwärts, zuletzt kurz nach links (Süden) zum Gipfel des **Elferkogels ❹**, 1601 m. Über den ebenfalls von Latschen bewachsenen Kamm wandern wir weiter geradeaus, an der Linkseinmündung des **»Südweges« ❺** vorbei und im Auf und Ab nach Westen zum grasigen Gipfel des **Hainzen ❻**, 1638 m.

Zurück an der Rechtsabzweigung des **»Südweges« ❺** (Nr. 898) folgen wir diesem nach Südosten abwärts, queren bald die rechte Flanke (Südseite) des Elferkogels. Das nächste Wegstück ist durch Drahtseile gesichert und erfordert Trittsicherheit: Hoch über dem Goiserer Talbecken geht es durch felsig-begrüntes Gelände hinunter zu einer Schulter. Auf einem Promenadenweg gehen wir in Ostrichtung weiter. An der Bergstation gehen wir auf einem Fahrweg

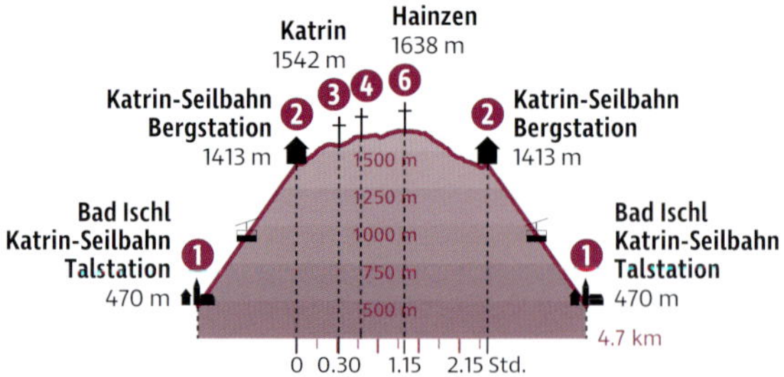

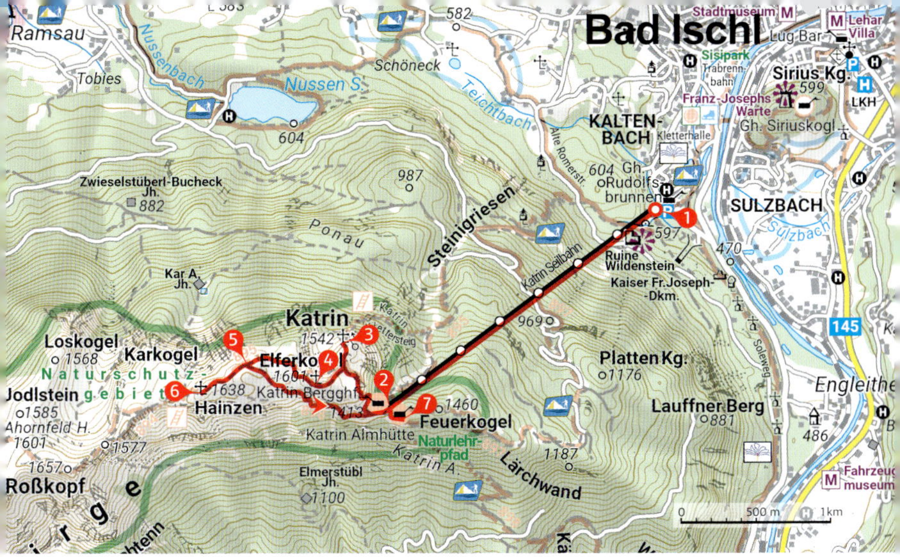

kurz nach rechts (Osten) hinab zur **Katrin-Almhütte ❼** am Katrinsattel, 1393 m, zwischen Elfer- und Feuerkogel.

Nach der Einkehr kehren wir zurück zur **Bergstation** der **Katrin-Seilbahn ❷** und gondeln bequem hinab zur **Talstation ❶**.

EINKEHR

Berggasthof Katrin: An der Bergstation; keine Übernachtung; mit der Seilbahn geöffnet; katrin-berggasthof.at).

Katrin-Almhütte: Keine Übernachtung; mit der Seilbahn geöffnet; Tel. +43 6135 21021, katrin-almhuette.at.

Die Almhütte Katrin knapp unterhalb der Bergstation der Katrin-Seilbahn.

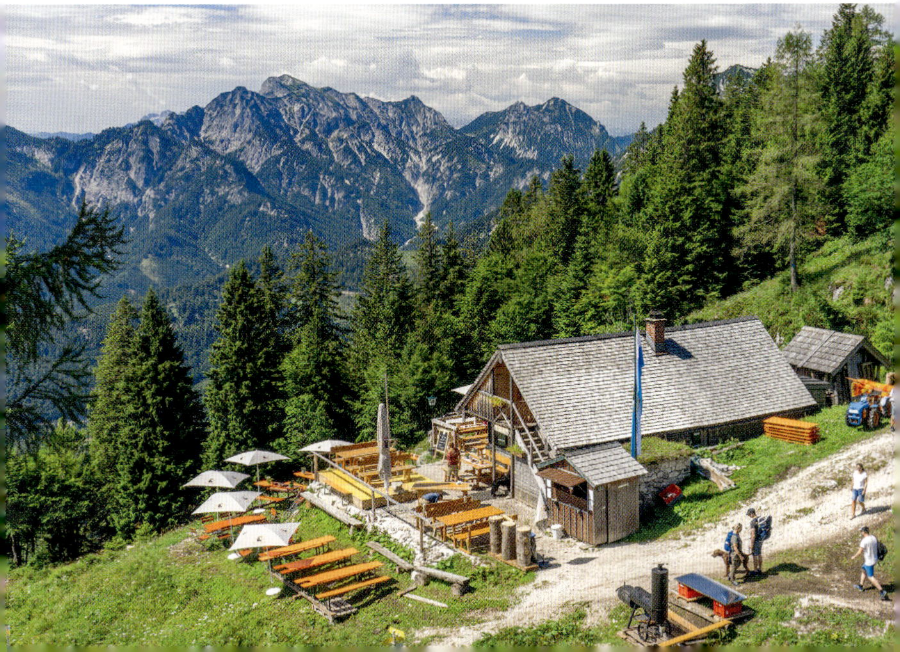

22 Schwarzenbergalm mit Ischler Hütte, 1369 m

Aus dem Rettenbachtal über den Beerensattel

4.30 Std. | 11,0 km | ↗ 860 m | ↘ 860 m

Beliebter Bergsteigerstützpunkt an den Abhängen des Schönbergs

Die Ischler Hütte am Anstiegsweg aus dem Rettenbachtal in die Hochregion des Toten Gebirges ist ein von Alt und Jung geschätztes Tourenziel. Inmitten eines Almdorfes, der Schwarzenbergalm, gelegen, lohnen Alm und Hütte auch für sich allein den Besuch. Zur ausgewachsenen Bergtour wird das Unternehmen allerdings erst mit der Besteigung des als Aussichtsberg gerühmten Schönbergs, was aber in Summe gut 1400 Höhenmeter abverlangt.

Ausgangspunkt: Parkplatz an der Rettenbachalm im mittleren Rettenbachtal, 636 m (Parkplatz vor der Alm, bei der Brücke über den Jaglingbach). Zufahrt von Bad Ischl mit eigenem Kfz auf Naturstraße (10 km): Aus dem Ortszentrum folgt man der Grazer Straße nach Süden (Richtung Bad Goisern) und erreicht nach 800 m die Linksabzweigung Rosenkranzgasse. Ihr folgt man entlang der Beschilderung zur Rettenbachalm.

Anforderungen: Unschwierige mittellange Wanderung auf markierten Fahr- und Fußwegen.

Kinder: Der Hüttenbesuch ist auch in Kinderbegleitung zu empfehlen, wobei sich die sanfte Grasmulde der Schwarzenbergalm als herrliches Spielgelände erweist.

Gipfelmöglichkeit: Ausdauernden, trittfesten Gehern sei die Besteigung des Schönbergs, 2093 m, eines der beliebtesten Gipfel des inneren Rettenbachtals, ans Herz gelegt: Von der Ischler Hütte geht es auf Weg Nr. 211 durch lichten Baumbestand nach Nordosten aufwärts in eine grüne Mulde mit Verzweigung. Dort wandern wir rechts auf Weg Nr. 226 über eine Felsstufe (zwei kurze exponierte Passagen) nach Osten hinauf. Vor Erreichen des felsigen Totenwinkels in Richtung des markanten Altarkegerl steigen wir im Linksbogen bergauf, dann durch Latschen und über Wiesen in Nordostrichtung auf den Westgipfel des Schönbergs, 2090 m. An einer kurzen gesicherten Stelle vorbei geht es weiter auf den etwas höheren Ostgipfel, 2093 m. Gesamter zusätzlicher Zeitaufwand 3.30 Std.

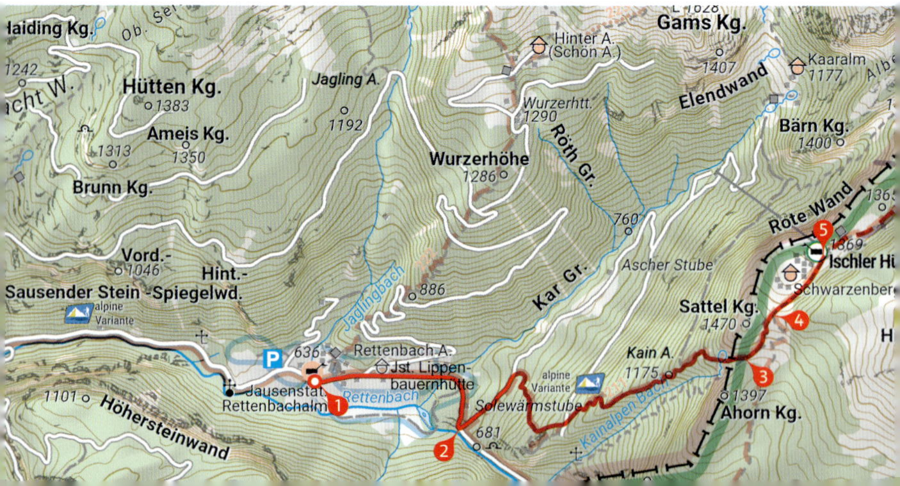

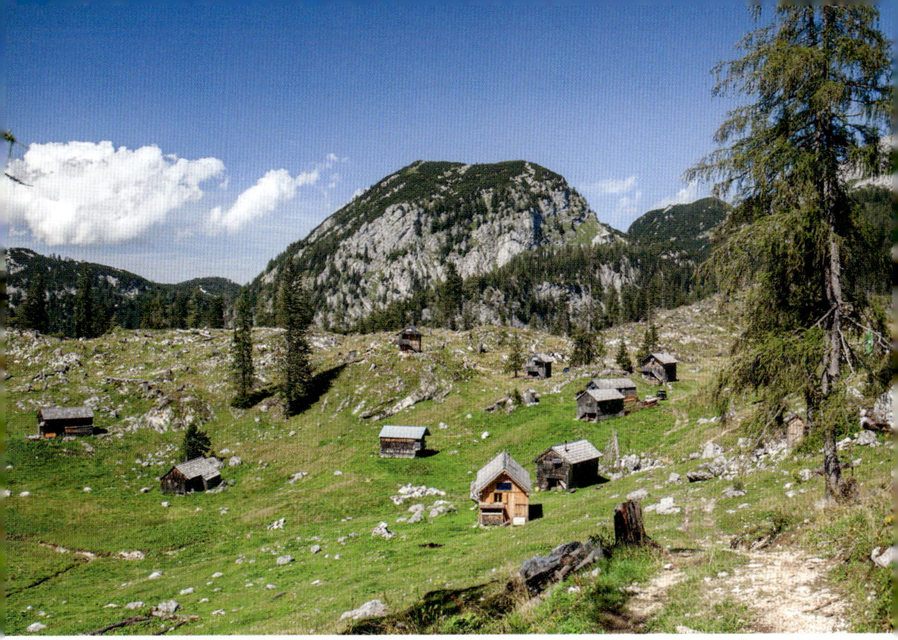

Malerisch verstreute Almhütten auf der Schwarzenbergalm.

Vom **Parkplatz** an der **Rettenbachalm** ❶ folgen wir der abgeschrankten Naturstraße (Weg Nr. 211) am **Gasthaus Rettenbachalm** und an der **Jausenstation Lippenbauernhütte** vorbei, über die ebene Wiese schnurgerade nach Osten. Nach einer Rechtskurve passieren wir im Wald die Solewärmstube und kommen aufwärts an eine **Verzweigung** ❷ unmittelbar vor der schluchtartigen Verengung des Rettenbachtals. Wir biegen hier links in die Forststraße (Weg Nr. 211) und wandern im Wald in Richtung Kargraben aufwärts. Nach 500 m halten wir uns an der nächsten Verzweigung rechts und wandern auf einem markierten Fußweg südwärts über steile Waldhänge hinauf zum Unterrand einer riesigen Windbruchzone mit einer Bank. Über diese Zone steigen wir, ei-

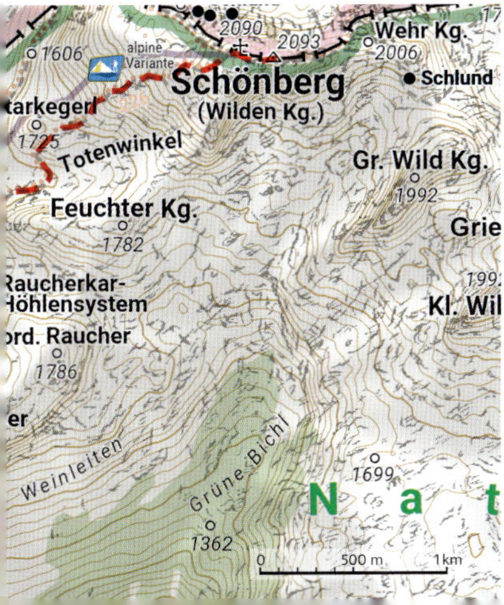

EINKEHR

Gasthaus Rettenbachalm: Am Ausgangspunkt; keine Übernachtung; im November geschlossen, sonst ganzjährig geöffnet; rettenbachalm.co.at.
Jausenstation Lippenbauernhütte: Keine Übernachtung; 15. Mai bis 15. Oktober geöffnet; Tel. +43 664 4220513, hüttenmax.at/huetten/lippenbauernhuette.
Ischler Hütte: 60 Schlafplätze; 1. Juni bis 30. September durchgehend, im Mai und Oktober an Schönwetter-Wochenenden geöffnet; Tel. +39 3622 71148, alpenverein.at/bad-ischl.

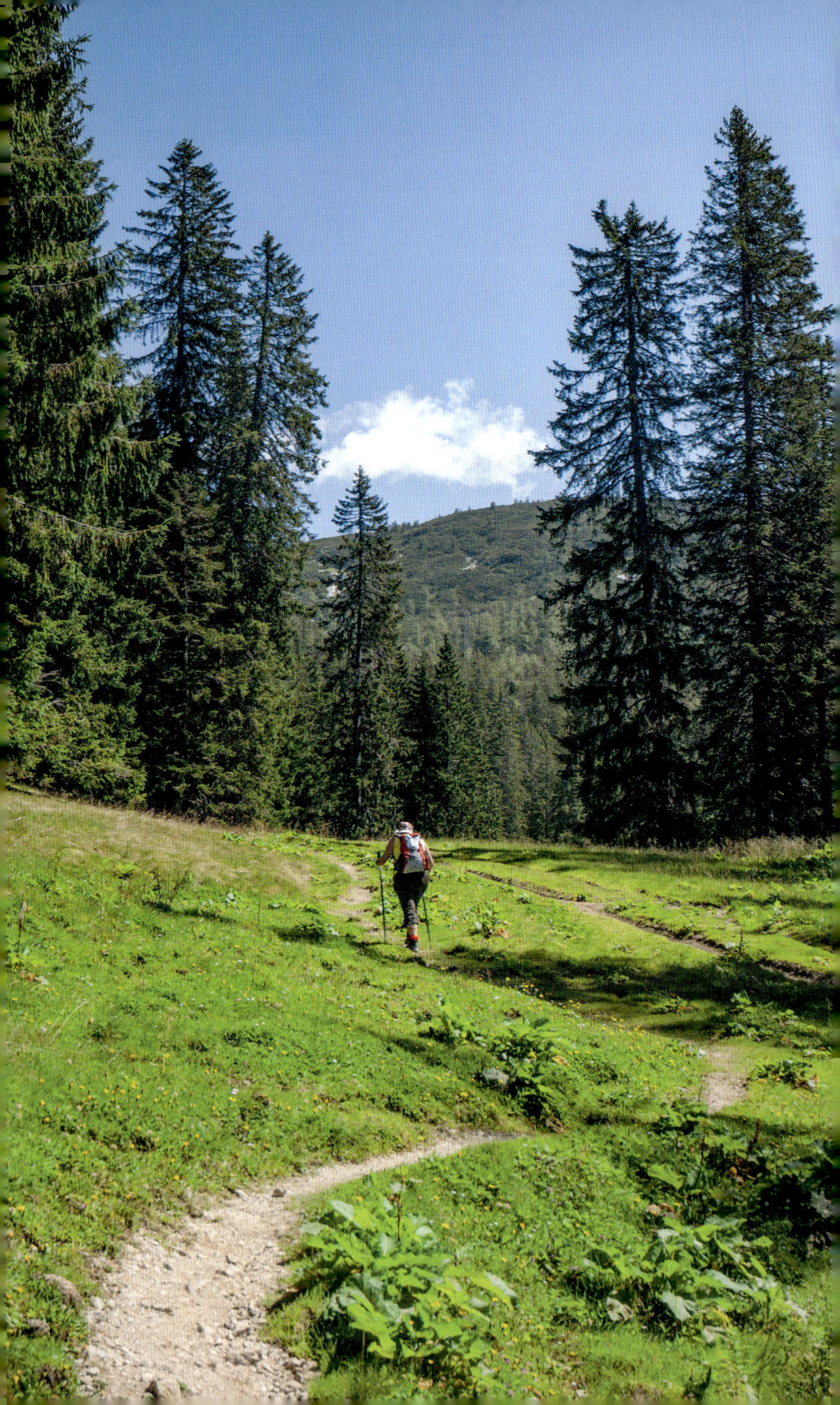

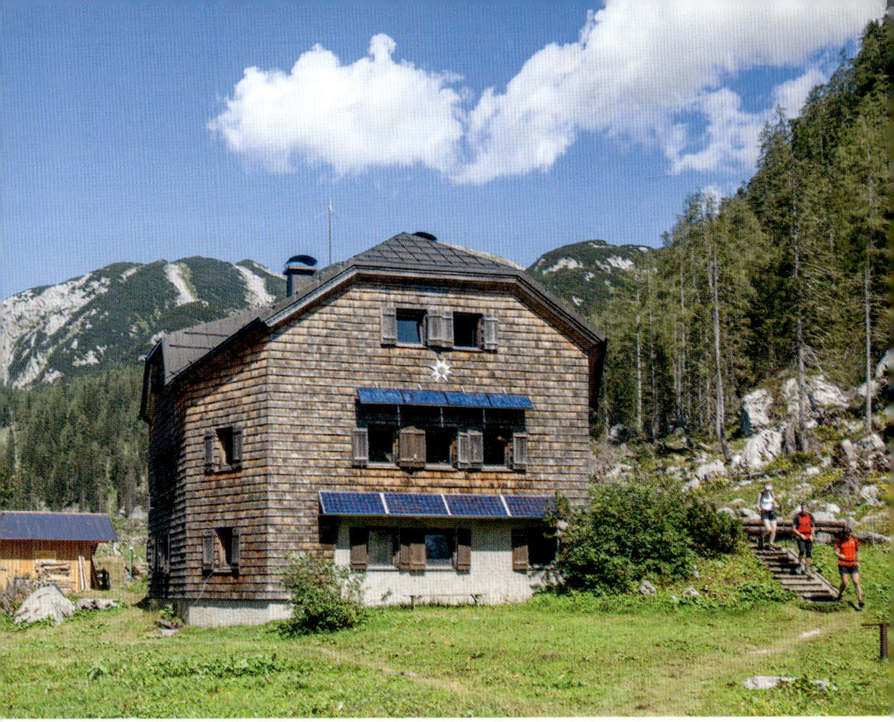

Oben: Die geräumige Ischler Hütte auf der Schwarzenbergalm.
Links: Wandergenuss im Anstieg zum Beerensattel.

nen Waldfahrweg kreuzend, in Kehren und Querungen aufwärts und erreichen einen Waldrücken mit Bank und Tiefblick zur Rettenbachalm. Über den steilen felsig-bewaldeten Rücken wandern wir nach Nordosten aufwärts, zuletzt, eine Waldflanke querend, nach rechts (Osten) empor zur Waldwiese am **Sattel** ❸, 1360 m, zwischen Sattelkogel und Ahornkogel. Auf einem guten Fußweg geht es nun durch Wiesen und lichten Baumbestand nach Nordosten hinauf in den **Beerensattel** ❹, 1428 m, mit einer Bank, östlich des Sattelkogels, wo von rechts der »Naglsteig« (Weg Nr. 226) einmündet. Jenseits des Sattels steigen wir hinab in die große Dolinenmulde der **Schwarzenbergalm** und gelangen an ihrer rechten Seite eben zu der inmitten eines Hüttendorfs stehenden **Ischler Hütte** ❺, 1369 m.

Auf dem bekannten Weg geht es zurück zum **Parkplatz** an der **Rettenbachalm** ❶.

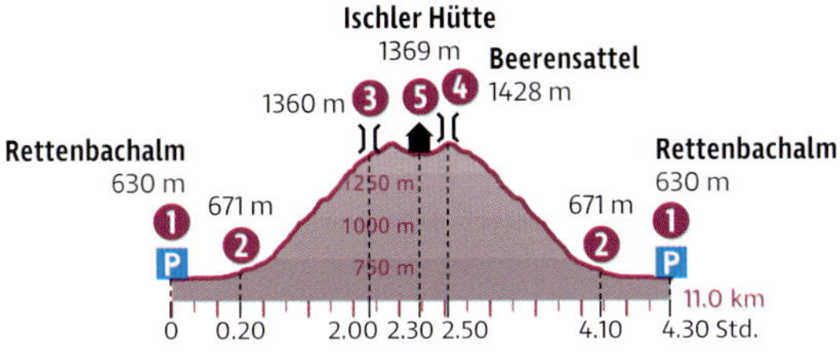

23 Bad Ischler 4-Almen-Weg

Von der Ischler Bergkirche ins Almenparadies

4.00 Std. | 10,8 km | ↗600 m | ↘600 m

Zur Reinfalz-, Hütteneck-, Gschwendt- und Hoisnradalm

Von Bad Ischl bzw. Bad Goisern angegangen, sind Hoisnradalm und Hütteneckalm jede für sich lohnende Ziele. Wer beide Almen bei einer einzigen Wanderung von Ischl aus besucht, kommt neben dem Genuss der zweimaligen Einkehr an zwei weiteren Almjuwelen vorbei, der Reinfalzalm und der Gschwendtalm. Das vielleicht einzige »Handicap« der Tour, der einleitende steile Waldanstieg auf dem »Weg der 1000 Staffeln« zur Reinfalzalm, kostet zwar einige Schweißtropfen, doch was danach folgt, ist reiner Genuss. Schwer zu entscheiden, welchem Highlight man den Vorzug gibt: Der paradiesischen Wiesenschulter der Hoisnradalm mit Tiefblick auf die Kaiserstadt Bad Ischl oder dem Aussichtsbalkon der Hütteneckalm, wo König Dachstein über dem fjordartigen Hallstätter See in überwältigender Manier in Erscheinung tritt.

Ausgangspunkt: Parkplatz, 812 m, im oberen Radgraben (Ischler Salzberg) südöstlich von Bad Ischl, nahe dem Eingang in den Elisabethstollen. Zufahrt mit eigenem Kfz von Bad Ischl: Aus dem Zentrum folgt man der Grazerstraße südwärts Richtung Bad Goisern, über die Umfahrungsstraße hinweg nach Reiterndorf, danach auf Asphaltstraße südostwärts über Perneck in den Radgraben und diesen aufwärts zum Parkplatz unterhalb der Ischler Bergkirche; 5 km von Bad Ischl.
Anforderungen: Einfache Wanderung auf meist markierten Wegen und Forststraßen, nur am Südrücken des Kolowratsbergs unmarkiert. Etwas anstrengender Steilanstieg auf dem »Weg der 1000 Staffeln« (tatsächlich nur 600!) zur Reinfalzalm. Nur für trittfeste Geher bei trockenem Wetter!
Kinder: An den berührten Almen gibt es Kinderspielplätze, an der Hütteneckalm auch einen Streichelzoo. Dennoch kann es sein, dass Kinder die Straßeneinschübe als ermüdend empfinden.
Variante: Verzichtet man auf die Überschreitung der Kolowratshöhe und kehrt von der Hoisnradalm auf der Forststraße vom Hinweg zum Sattel beim Leckenmoos zurück, spart man 20 Min. Gehzeit.
Hinweise: Der 750 m lange Elisabethstollen (benannt nach der Gattin Kaiser Karls VI.) oberhalb vom Parkplatz nahe der Ischler Bergkirche wurde 1712 angeschlagen und 1934 aufgelassen. Der Amaliastollen östlich der Kirche wurde 1687 angeschlagen und führt 572 m weit in den Berg hinein. Der Lipplesgrabenstollen kurz vor der Reinfalzalm wurde 1567 aufgeschlagen und hat eine Länge von 236 m. Die meist abgesperrte Ischler Bergkirche wurde auf Anordnung von Kaiserin Maria Theresia errichtet und 1751 eingeweiht.

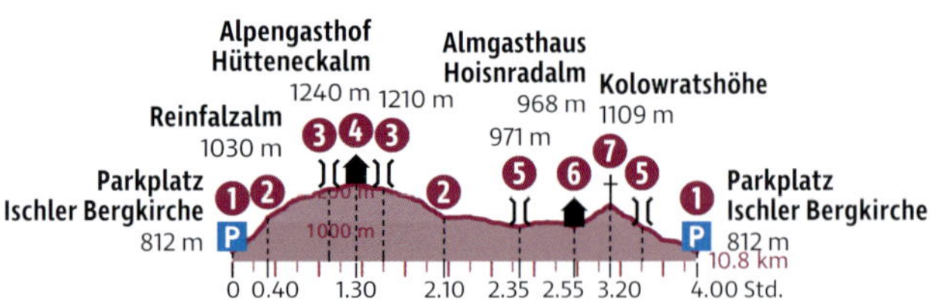

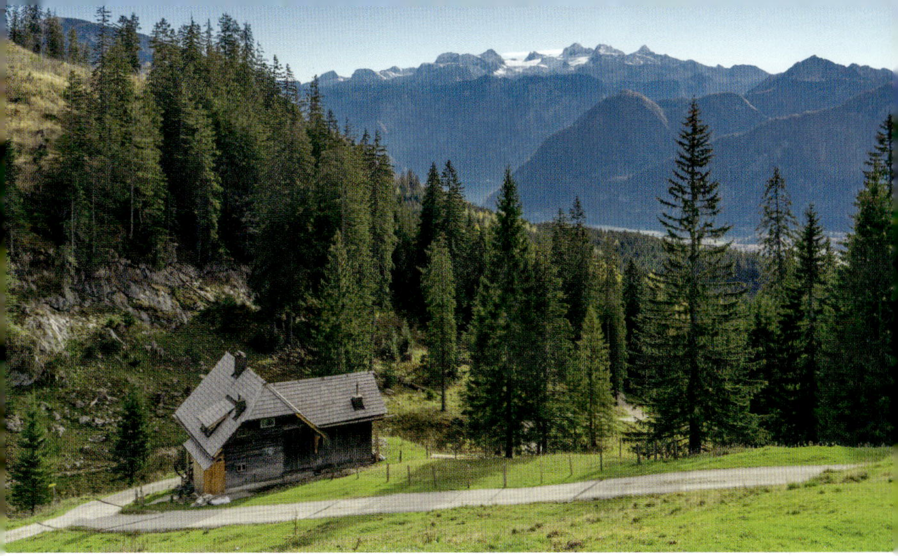

Hallstätter See und König Dachstein von der Hütteneckalm.

Am **Parkplatz ❶** biegen wir rechts von der Asphaltstraße ab und gehen auf dem breiten Fußweg Nr. 242 im Wald steil nach Südosten hinauf zur Ischler Bergkirche, 827 m, auf einer Lichtung. Hier folgen wir einem schmaleren, rot markierten Fußweg aufwärts in den Wald und dort, vorbei an der Linksabzweigung zum Amaliastollen, nach rechts hinauf in den Lipplesgraben. An seiner linken Seite steigen wir über unzählige Holzstufen (»Weg der 1000 Staffeln«) den steilen Waldhang in Kehren mühsam nach Süden empor zum Eingang in den Lipplesgrabenstollen, 1001 m. Dort werden wir mit einem schönen Tiefblick auf Bad Ischl und den Leonsberg darüber belohnt. Weiter geht es den Stufenweg kurz hinauf in einen Wiesensattel mit den Hütten der **Reinfalzalm** und dort zu einer querenden Forststraße. Dieser folgen wir 20 m nach links zu einer Gabelung ❷, 1030 m (geradeaus geht es hier zur Hoisnradalm).

Wir wandern auf der Forststraße nach rechts über Wiesen aufwärts zu einer Linkskehre und nehmen dort den rot markierten Fußweg Nr. 242, der uns geradeaus durch den Waldgraben zwischen Zwerchwand und Rosenkogel nach Südosten hinaufführt. An einer Moorhochfläche mit einem Brettersteg entlang kommen wir in den zwischen den beiden Gipfeln gelegenen **Sattel ❸**, 1210 m (mit Bank und Quelle), und hier zu einer Weggabelung. Hier wandern wir auf dem Kiesweg Nr. 242 nach rechts unterhalb der Zwerchwand im lichten Wald eben nach Süden, danach über Wiesen sanft bergauf in den weiten Wiesensattel zwischen Zwerchwand und Hohem Raschberg mit dem inmitten eines Almhüttendorfs stehenden **Alpengasthof Hütteneckalm ❹**, 1240 m. Hier erwartet uns nicht nur eine willkommene Einkehr, sondern auch ein überraschender Tiefblick nach Süden zum Hallstätter See mit dem Dachsteinmassiv darüber.

Zurück zur Straßengabelung auf der **Reinfalzalm ❷** gehen wir auf dem bekannten Weg. Dort folgen wir der Forststraße (Weg Nr. 242) nach rechts, an den Waldhängen

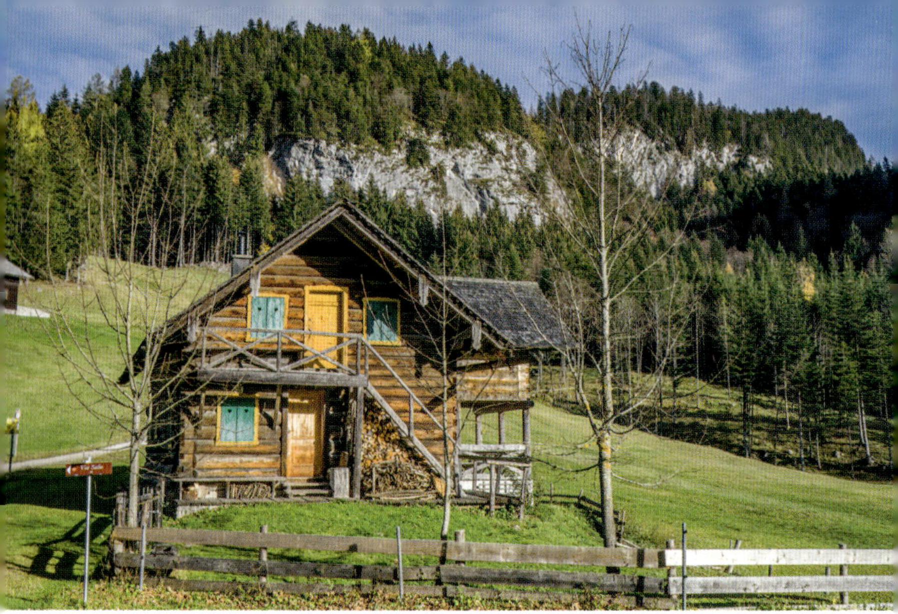

Malerisches Holzhaus auf der Reinfalzalm.

des Rosenkogels in langer Hangquerung nordostwärts anfangs leicht bergauf, dann stetig fallend zum Verzweigungspunkt am **Sattel** ❺, 971 m, westlich des Leckenmoos. Auf der Forststraße gehen wir hier weiter geradeaus in die Ostflanke der Kolowratshöhe hinein und dort durch Wald in Nordrichtung sanft bergauf zu den kupierten Wiesen und Heuhütten der **Gschwendtalm**. Wir wandern am Oberrand der Alm vorbei, nach links in die Nordseite der Kolowratshöhe hinein und dort sanft bergauf zur Verzweigung noch vor dem Erreichen des Nordrückens des Berges (geradeaus ginge es auf die Kolowratshöhe). Hier folgen wir dem Fahrweg nach rechts (Norden) steil hinab zu dem auf einer Wiesenschulter gelegenen **Almgasthaus Hoisnradalm** ❻, 968 m. Vom Gasthaus präsentiert sich ein grandioser Tiefblick: auf Bad Ischl mit Katrin, Zwölferhorn, Schafberg, Leonsberg, Höllengebirge und Hohe Schrott darüber. Im Osten über dem inneren Rettenbachtal sehen wir die Höhen des Toten Gebirges.

Zurück geht es zunächst zur Querstraße im Wald oberhalb der Hoisnradalm, der wir nach rechts folgen. Um den Nordrücken der Kolowratshöhe herum gehen wir kurz zur nächsten Verzweigung. Hier biegen wir links ab und wandern auf einem rot markierten Fußweg (keine Nummer), eine Forststraße mehrmals kreuzend bzw. tangierend, den Nordrücken des Berges steil hinauf,

EINKEHR

Almgasthaus Hoisnradalm: Keine Übernachtung; 1. Mai bis 31. Oktober durchgehend geöffnet, sonst an Wochenenden; Tel. +43 699 15991228, hoisnradalm.at.

Alpengasthof Hütteneckalm: Keine Übernachtung; in Sommersaison 15. Mai bis 25. Oktober geöffnet, Montag und Dienstag Ruhetag; Tel. +43 664 4215560, +43 664 4253492 und +43 6135 21456, huetteneckalm.at.

später weniger steil in seiner rechten Seite (Westseite), an einer Lichtung mit Tiefblick auf Bad Ischl vorbei, bergauf, zuletzt steil nach links (Osten) empor auf den Gipfel der **Kolowratshöhe** ❼, 1109 m, mit Bänken und an einem Baum befestigtem Gipfelkreuz. Durch den lichten Wald erblickt man im Süden den Dachstein, im Südosten den Sandling.

Vom Gipfel steigen wir auf einem zwar unmarkierten (es finden sich nur einige verblasste rote Punkte an Bäumen), aber stets gut erkennbaren Fußweg über den bewaldeten Südostrücken abwärts, zuletzt über eine Wiese zur Querstraße am **Sattel** westlich des Leckenmooses. Diese gehen wir kurz nach rechts und folgen an der nächsten Abzweigung ❺ einem Fahrwegs nach rechts abwärts (!). Der steile und steinige Weg führt uns durch Wald nach Westen hinunter zu einer querenden Forststraße, auf der wir nach links sanft bergab zu einer **Gabelung** ❽ gelangen. Hier halten wir uns halb rechts und steigen auf einer abgeschrankten

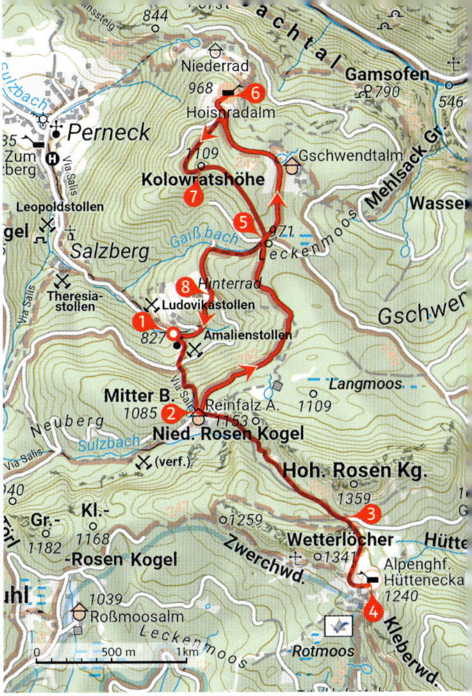

Forststraße links von den Hinterrad-Wiesen im Wald steil nach Süden hinunter in den Radgraben und dort auf einer Asphaltstraße weiter bergab zum **Parkplatz** ❶.

Die aussichtsreich gelegene Hoisnradalm über Bad Ischl.

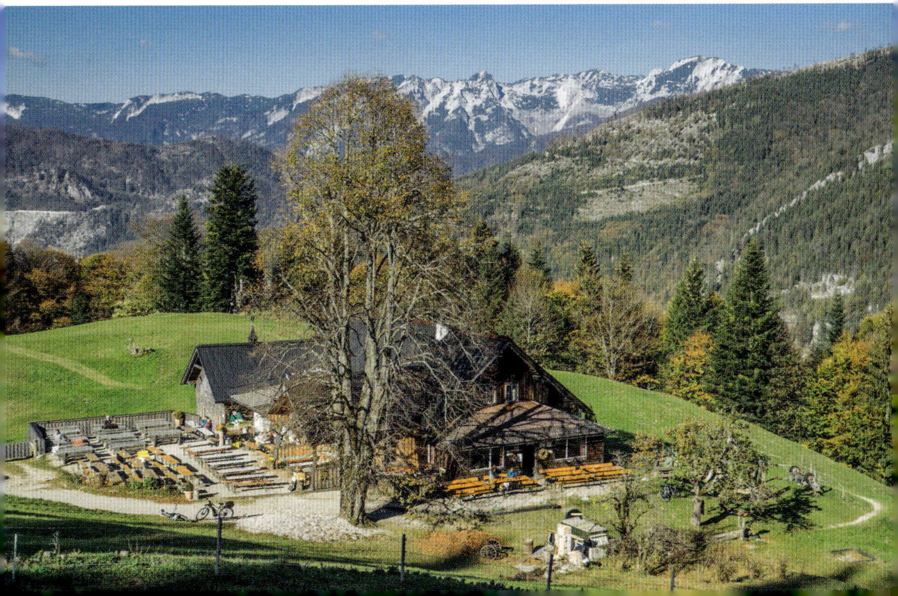

24 Hütteneckalm, 1240 m

Vom Parkplatz Predigstuhl zur Almeinkehr

TOP | 2.30 Std. | 8,2 km | ↗300 m | ↘300 m

Luginsland vor den Dachsteingletschern

Die Hütteneckalm allein lohnt schon den Besuch, dies umso mehr, wenn er wie hier beim Aufstieg vom Wurmstein bei Bad Goisern mit besonderen landschaftlichen Schönheiten verbunden ist. Doch machen Sie sich auf größere Besuchermengen gefasst, denn der Almgasthof Hütteneckalm hat seine Meriten und die Aussicht von dort auf Hallstätter See und Dachsteingletscher gilt als Superlativ in dem an famosen Szenarien überreichen Salzkammergut.

Ausgangspunkt: Parkplatz Predigstuhl, 973 m, auf dem Wurmstein, neben dem »Lesehotel«, 3 km nordöstlich von Bad Goisern. Auffahrt von Bad Goisern mit eigenem Kfz über die gut ausgebaute, asphaltierte »Panoramastraße«. Diese zweigt beim großen Kreisverkehr am südlichen Ortsende von Bad Goisern von der Salzkammergutstraße (B145) nach links ab, 6 km von Bad Goisern.

Anforderungen: Problemlose Wanderung auf gut markierten Fahr- und Fußwegen.

Kinder: Der Almbesuch ist Eltern mit Kindern ans Herz zu legen, wobei im Anstieg Kletterfelsen, beim Almgasthof Streichelzoo und Spielplatz auf die jungen Gäste warten.

Gipfelmöglichkeit: Vom Parkplatz Predigstuhl aus lohnt eine Besteigung des felsigen Predigstuhl, 1278 m, mit wunderbarer Rundsicht (auf Forststraße westwärts zur Rechtsabzweigung des markierten Radsteigs Nr. 246 und über diesen zum Gipfel; Trittsicherheit nötig). Gesamter zusätzlicher Zeitaufwand 2 Std.

Variante: Die Bergsturzzone im Anstieg zur Hütteneckalm kann bei etwas größerem Zeitaufwand links (nördlich) umgangen werden. An der »Wegteilung vor der Bergsturzzone« folgt man dem markierten Steig nach links (Norden) zur Schulter, 1259 m, westlich der Zwerchwand empor. Jenseits nach rechts in die Nordseite und dort durch Buschwerk und Wald (Vorsicht: verdeckte Dolinen und Schächte!) ostwärts in Richtung des Sattels zwischen Hohem Rosenkogel und Zwerchwand. An bewaldeten Hängen entlang nach rechts (Süden) abwärts, schließlich über Wiesen nach Südosten hinauf zur Hütteneckalm. 15 Min. zusätzlicher Zeitaufwand.

Tipp: Sehenswert ist das neben dem Alpengasthof Hütteneck stehende hölzerne »Sissi-Salettl«, ein überdachter Aussichtspavillon. Es wurde um 1880 durch die kaiserliche Hofverwaltung als Erinnerung an einen Besuch von Kaiserin Elisabeth von Österreich errichtet, 1930 im Zuge der Vergrößerung des Gasthauses wegen Baufälligkeit entfernt und im Juni 1998 vom Wegverbesserungsverein Lasern wiedererrichtet.

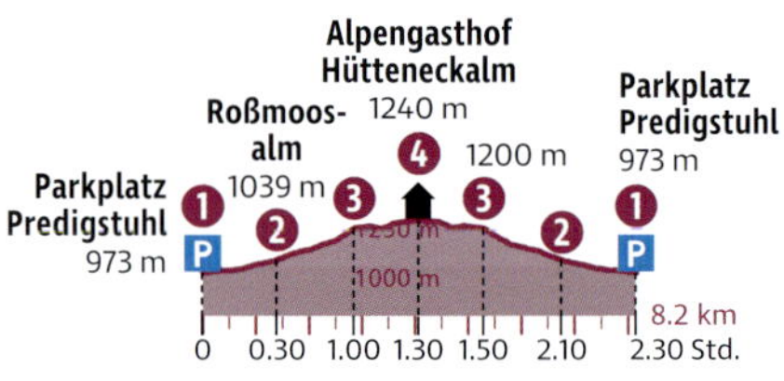

EINKEHR

Alpengasthof Hütteneckalm: Keine Übernachtung, in Sommersaison 15. Mai bis 25. Oktober geöffnet, Montag und Dienstag Ruhetag; Tel. +43 664 4215560, +43 664 4253492 und +43 6135 21456, huetteneckalm.at.

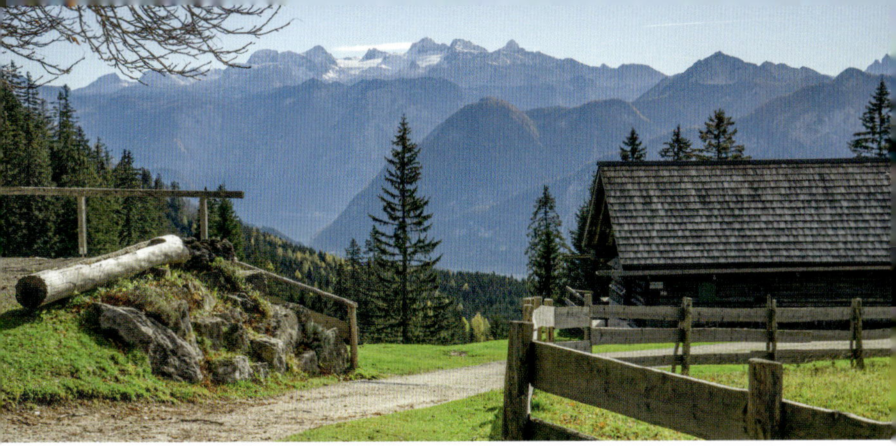

Ganz im Banne des Dachsteins: Almidylle auf der Hütteneckalm.

Vom oberen **Parkplatz Predigstuhl** ❶ (beim Lesehotel) folgen wir einem Fahrweg im Wald kurz nach Nordosten aufwärts zu querender Forststraße. Auf ihr links haltend gelangen wir zu einer Linkskurve und danach zu einer Verzweigung. Wir biegen scharf rechts ab und erreichen nach 100 m die nächste Weggabelung. Auch hier halten wir uns rechts und wandern auf dem Fahrweg Nr. 247 in Nordostrichtung aufwärts zur idyllischen **Roßmoosalm** ❷, 1039 m.

An der Verzweigung am oberen Rand der Alm gehen wir rechts, bei der nächsten Wegteilung geradeaus und steil nach Nordosten in Richtung Zwerchwand hinauf. Noch vor der Bergsturzzone gelangen wir an eine **Wegteilung** ❸ mit Hinweistafeln.

Wir wählen rechts den Fahrweg Nr. 247 durch Wald nach Osten aufwärts, danach wandern wir durch Felsblöcke im Auf und Ab unterhalb der imposanten Zwerchwand (Bergsturzzone, Steinschlaggefahr!) vorbei. Schließlich steigen wir durch Wald und über Wiesen nach Südosten hinauf zu dem am Höhenrücken aussichtsreich gelegenen **Alpengasthof Hütteneckalm** ❹, 1240 m.

Zurück zum **Parkplatz Predigstuhl** ❶ geht es auf dem Anstiegsweg.

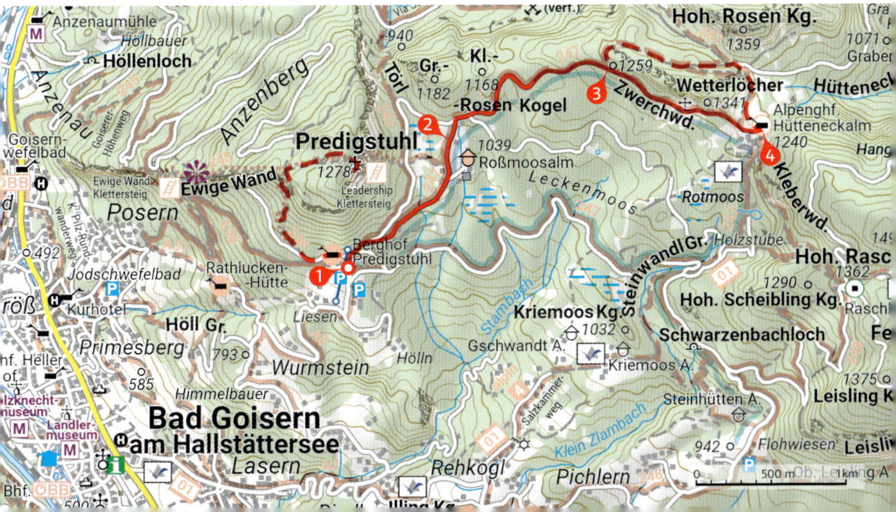

25 Goiserer Sarsteinalm, 1695 m
Steilanstieg von der Pötschenkehre

5.00 Std. | 7,5 km | ↗950 m | ↘950 m

Zur höchstgelegenen Alm Oberösterreichs
Wenn es ein Almenparadies im Salzkammergut gibt, dessen Besuch einer zünftigen Bergtour gleichkommt, dann ist es die Goiserer Sarsteinalm. Auf zwei Wegen von der Pötschenstraße und einem von Süden über den Sarsteingipfel zu erreichen, treffen sich an ihr Liebhaber uriger »abgehobener« Almen- und Hüttenziele. Die Sarsteinalm wird im Sommer nicht nur bewirtschaftet, man kann dort auch übernachten (unbedingt reservieren!), was den Besuch für weniger Trainierte etwas entschärft. Nach 950 Höhenmetern etwas abgekämpft, aber überglücklich, verweilt dort ein jeder gerne, genießt Suppe, Speckbrot und den obligatorischen Kaiserschmarren. Passt das Wetter und hat man noch Kraft in den Wadeln, dann empfiehlt sich unbedingt noch der einstündige Anstieg zum kreuzgeschmückten Sarsteingipfel, wo sich ein toller Blick auf den im Süden aufragenden Dachstein auftut.

Ausgangspunkt: Parkplatz, 745 m, im Bereich der großen Kehre an der Westrampe der Salzkammergutstraße (B145) über den Pötschenpass, 700 m nach der Kehre, 6,5 km ab Bad Goisern. Bushaltestelle »Pötschen B145« (Linie 952, Bad Goisern – Bad Aussee) 350m bergwärts.
Anforderungen: Wegen des zu bewältigenden Höhenunterschieds anstrengende, aber unschwierige Wanderung auf markierten Wegen. Trittsicherheit und Ausdauer nötig. Nur bei trockenem Wetter!
Kinder: Wegen des zu bewältigenden Höhenunterschieds ist das keine ausgesprochene Kindertour.
Gipfelmöglichkeit: Von der Goiserer Sarsteinalm sollte man die Besteigung des Hohen Sarsteins nicht versäumen, der mit 360-Grad-Panorama und grandiosem Dachsteinblick aufwartet: Von der Alm auf einem markierten Weg kurz nach Osten empor in den Sattel, 1710 m, zwischen Falleck und Hohem Sarstein. Dort rechts auf dem steinigen Weg Nr. 692 die steile Nordflanke des Berges in Kehren aufwärts, später rechts um einen Rücken herum in eine Karmulde. Aus ihr in Südostrichtung empor zum Gipfel des Hohen Sarsteins, 1975 m, 1 Std. von der Sarsteinalm. Gesamter zusätzlicher Zeitaufwand 1.45 Std.
Variante: Die Goiserer Sarsteinalm kann bei etwa gleichem Zeitaufwand auch anspruchvoller, weil steil und z. T. exponiert (gesicherte Felspassagen), vom Pötschenpass, 993 m, auf Weg Nr. 693 und 691 erreicht werden.
Hinweis: Bei einer geplanten Sarstein-Besteigung wird eine Übernachtung (Voranmeldung!) an der Sarsteinalm empfohlen, sodass man anderntags frühmorgens am Gipfel steht.

EINKEHR
Goiserer Sarsteinalm: 11 Schlafplätze (nach Voranmeldung); 20. Juni bis 25./30. September, im Oktober bei Schönwetter an Wochenenden geöffnet; Tel. +43 660 1447223, sarstein.at. Als Schmankerln gibt es Kaiserschmarren, Suppe, Würstel, Käse-, Wurst- und Speckbrot.

Vom **Parkplatz** ❶ wandern wir anfangs auf einer Schotterstraße, dann auf dem Fahrweg Nr. 690 an den Waldhängen nach Süden aufwärts in den Sattel beim **Rastplatz »Si-**

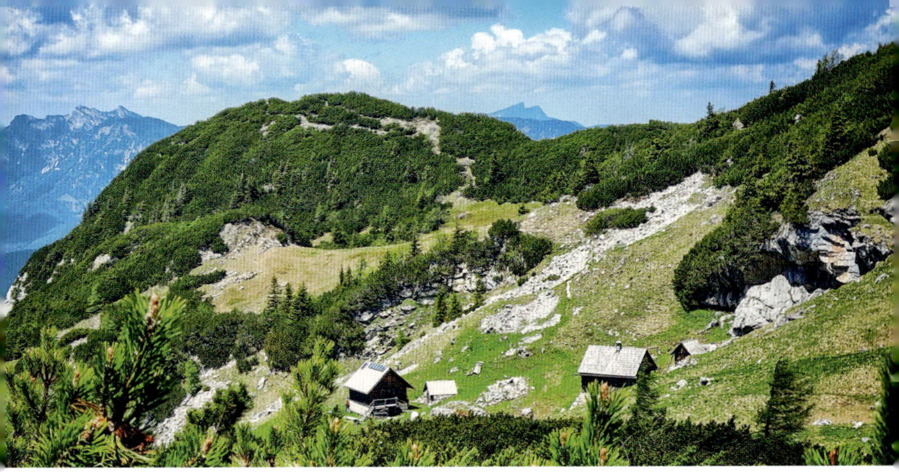

Bergparadies Goiserer Sarsteinalm.

monywarte« ❷, 886 m, am Westrücken des Falleck. Hier eröffnet sich ein imponierender Tiefblick auf den fjordartigen Hallstätter See!
Wir bleiben auf dem Weg Nr. 690, der uns nun links um den Rücken des Falleck herum führt. Es folgt auf einem guten Fußweg eine längere Querung an Waldhängen nach Südosten aufwärts in den zwischen Wasserfallkogel und Falleck eingeschnittenen Rotengraben. Links von ihm wandern wir auf einem Serpentinensteig in Ostrichtung steil bergauf, zuletzt über einen felsigen Steilaufschwung und einen Wiesenboden zur **Goiserer Sarsteinalm** ❸, 1695 m, gelegen westlich unterhalb des Sattels zwischen Hohem Sarstein und Falleck.
Zurück zum **Parkplatz** ❶ geht es auf demselben Weg.

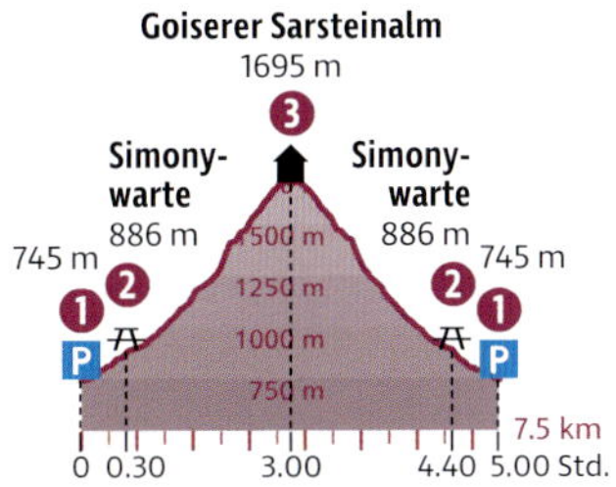

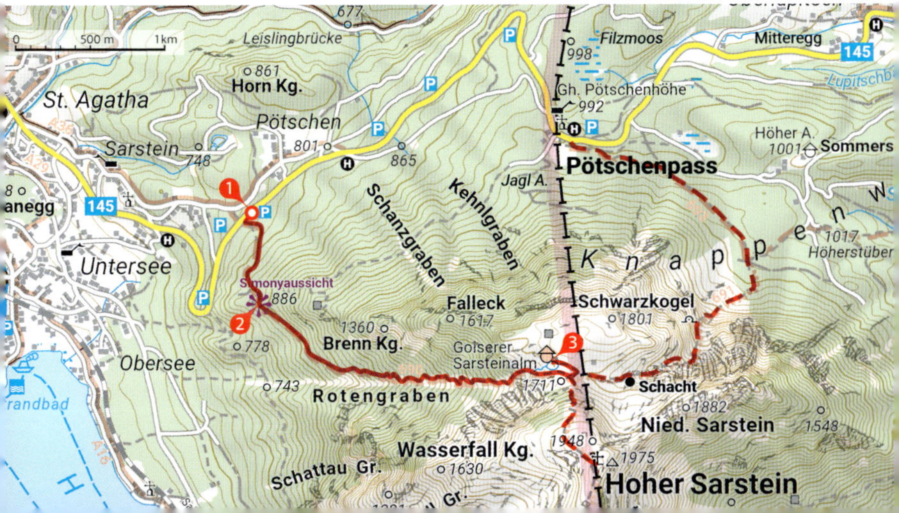

26 Iglmoosalm und Goiserer Hütte, 1592 m

Die Familienroute von Gosau her

4.45 Std. | 12,6 km | ↗ 860 m | ↘ 860 m

Aussichtsreicher Adlerhorst über dem Trauntal

Ein Besuch der Goiserer Hütte kommt einer zünftigen Bergtour gleich, was sich nicht nur an dem zu bewältigenden Höhenunterschied sondern auch an der tollen Hüttenposition am Höhenrücken des Kalmbergs kundtut. Man kann den Bergsteiger-Stützpunkt entweder von Osten aus dem Trauntal (Bad Goisern) oder, wie hier beschrieben, von Süden (Gosau) über die bewirtschaftete Iglmoosalm erreichen. Das ergibt im ersten Fall einen anstrengenden 1000-Meter-Steilanstieg, im zweiten einen zwar ebenfalls langen, aber weniger Kräfte raubenden Zugang. Wer, oben angelangt, noch nicht genug hat, kann die Besteigung des seines umfassenden Panoramas wegen geschätzten Hoch Kalmbergs oder des Sonnwendkogels anhängen.

Ausgangspunkt: Gosau, Gemeindeamt im Ortszentrum, 736 m, mit Parkplätzen und Bushaltestelle »Gosau Gemeindeamt« (Linie 541).
Anforderungen: Einfache, aber lange Wanderung mit beträchtlicher Anstiegshöhe. Gut markierte Fahr- und Fußwege.
Kinder: Die Wanderung kann problemlos auch mit gehfreudigen Kindern unternommen werden. Man sollte eine Zwischenrast an der Iglmoosalm, eventuell auch eine Übernachtung an der Goiserer Hütte einplanen.
Gipfelmöglichkeiten: 1. Von der Goiserer Hütte lohnt sich für geübte Geher die Besteigung des Hoch Kalmbergs: kurz hinab in den Sattel südlich unterhalb der Hütte. Dort auf Weg Nr. 888 den Nordwestrücken des Kalmbergs durch Wiesen und Latschen aufwärts zu einer Teilung. Entweder links am mächtigen Höhleneingang der Kalmooskirche vorbei oder geradeaus über den Rücken zur Vereinigung beider Alternativen. Über den sich verschmälernden Kamm (mit einer kurzen exponierten Passage), zuletzt an der Felsformation »Indianerkopf« vorbei, hinauf zum Gipfelkreuz des Hoch Kalmbergs, 1833 m. Gesamter zusätzlicher Zeitaufwand: 1.45 Std.
2. Bei weniger Zeit kann als aussichtsreiche Alternative von der Goiserer Hütte auch der Sonnenwendkogel, 1638 m, auf einem unmarkierten Steig bestiegen werden. 30 Min. zusätzlicher Zeitaufwand.

EINKEHR

Jausenstation Iglmoosalm: Keine Übernachtung; 1. Juli bis 10./15. Oktober geöffnet; Tel. +43 664 73215188.
Goiserer Hütte: 30 Schlafplätze; 15. Mai bis 31. Oktober geöffnet; Tel. +43 613 521450, goisererhuette.at.
Weitere Einkehrmöglichkeiten: In Gosau.

Im Ortszentrum von **Gosau** ❶ gehen wir die Vordertalstraße (B 166) ostwärts. Nach 500 m biegen wir an der Bushaltestelle »Gosau Ramsau B166« nach links in eine Asphaltstraße, die uns nach Norden empor ans Ortsende zu einer **Verzweigung** ❷ am Waldrand führt. Hier gehen wir auf der abgeschrankten Forststraße (Weg Nr. 801A und 880) nach links und verlassen sie schon nach 50 m wieder nach links. Wir folgen dem Weg Nr. 801A und 880 im Wald nach Norden aufwärts (mehrere Ver-

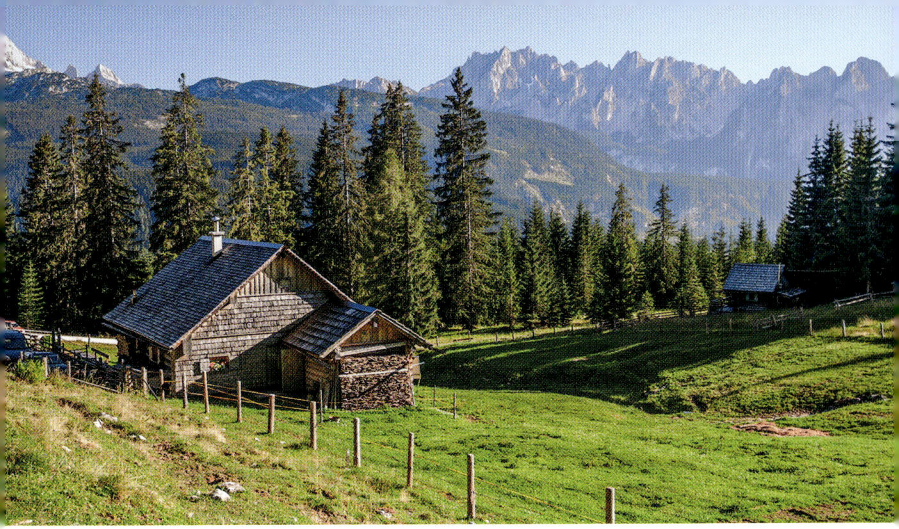

Die Iglmoosalm, rechts dahinter der Gosaukamm (Dachsteingruppe).

zweigungen!), bis uns der Fußweg, den Güterweg mehrmals kreuzend, nach Nordosten empor an den Rücken leitet. Über diesen wandern wir in Nordrichtung weiter, dann geht es in einer langen Geraden zur Wiesenterrasse der Iglmoosalm mit Straßenkreuzung. Auf der nach links abzweigenden Forststraße gelangen wir zur nahen **Jausenstation Iglmoosalm ❸**, 1206 m, mit einem herrlichen Blick auf Dachstein und Gosaukamm.

Wir folgen weiter dem Fußweg Nr. 801A und 880 nordwärts im Wald bergauf und kommen über einen Steilhang zur erneut querenden Forststraße. Auf ihr wandern wir nach rechts in das Waldtal zwischen Kriegeck und Seeaukogel und dort

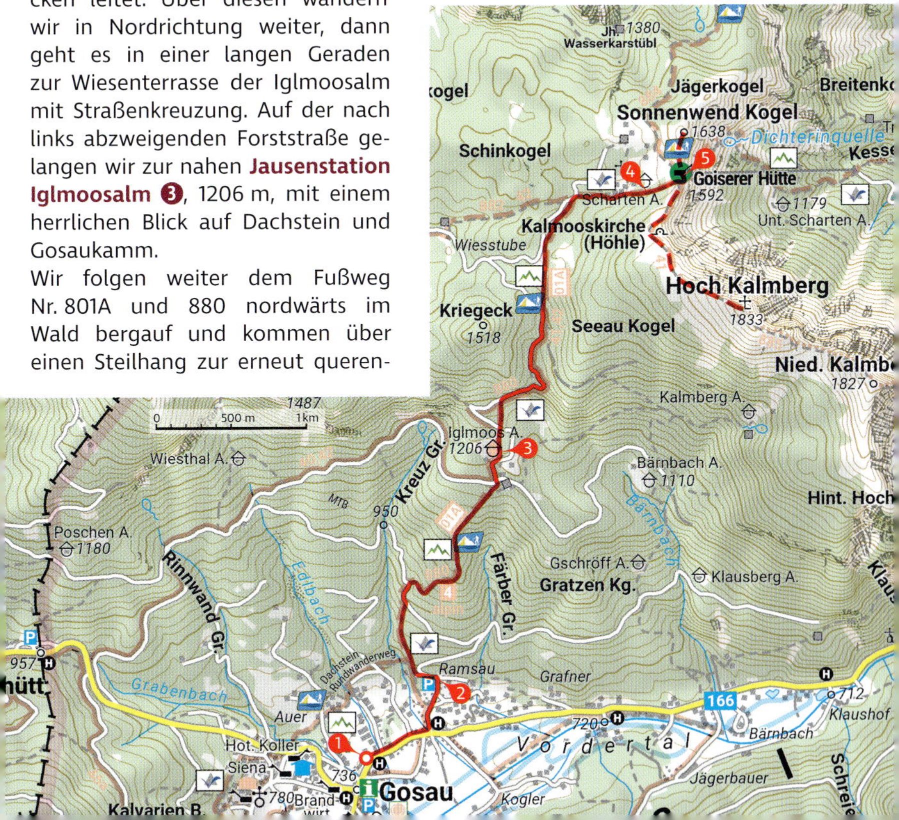

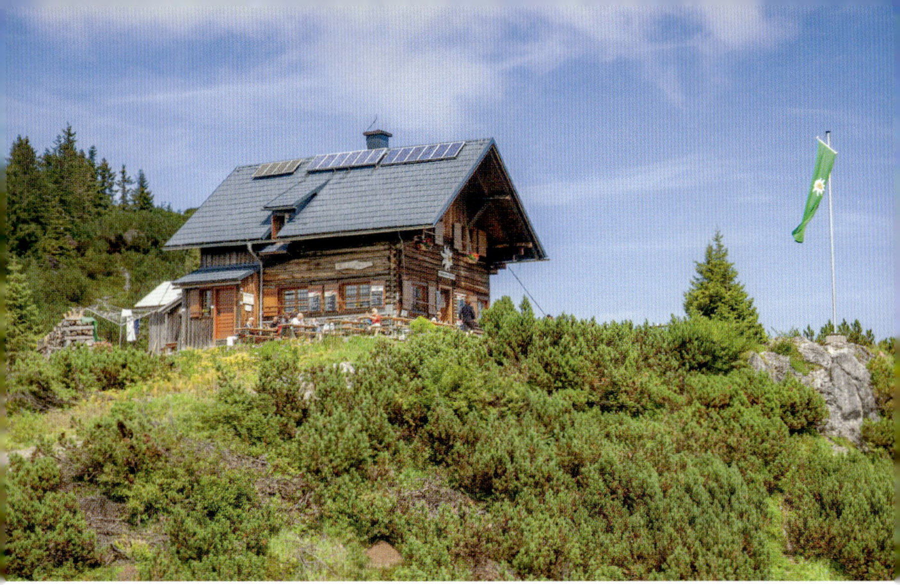

Die Goiserer Hütte, beliebte Wanderereinkehr im inneren Salzkammergut.

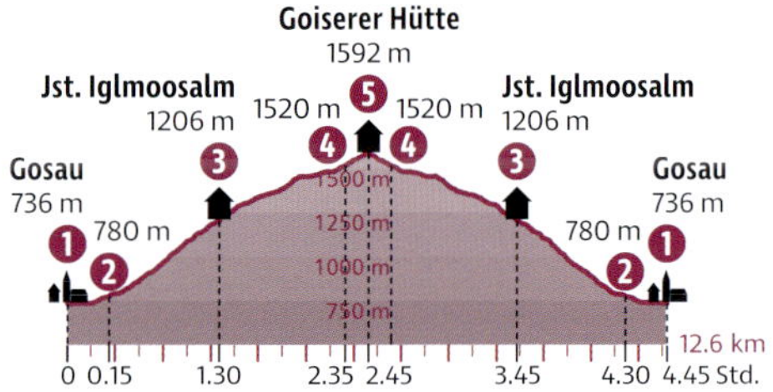

zu einer Verzweigung. Wir nehmen rechts den Fußweg Nr. 224 und 801A nordwärts in eine grasige Doline (»In der Saugruben«), danach geht es im Auf und Ab zum Querweg Nr. 225 und 882. Diesen wandern wir, nun steiler, nach rechts (Osten) empor zur **Oberen Schartenalm 4**, 1520 m. Durch das Almgelände, später durch lichten Wald, Wiesen und Latschen steigen wir weiter hinauf zu einer Verzweigung, 1580 m, im Sattel zwischen Hoch Kalmberg und Sonnenwendkogel. Nach links bergauf erreichen wir die nahe **Goiserer Hütte 5**, 1592 m, auf einer aussichtsreichen Schulter am Südrücken des Sonnenwendkogels gelegen.

Der **Abstieg** erfolgt entlang der Anstiegsroute.

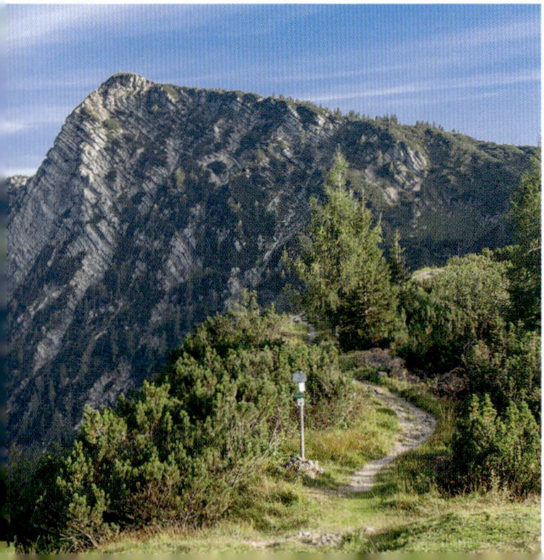

Hoch Kalmberg aus dem Blickwinkel der Goiserer Hütte.

Rußbacher Almenrundweg

Panoramaweg an der Gamsfeld-Südseite

27

4.30 Std. | 11,4 km | ↗650 m | ↘650 m

Gegen den Uhrzeigersinn von einer Alm zur nächsten
Der Rußbacher Almenrundweg führt uns auf gleich drei Almen: die Traunwand-, Angerkar- und Rinnbergalm. In drei parallelen Hochkaren an der Gamsfeld-Südseite gelegen und durch einen herrlichen Höhenweg verbunden, werden sie nacheinander erwandert, jede reizvoll, aber keine wie die andere. Einkehrmöglichkeit gibt's zwar nur an den beiden Letztgenannten, dafür wartet die zuerst erreichte Traunwandalm mit einem ungehinderten Panoramablick auf. Von dem entspannenden Kuhgebimmel, dem paradiesischen Frieden auf den Almen mit faszinierender Aussicht auf die Felsriesen von Dachstein, Gosaukamm und Tennengebirge wird man noch lange träumen …

Ausgangspunkt: Ortszentrum von Rußbach am Pass Gschütt, 813 m, Bushaltestelle »Rußbach Ortsmitte« (Linie 470), Parkplätze im Ortszentrum.
Anforderungen: Unschwierige mittellange Wanderung auf markierten Fahr- und Fußwegen. Auf dem schmalen Bergpfad zwischen Traunwandalm und Angerkaralm sind jedoch Trittsicherheit und Achtsamkeit nötig.
Kinder: Wegen der etwas anspruchsvollen Wegstrecke zwischen Traunwandalm und Angerkaralm und der abschließenden 4 km langen Straßenwanderung bergab ist die Tour nur in Begleitung ausdauernder gehtüchtiger Kinder zu empfehlen.
Mit kleineren Kindern anzuraten ist hingegen der auch mit einem geländegängigen Kinderwagen befahrbare 4,5 km lange Themenweg (Nr. 30) durch den »Geisterwald« an der westlichen Seite des unteren Rinnbachtals mit Kegelspiel, Floßbauen, Steinkugelbahn, Geisterhaus und Kneippteich. Zusätzliche Gehzeit 2 Std.
Gipfelmöglichkeit: Von der Traunwandalm bzw. Angerkaralm kann der aussichtsreiche Gipfel des Gamsfeld, 2027 m, auf den Wegen Nr. 35 bzw. 36 von geübten Gehern lohnend bestiegen werden. Gesamter zusätzlicher Zeitaufwand rund 3 Std.
Variante: Startet man die Tour am Parkplatz im Rinnbachtal, so spart man insgesamt 20 Minuten Gehzeit.

EINKEHR
Angerkaralm: Keine Übernachtung; 10./15. Juni bis 26. Oktober geöffnet, 15. Juli bis 10. September täglich außer Montag, davor und danach an Wochenenden; Tel. +43 664 2111782, walliser-schwarznasenschaf.at. Im Umkreis der Alm finden sich neben Kühen, Hasen, Zwergziegen und Hühnern auch seltene Walliser Schwarznasenschafe, eine kinderfreundliche, aus dem Oberwallis stammende gehörnte Schafrasse – eine Variante des Urschafs – mit weißem, an Nase, Augen, Ohren, Vorderknien, Sprunggelenkknöcheln und Füßen jedoch schwarzem Fell.
Animoshütte: Auf der Rinnbergalm; keine Übernachtung; 1. Juni bis 30. September geöffnet; Tel. +43 699 17844850, huetten.wanderdoerfer.at/huette/animoshuette-rinnbergalm.
Pfandlhütte: Auf der Rinnbergalm; 5 Schlafplätze; 10./15. Juni bis 30. September geöffnet; Tel. +43 699 11094156, huetten.wanderdoerfer.at/huette/pfandlhuette-rinnbergalm.
Weitere Einkehrmöglichkeiten: Mehrere Gastbetriebe in Rußbach.

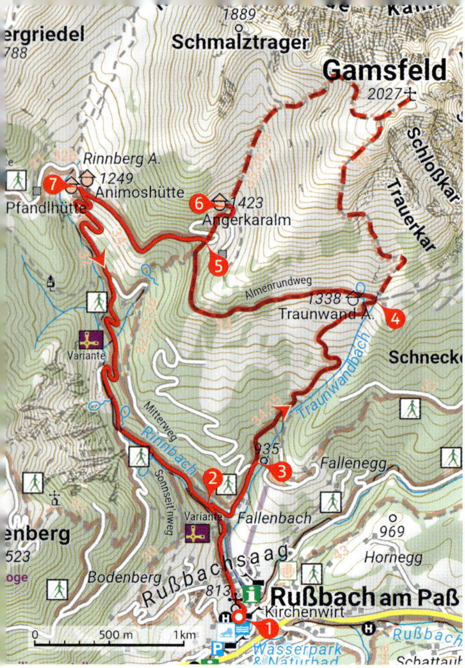

In **Rußbach ❶** biegen wir am Gemeindeamt in eine schmale Asphaltstraße, auf der wir gut 700 m nach Norden aufwärtswandern. An der Straßengabelung am oberen Ende des **Parkplatzes** im **Rinnbachtal ❷**, 870 m, gehen wir scharf rechts zur bergauf nach Osten führenden Asphaltstraße (Nr. 34 und 35). Nach einer Linkskurve passieren wir die Linksabzweigung des Naturfahrwegs Nr. 32 und 36 (»Mitterweg«). Unsere Asphaltstraße führt uns in Nordostrichtung geradeaus weiter bergauf zu einer **Verzweigung ❸**, 935 m, vor der Brücke über den Traunwandbach. Von hier gehen wir halb links auf dem schottrigen Fahrweg Nr. 34 und 35 stets links vom Bach durch schönen Bergnadelwald nach Nordosten aufwärts zum Unterrand der Traunwandalm-Wiesen. Auf einem Querweg wandern wir kurz nach links, dann folgen wir dem steilen Fahrweg über die Grashänge in Kehren bergauf. Zuletzt queren wir den Hang nach Nordosten hinauf zur **Wegteilung** auf der **Traunwandalm ❹** an einer Quelle, die allerdings nicht immer Wasser führt (bergwärts kann man hier auf Weg Nr. 35 auf das Gamsfeld steigen). Von der Wegteilung hat man einen wunderbaren Ausblick nach Südosten und Süden auf Dachstein und Gosaukamm, rechts dahinter die Niederen Tauern, im Südwesten zum Lammertal mit dem Tennengebirge.

Wir folgen dem Querweg Nr. 34 nach links (Westen), wandern am nahen Hauptgebäude der **Traunwandalm**, 1338 m (verschlossen, kein Wasser),

Obligatorische Einkehr: die Angerkaralm.

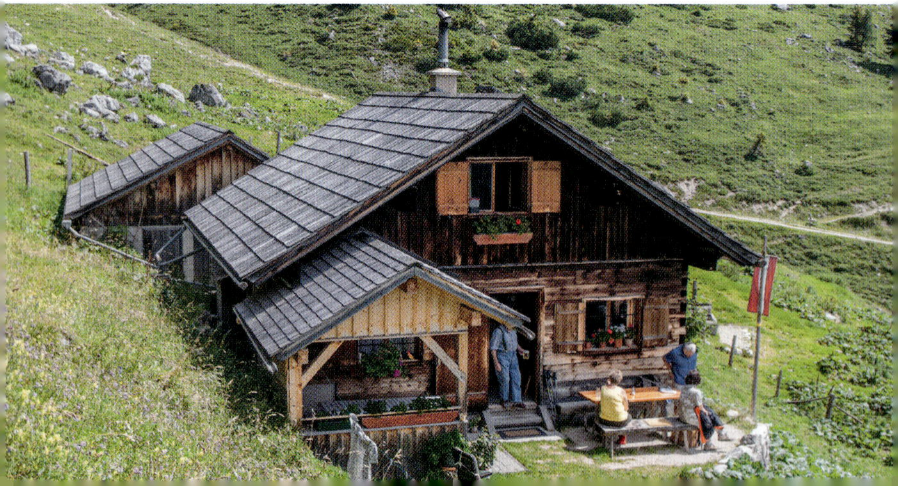

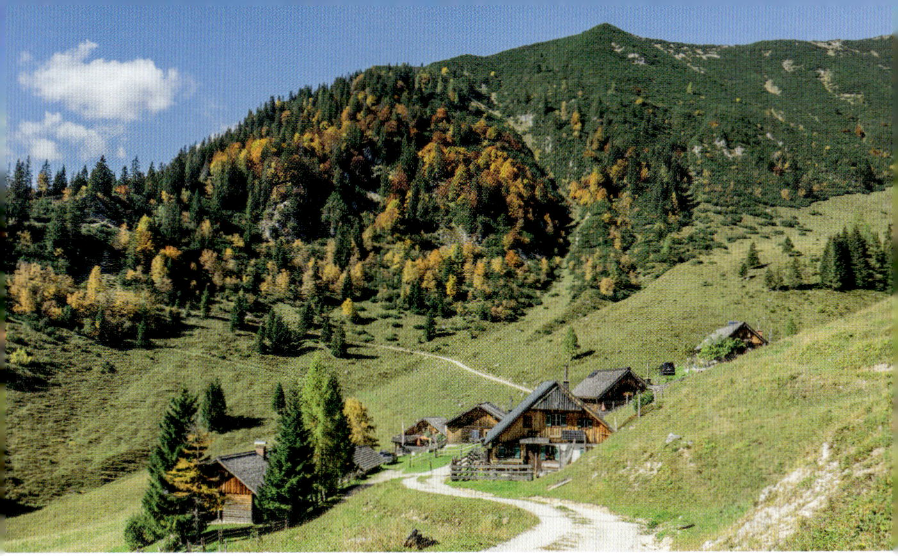

Die Almhütten der Rinnbergalm.

vorbei, queren danach eine Mure und gelangen in den Wald. Auf einem schmalen Hangweg mit einigen exponierten Passagen kommen wir hier etwas mühsam weiter, gehen schließlich um eine Ecke nach rechts herum und nordwärts zu den Wiesen im Auslauf des Angerkars. Auf dem Querweg 36 und 39 steigen wir 20 m aufwärts zu einer Wegkreuzung an einer **Forststraße** ❺, 1320 m, an der nach links die Rinnbergalm ausgeschildert ist. Wir steigen jedoch geradeaus, die Straße noch einmal kreuzend, einen steilen Grasrücken in Kehren und zum Schluss auf der Forststraße empor zur **Angerkaralm** ❻, 1423 m, unserer ersten Einkehrmöglichkeit auf dieser Tour.

Anschließend geht es wieder hinab zur erwähnten Wegkreuzung an der **Forststraße** ❺. Hier halten wir uns diesmal rechts und wandern durch Wald nach Westen abwärts, später eben an Wiesenhängen entlang zu der im oberen Rinnbachtal gelegenen **Rinnbergalm** ❼, 1249 m, an der uns mit der **Animoshütte** und der **Pfandlhütte** zwei Gastbetriebe und zudem ein prachtvoller Dachsteinblick erwarten.

Weiter folgen wir der Forststraße (Weg Nr. 32) nach links (Süden) durch das Rinnbachtal stetig bergab. Anfangs wandern wir durch Wiesen, dann im Wald teils in Kehren, später durch das sich verengende Tal, an einer Schottergrube und der Rechtsabzweigung zum Themenweg »Geisterwald« vorbei, zum **Parkplatz im Rinnbachtal** ❷ und weiter nach **Rußbach** ❶.

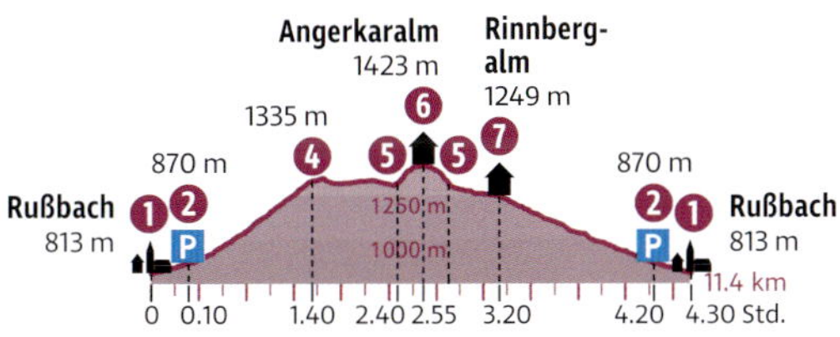

28 Plankensteinalm, 1540 m
Anstieg von Gosau-Mittertal

5.30 Std. | 13,8 km | ↗ 840 m | ↘ 840 m

Zünftig oder bequem, das ist hier die Frage ...
Man kann die Plankensteinalm bei Gosau auch ganz bequem per Almtaxi oder »Gosauer Bummelzug« erreichen. Ungleich attraktiver aber ist es, sie mit eigener Kraft zu erreichen, auf einer Wanderung durch herrliche Waldungen und traumversponnene Wiesen, angesichts der eindrucksvollen Felsen des Gosaukammes. Unterwegs verdienen das Hochmoor Löckernmoos, die Felsspalte des Wildfrauenlochs und die berühmten Schleifsteinbrüche am Ressenberg mit ihrer fünfhundertjährigen Geschichte einen Besuch – schon in der österreichisch-ungarischen Monarchie wurden hier die bekannten »Gosauer Schleifsteine« (Sandsteinlager) gewonnen. Leider wird die Plankensteinalm neuerdings nicht mehr bewirtschaftet. Aber dafür gibt es vollwertigen Ersatz wie die Jausenstationen der Badstubn- und der höhergelegenen Triamerhütte, wo man genüsslich einkehren und schlemmen kann ...

Ausgangspunkt: Ze-Café in Gosau-Mittertal, 745 m, 2 km südlich vom Ort Gosau. Bushaltestelle »Mittertal b. Gosau Ort« (Linie 542), kostenfreier Parkplatz Hornspitzbahn (»Gosau Express«) südlich des Ortes nahe des Ausgangspunktes.
Anforderungen: Sehr lange, anstrengende, aber unschwierige Wanderung mit beachtlichem Höhenunterschied auf markierten Fahr- und Fußwegen.
Kinder: Wegen der Länge und zu bewältigenden Anstiegshöhe ist die Wanderung mit Kindern nicht anzuraten.
Variante: Von der Jausenstation Badstubnhütte zur Vorderen Grubenalm mit der Triamerhütte kann man lohnender, aber länger auch über das Hochmoor Löckernmoos am Ressenberg gelangen: Der Weg beginnt hinter der Badstubnhütte. Auf einem beschilderten Fußweg (»Schleifstein-Themenweg«, »Löckernmoos-Rundweg«) geht es im Wald zuerst in Süd-, dann in

Einkehrschwung an der Triamerhütte auf der Vorderen Grubenalm.

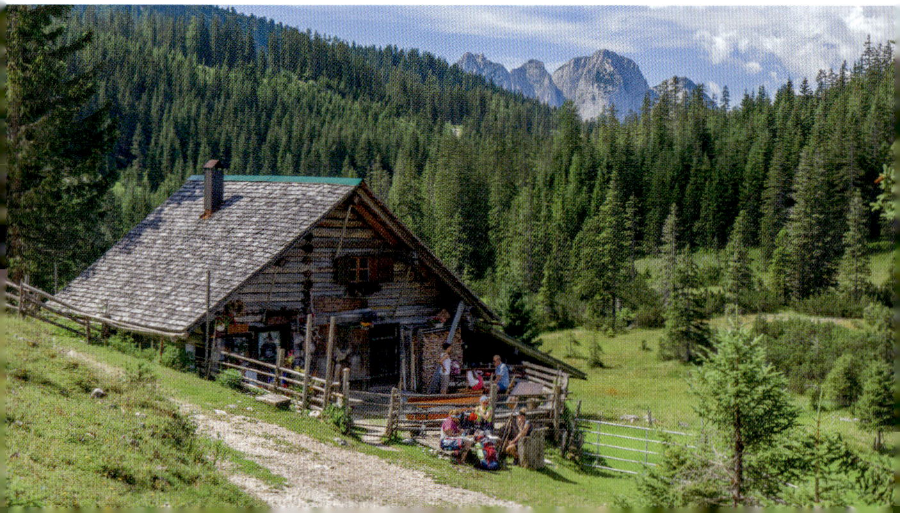

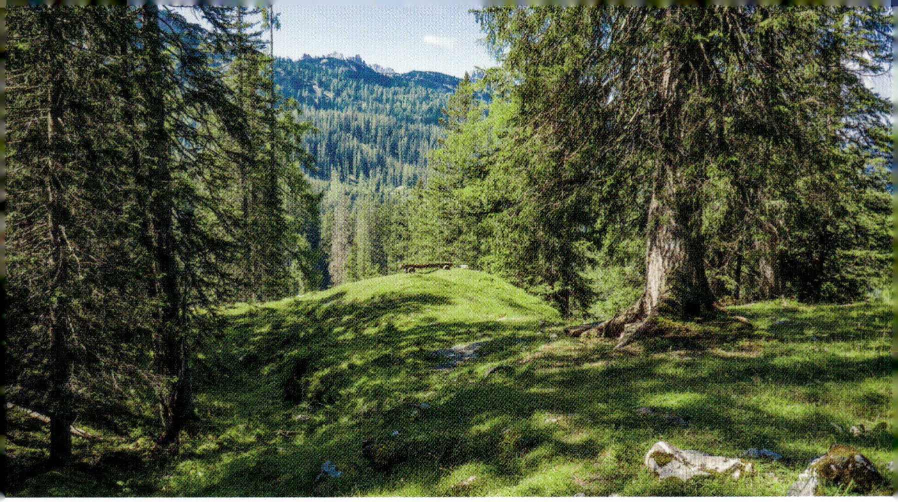

Bergwaldidylle im Anstieg zur Plankensteinalm.

Ostrichtung aufwärts zu einer Gabelung. Dort wandern wir rechts (»Rundgang Landesausstellung 2008«) auf Bretterstegen in Südostrichtung hinauf, später eben durch das Moorgebiet zur Anhöhe beim kleinen Löckernsee, 1395 m, im Naturschutzgebiet »Großes Löckernmoos«. Anschließend geht es auf Bretterstegen abwärts, dann durch Wald zur Hinteren Grubenalm, 1360 m, mit Panorama-Parapluie. An der Alm wandern wir auf dem querenden Fahrweg (rechts zurück zur Badstubnhütte) nach links zu einer Querstraße und auf ihr links haltend zu einer Anhöhe mit Straßengabelung (rechts zur Ebenalm). Wir folgen der Straße in Ostrichtung geradeaus und gelangen, eine Wiesenmulde im Linksbogen ausgehend, zur Vorderen Grubenalm mit der »Triamerhütte«, 1348 m. 1 Std. von der Badstubnhütte, damit 30 Min. zusätzlicher Zeitaufwand.

Hinweise: 1. Badstubnhütte, Rossalm und Plankensteinalm können vom Sportplatz beim Vital-Hotel im Ort Gosau sowohl per Shuttlebus (»Almtaxi«, täglich ab 9 Uhr, Anmeldung Tel. +43 699 11585898) als auch mit dem »Gosauer Bummelzug« (Dienstag und Sonntag 10 Uhr, Anmeldung Tel. +43 650 6366177) erreicht werden. In die Bummelzugfahrt (oft mit Blaskapelle) ist eine Führung durch das Löckernmoos und die Schleifsteinbrüche eingeschlossen. Bummelzug-Fahrten sind nur im Rahmen einer größeren Gruppe (Anfrage!) möglich.
2. Im Sommer wird die Plankensteinalm mit bis zu 100 Stück Vieh (Rinder, Pferde) bestoßen.

Tipp: Weniger ausdauernden Wanderern bzw. in Begleitung mit Kindern empfiehlt sich die Auffahrt per Shuttlebus bis zur Jausenstation Badstubnhütte, wo die Wanderung gestartet wird (Gehzeit Badstubnhütte – Plankensteinalm 1.45 Std., retour 1.30 Std.).

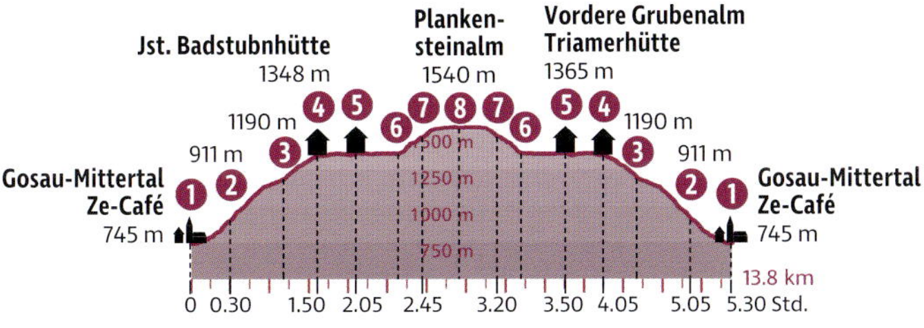

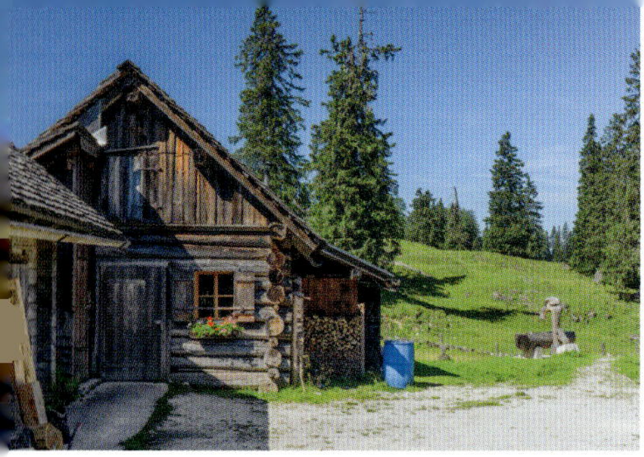

Die derzeit leider nicht bewirtschaftete Leutgebhütte.

Vom **Ze-Café** in **Gosau-Mittertal** ❶ verlassen wir die Ortsdurchgangstraße auf Weg Nr. 511 ostwärts. Bergauf erreichen wir bald den Waldrand. Dort geht es links ab und über den Lainbach, dann auf einem teils morastigen Güterweg (besser auf dem Fußweg links von ihm!) in allgemeiner Ostrichtung ziemlich steil bergauf, bis der Fahrweg (bei Wegweisern) nach rechts verlassen wird ❷. Den mit vielen Wurzeln durchsetzten Fußweg Nr. 511 gehen wir weiter steil und mühsam hinauf, über zwei Forststraßen hinweg. Der dritten Forststraße folgen wir 700 m nach rechts bergauf zur nächsten **Verzweigung** ❸. Hier halten wir uns halb links und steigen nun wieder auf einem Fußweg durch Wald, die Straße nochmals kreuzend, teils in Kehren nach Südosten empor zu den Schleifsteinhütten, zuletzt 150 m entlang der Schotterstraße (oder auf dem Fußweg links von ihr) nach Süden hoch zu der idyllisch auf einer Wiesenlichtung gelegenen Hüttenansammlung bei der beliebten und viel besuchten **Jausenstation Badstubnhütte** ❹, 1348 m.

Auf dem Fußweg Nr. 644 wandern wir nun an Almhütten vorbei, über eine ebene Weide, dann durch schönen Bergnadelwald in Südostrichtung sanft bergauf zu einer Anhöhe. Danach geht es auf Bretterstegen durch sumpfiges Niedermoor-Gelände abwärts zum **Wildfrauenloch**, eine 14 m lange Karsthöhle, in die ein Bach fließt (Schluckloch). Von hier geht es nur noch kurz nach rechts hinauf zur Jausenstation **Vordere Grubenalm** mit der **Triamerhütte** ❺, 1365 m.

Dort halten wir uns auf der querenden Schotterstraße (Weg Nr. 644) links und wandern ca. 1 km eben nach Osten zu einer beschilderten **Verzweigung** ❻. Hier verlassen wir die Schotterstraße nach halb rechts und wandern auf dem Fußweg Nr. 644 im felsdurchsetzten Bergna-

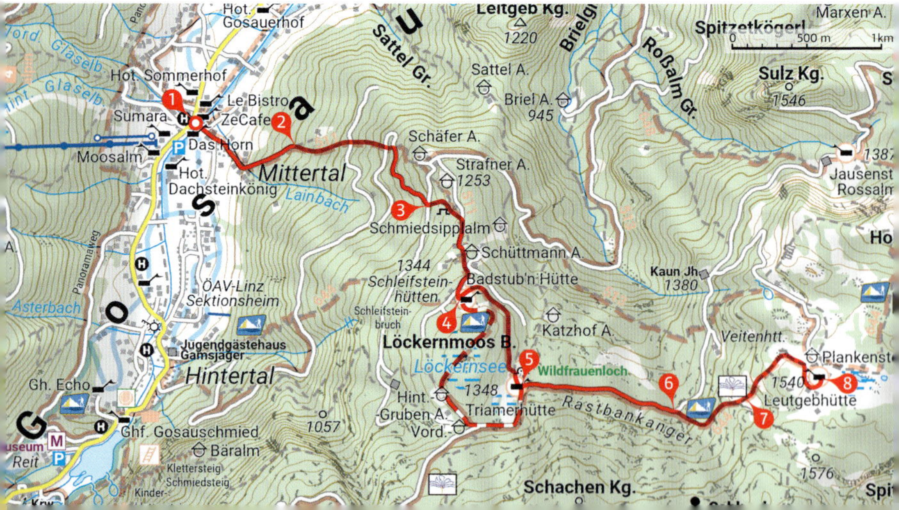

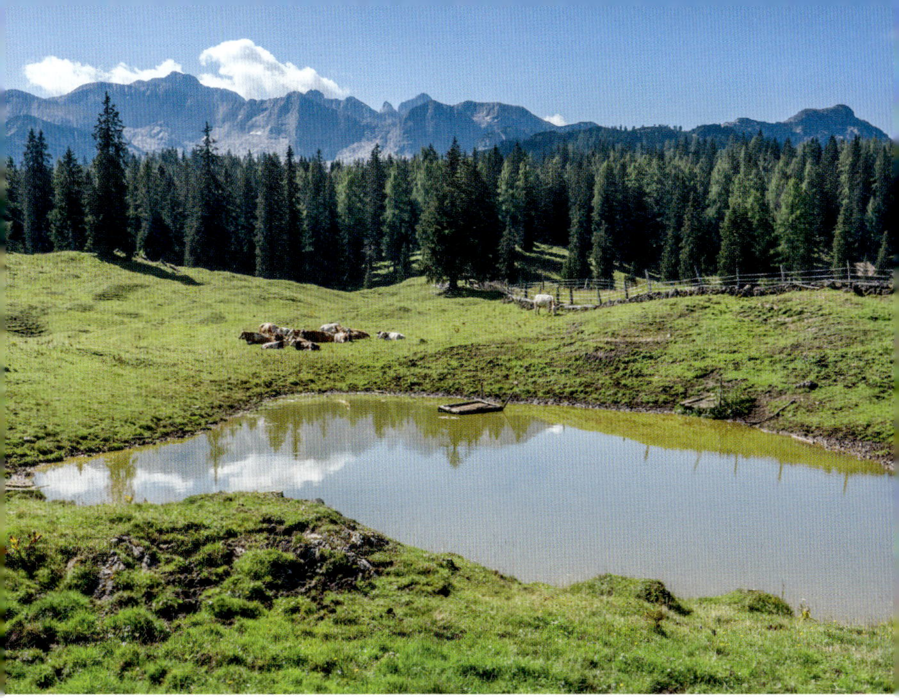

Paradiesische Viehweiden im Umkreis der Plankensteinalm.

delwald nach Osten aufwärts, später in Nordostrichtung zu einer Verflachung. An einem Durchlass queren wir einen Viehzaun und steigen anschließend eine steile, felsig-begrünte Rinne hinauf zum Wiesenboden des **Schnittlauchkars** ❼, benannt nach dem hier wachsenden wilden Schnittlauch mit besonders intensivem Duft nach Regenfällen. Das Kar wird eben gequert, danach durch lichten Wald und Wiesen in Kehren zu einem Aussichtspunkt angestiegen, wo sich das Gelände verflacht. Von den hier aufgestellten Bänken öffnet sich ein wunderbarer Blick nach Westen auf Gosaukamm und Tennengebirge. Durch Wiesen und lichten Baumbestand gelangen wir nun ostwärts im Auf und Ab durch Dolinenmulden zu einer querenden Forststraße, die sich schon am Plateau der Plankensteinalm befindet. Der Straße folgen wir knapp 100 m nach rechts (Südosten) aufwärts, gehen dann links, auf einem Fußweg über eine Anhöhe (Tafeln) hinweg, durch Wiesen und vorbei an einem Tümpel sanft abwärts zum Nordrand der **Plankensteinalm** ❽, 1540 m. Die hier gelegene ehemalige Jausenstation Leutgebhütte wird vorübergehend nicht bewirtschaftet (Stand 2024).

Der **Abstieg** erfolgt entlang der Anstiegsroute.

EINKEHR

Jausenstation Badstubnhütte: Keine Übernachtung; 12. Juni bis 15. Oktober geöffnet; Spezialität sind hausgemachte Powidlpofesen!

Jausenstation Triamerhütte: Auf der Vorderen Grubenalm; keine Übernachtung; 25. Juni bis 30. September geöffnet.

Weitere Einkehrmöglichkeiten: Gastbetriebe in Gosau-Mittertal.

29 Stuhlalm und Theodor-Körner-Hütte

Vom Gosausee auf dem »Austriaweg«

3.30 Std. | 8,9 km | ↗400 m | ↘400 m

Landschaftshighlight unterm Gosaukamm

Angesichts der unnahbaren Gosaukamm-Nordseite würde niemand vermuten, dass Wanderer an der zum Lammertal schauenden Südseite friedliche Almgefilde und Schutzhäuser erwarten: Stuhl- und Sulzkaralm, Theodor-Körner- und Hofbürglhütte. Durch die Gosaukammbahn erschlossen, ermöglicht die Höhenpromenade des Austriawegs einen Zugang zu diesen Paradiesen, deren Besuch jedem Salzkammergut-Liebhaber ans Herz gelegt werden muss.

Ausgangspunkt: Talstation der Gosaukammbahn, 940 m, mit Bushaltestelle »Hintertal b. Gosau Vorderer Gosausee« (Linie 542) beim Großparkplatz Vorderer Gosausee, 7 km südwestlich von Gosau.
Gosaukammbahn: Bergstation 1485 m. Vom 5./10. Mai bis 1./5. Nov. 8.15 bis 17 Uhr, im Juli und August bis 18 Uhr in Betrieb, Auffahrt alle 15 Min.; Tel. +43 50 140, dachstein.at.
Anforderungen: Unschwierige Wanderung auf markierten Steigen. Trittsicherheit nötig!
Kinder: Die Tour ist auch mit gehfreudigen Kindern anzuraten. Im Umkreis der Stuhlalm finden sich herrliche Spielwiesen (kein Kinderspielplatz!).
Gipfelmöglichkeit: Aus dem südwestlichen Törlecksattel kann das Felshaupt des Großen Donnerkogels, 2055 m, von geübten Gehern mit Klettererfahrung (freie Kletterstellen im Schwierigkeitsgrad I+) lohnend bestiegen werden. Gesamter zusätzlicher Zeitaufwand ab Törlecksattel 3 Std.

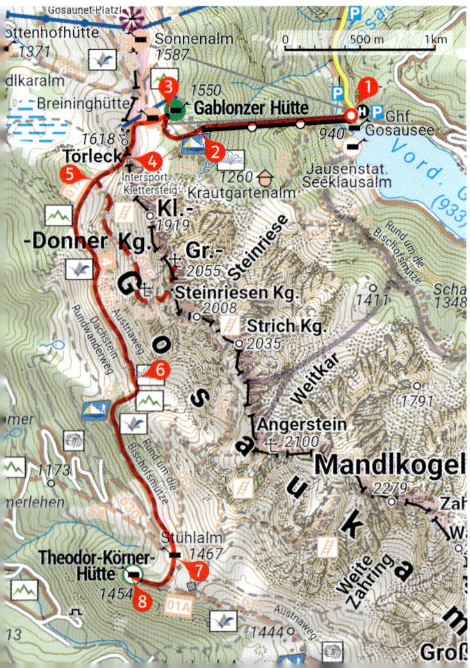

Nachdem uns die Gondel von der **Talstation der Gosaukammbahn ❶** bequem zur **Bergstation der Gosaukammbahn ❷** transportiert hat, wandern wir auf einem breiten Weg durch Fichtenwald und über Wiesen nach Westen aufwärts zur **Gablonzer Hütte ❸**, 1550 m, und zur benachbarten **Breininghütte**. Nun folgen wir dem »Austriaweg« (Weg Nr. 611) über steile Wiesen erst westwärts in Kehren bergauf, dann südwestwärts im Auf und Ab in den **nordöstlichen Törlecksattel ❹**, 1599 m, an dem sich der Linksabzweig des Donnerkogel-Klettersteigs befindet. Wir wandern geradeaus auf dem markierten Weg abwärts und eben in den **südwestlichen Törlecksattel ❺**, 1576 m, wo links der Donnerkogel-Normalweg abzweigt. Wir gehen geradeaus,

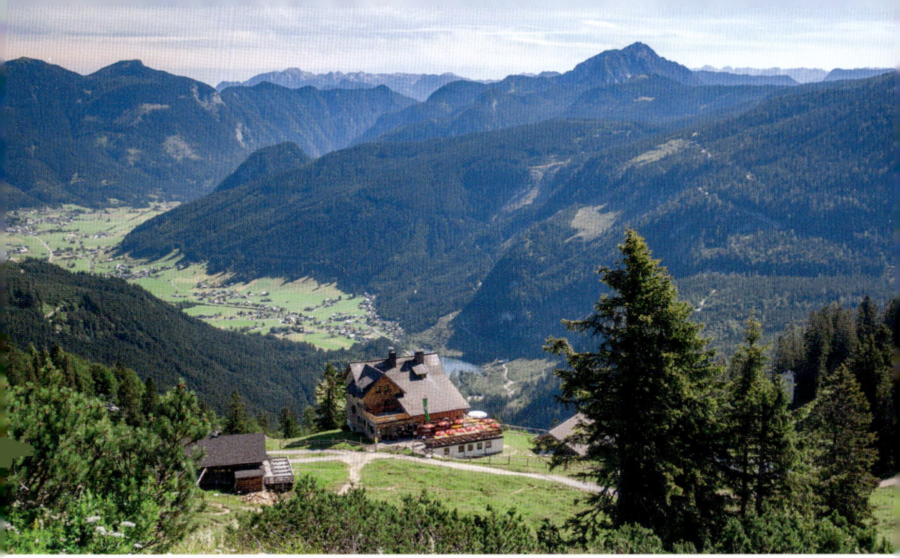

Die Gablonzer Hütte über dem Talbecken von Gosau.

durch eine Mulde hinunter in den Schefferbergwald und dort in Südrichtung an den steilen Westflanken des Großen und Kleinen Donnerkogels im Auf und Ab dahin, später im teilweise felsigen Gelände (alte Waldbrandzone) weiter und hinab in das begrünte **Sulzkar** 6. Dieses wird im Rechtsbogen ausgegangen, anschließend schwenkt unser Weg um einen Vorsprung herum nach links in die Angerstein-Westhänge. Dort steigen wir durch Wald bergab und gehen später eben weiter zu den Wiesen und Hütten der **Stuhlalm** 7, 1467 m, mit ihrer Jausenstation. Auf einem Karrenweg wandern wir weiter nach Süden, halten uns an einer Wegteilung an einer Wiesenschulter rechts und erreichen im lichten Wald abwärts die **Theodor-Körner-Hütte** 8, 1454 m.

Die **Rückkehr** erfolgt auf demselben Weg.

EINKEHR

Gablonzer Hütte: Unweit der Bergstation; 76 Schlafplätze; zur Betriebszeit der Gosaukammbahn geöffnet; Tel. +43 6136 8465, gablonzerhuette.at.

Breininghütte: Unweit der Bergstation; keine Übernachtung; zur Betriebszeit der Gosaukammbahn geöffnet.

Jausenstation Stuhlalm: 21 Schlafplätze; 15. Mai bis 31. Oktober geöffnet; Tel. +43 664 1131152, stuhlalm.at.

Theodor-Körner-Hütte: 33 Schlafplätze; 1. Juni bis 15./20. Oktober geöffnet; Tel. +43 680 2216024, koernerhuette.at.

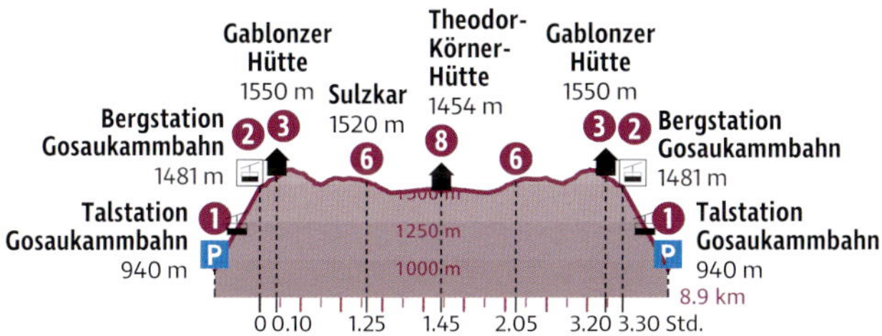

30 Simonyhütte, 2205 m

Über die Dachstein-Hochfläche zur Einkehr

6.15 Std. | 14,5 km | ↗700 m | ↘700 m

Beliebter Bergsteigerstützpunkt an der Dachstein-Nordseite

Der gletschergeschmückte Dachstein ist südlicher Abschluss und Höhepunkt des Salzkammerguts. Keine Frage, dass ein Ausflug in die hochalpine Region der Gruppe auch für alle Besucher einen ganz besonderen Höhepunkt darstellt. Nach dem Geografen und Alpenforscher Friedrich Simony (1813–1896) benannt, bietet die im Auslauf des Hallstätter Gletschers gelegene Simonyhütte seit 1877 Bergsteigern Schutz und Unterkunft. Die dem Alpenverein gehörende Hütte ist Tagesziel für Wanderer und Bergsteiger, Ausgangspunkt für eine Dachsteinbesteigung und alpines Ausbildungszentrum.

Die lange Wanderung von der Dachsteinbahn-Station Krippeneck-Gjaidalm über die Karrenhochfläche »Am Stein« zur Hütte vermittelt im zweiten Wegabschnitt unvergessliche Aufblicke zum Hallstätter Gletscher und auf König Dachstein. Die Tour ist unschwierig, aber, sofern sie an einem Tag hin und retour durchgeführt wird, auch anstrengend. Bergsteigerische Erfahrung, Ausdauer und gutes Wetter sind nötig.

Unterwegs auf dem Dachsteinplateau. Blick nach Nordosten zum Sarstein.

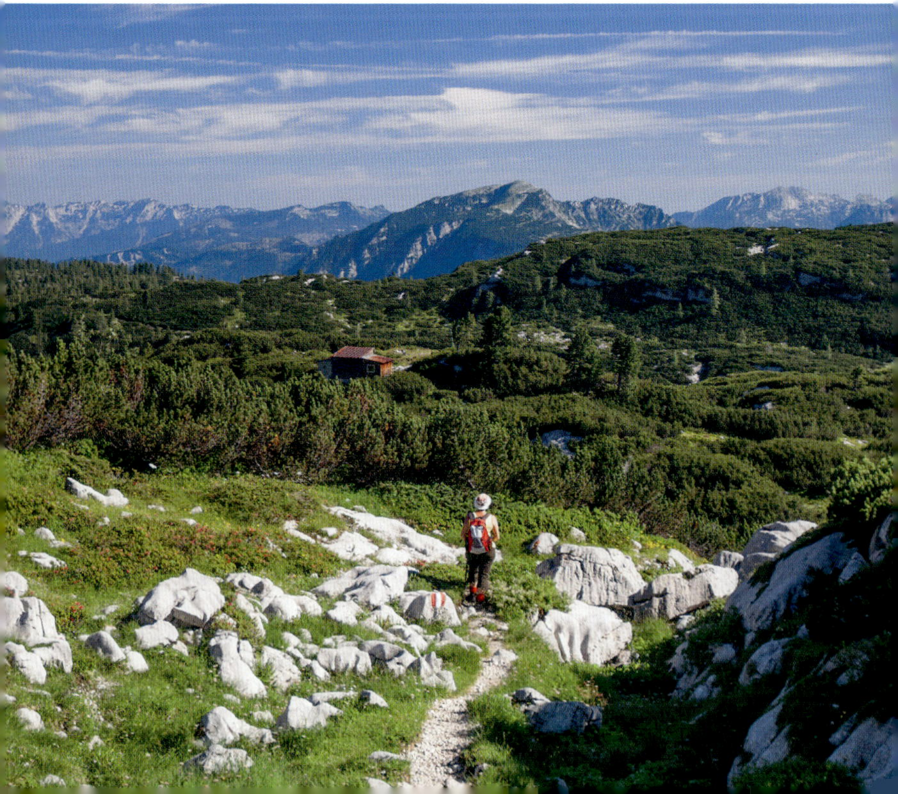

Ausgangspunkt: Talstation, 600 m, der dreiteiligen Dachstein-Krippenstein-Seilbahn, mit Großparkplatz und Bushaltestelle »Winkl b. Obertraun Dachsteinseilbahn Talstation« (Linie 543), am Nordfuß des Krippenstein, 2,7 km südöstlich von Obertraun. Dachstein-Krippenstein-Seilbahn: Auffahrt zur Bergstation 3 (»Krippeneck-Gjaidalm«), 1788 m, alle 15 Minuten; Seilbahnbetrieb bis zur Bergstation 3 vom 5./10. Juni bis 30. Oktober täglich 8.40–17.40 Uhr, ab 10. September bis 17.10 Uhr. Tel. +43 50 140; dachstein-salzkammergut.com.
Anforderungen: Anstrengende, aber unschwierige Tagestour im hochalpinen Gelände. Nur für erfahrene Bergwanderer. Bei Schlechtwetter abzuraten!
Kinder: Als Tagestour abzuraten. Auf zwei Wandertage aufgeteilt (mit Übernachtung in der Simonyhütte) auch in Begleitung von Kindern zu empfehlen.
Variante: Von der Simonyhütte kann bei etwa gleichem Zeitaufwand auch auf dem höher verlaufenden Weg Nr. 657 (»Trägerweg«), am Oberen Eissee vorbei und unterm Taubenkogel entlang, zur Bergstation 3 »Krippeneck-Gjaidalm« zurückgekehrt werden.
Hinweis: Letzte Talfahrt der Dachstein-Seilbahn ab Station 3 um 17.20 Uhr, ab 10. September schon um 16.50 Uhr (sonst Übernachtung an der nahen Gjaid Alm, 15 Gehminuten unterhalb der Station 3).

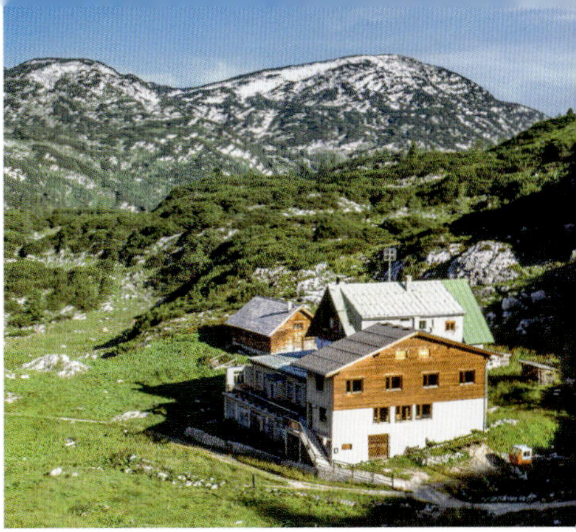

Die in einer Dolinenmulde gelegene Gjaid Alm.

Von der **Talstation ❶** schweben wir mit der dreiteiligen Dachstein-Krippenstein-Seilbahn ganz bequem über die **Mittelstation Schönbergalm ❷** und die **Bergstation 2 ❸** hinauf zur **Bergstation 3 ❹**.
Von hier wandern wir auf einem Fahrweg kurz nach Nordwesten hinab in einen Sattel mit einer querenden Schotterstraße. Diese gehen wir 40 m nach links zu einer Wegteilung. Geradeaus könnte man von hier in 15 Min. die in einer grünen Dolinenmulde gelegene Gjaid Alm erreichen, wir halten uns aber links und steigen die Straße durch Latschen in Windungen nach Südwesten empor zum ehemaligen **Militärstützpunkt Oberfeld ❺**, 1830 m.

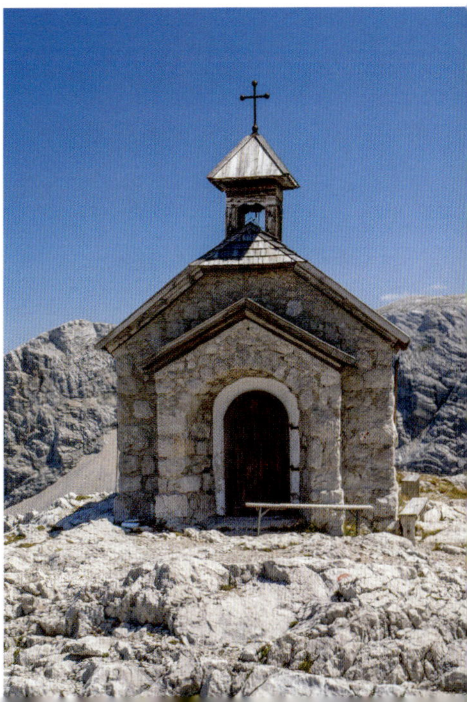

Die über hundert Jahre alte Dachsteinkapelle neben der Simonyhütte.

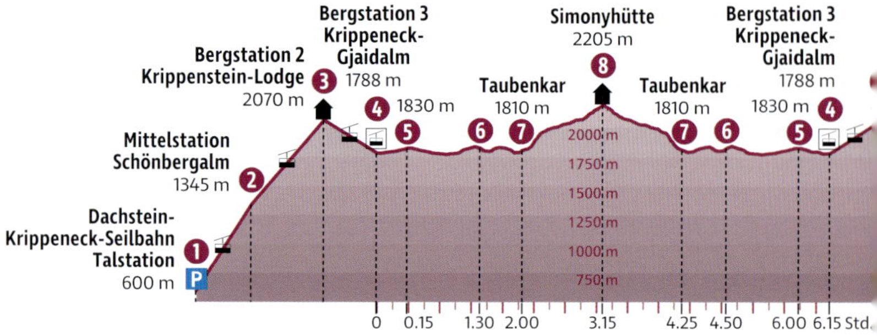

Auf Weg Nr. 650 und 654 wandern wir westwärts, an mehreren Abzweigungen vorbei, im Auf und Ab über die von Latschen bewachsene Karrenhochfläche zu einer wichtigen **Verzweigung** ❻, 1830 m. Hier gehen wir halb links auf Weg Nr. 650 nach Süden hinab in eine grüne Mulde (Kreidgrube), dann über Karrenfelsen, an malerischen Zirben vorbei, südwärts weiter, schließlich schwenkt unser Weg nach rechts (Westen) hinunter in die Mulde des **Taubenkares** ❼. Jetzt steigen wir über eine sehr steile schrofige Rampe mühsam nach Südwesten hinauf zum querenden »Reitweg« (Nr. 601) von Hallstatt her. Auf ihm geht es nun nach links (Süden) über Karrenplatten aufwärts, dann von rechts her über einen letzten steilen Felsaufschwung in Kehren empor zur **Simonyhütte** ❽, 2205 m.

Die **Rückkehr** zur **Talstation** ❶ der Dachstein-Krippenstein-Seilbahn erfolgt auf der bekannten Route.

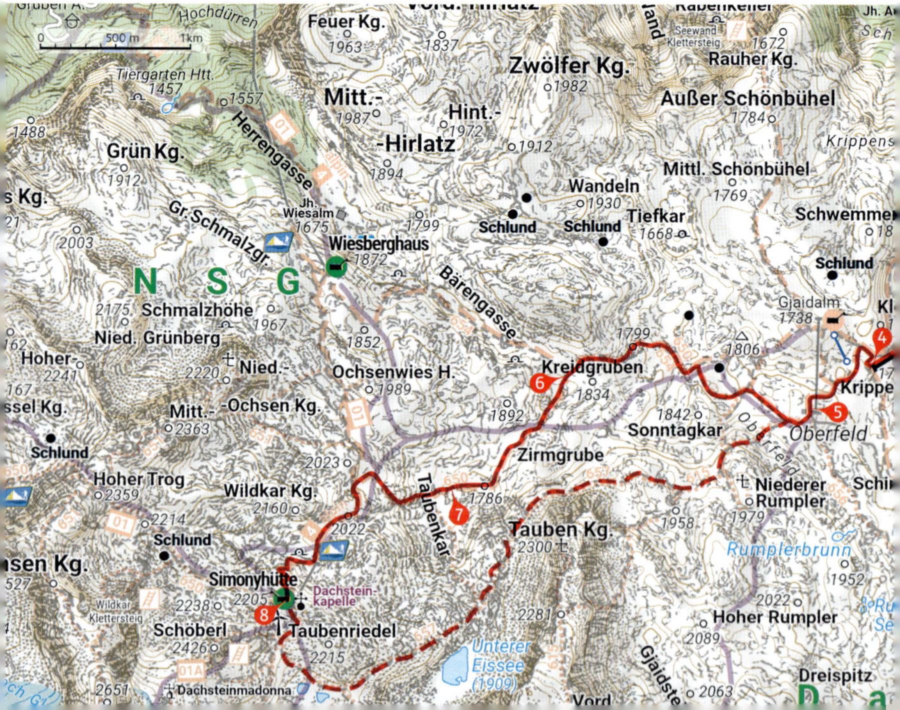

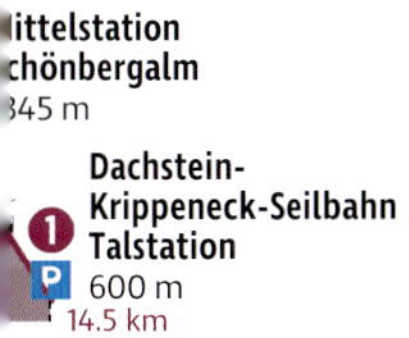

EINKEHR

Gjaid Alm: 15-Minuten-Abstecher von der Bergstation 3; 70 Schlafplätze; 1. Juni bis 26. Oktober geöffnet; Tel. +43 6131 596, gjaid.at.
Simonyhütte: 136 Schlafplätze; 20. Mai bis 5./10. Oktober geöffnet; Tel. +43 680 2196374, simonyhuette.at.
Krippenstein-Lodge: An der Bergstation 2 der Dachstein-Krippenstein-Seilbahn; 70 Schlafplätze; ganzjährig geöffnet; Tel. +43 6131 21801 oder +43 664 3804054, lodge.at.

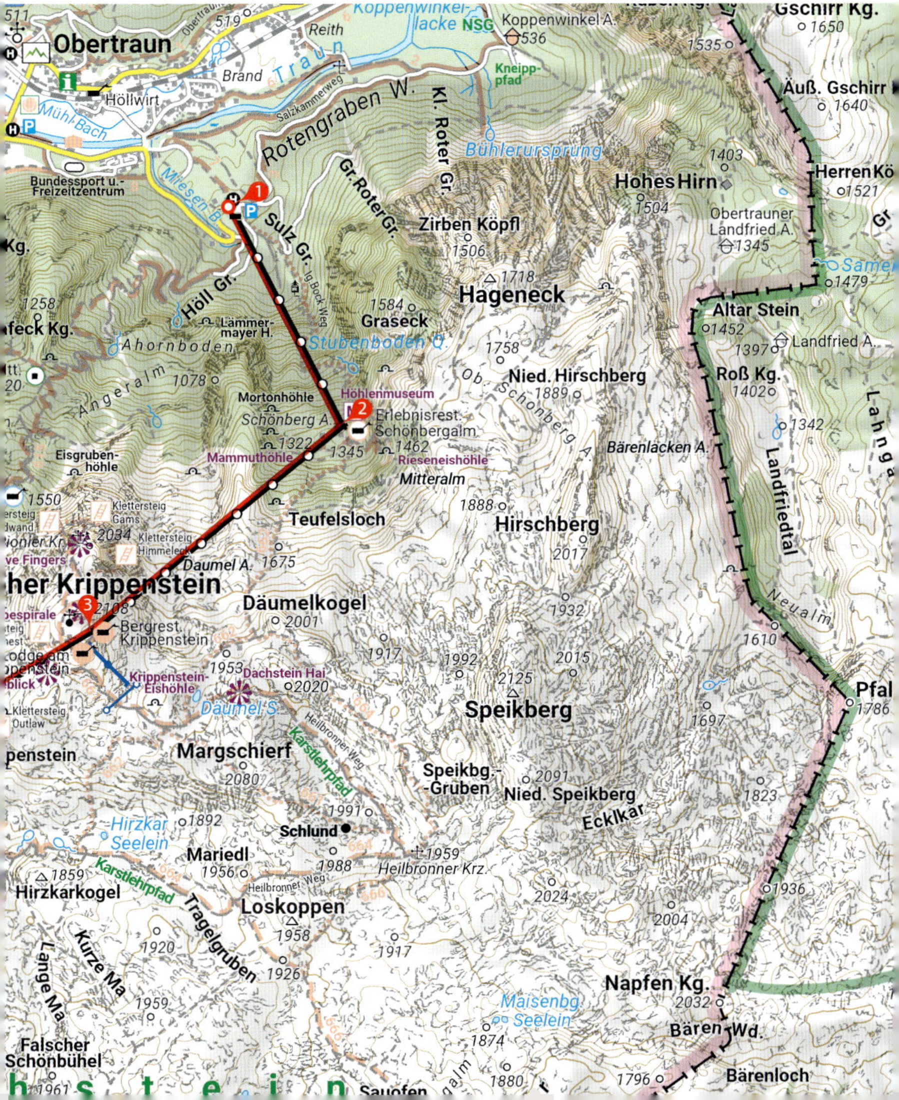

31 Blaa-Alm, 902 m

Der berühmte Wiesenweg von Altaussee

2.30 Std. | 10,5 km | ↗ 220 m | ↘ 220 m

Genusswanderung für besondere Tage

Zu den bekanntesten und am stärksten frequentierten Almen nicht nur des Salzkammerguts, sondern überhaupt Österreichs, gehört die Blaa-Alm nördlich von Altaussee, am Wiesensattel zwischen Loser und Sandling und somit am Übergang vom Ausseerland zur oberösterreichischen Kaiserstadt Bad Ischl. Der wunderbare Wiesenweg von Altaussee durch das Tal des Augstbaches wird jährlich von Tausenden von Wanderern begangen. Auch wenn diese Tour durch das erweiterte Skiresort Loser Bergbahnen Altaussee spürbare Beeinträchtigungen erfahren hat, ist sie immer noch sehr attraktiv. Der Weg durch blühende Wiesen, an idyllischen Almhütten und Heustadln vorbei bleibt sicher allen Wanderern unvergesslich!

Ausgangspunkt: Hotel Villa Salis im Ortszentrum von Altaussee, 723 m; Bushaltestelle »Altaussee Zentrum« (Linie 955), teils kostenpflichtige Parkplätze); westlich und damit etwas abseits vom gleichnamigen See.
Anforderungen: Bequeme Wanderung auf markierten Fahr- und Fußwegen.
Kinder: Ideale Kindertour! Beim Gasthof Blaa-Alm gibt es einen Kinderspielplatz und ein Murmeltier-Gehege.
Gipfelmöglichkeit: An der Blaa-Alm bietet sich die Besteigung des aussichtsreichen Sandling an, der auf bezeichneten Wegen über die Ausseer Sandlingalm in 3.30 Std. erreicht werden kann.
Hinweis: Die Begehung des »Wiesenweges« ist besonders zur Zeit der Narzissenblüte im Mai zu empfehlen.

Unterwegs auf dem Wiesenweg zur Blaa-Alm.

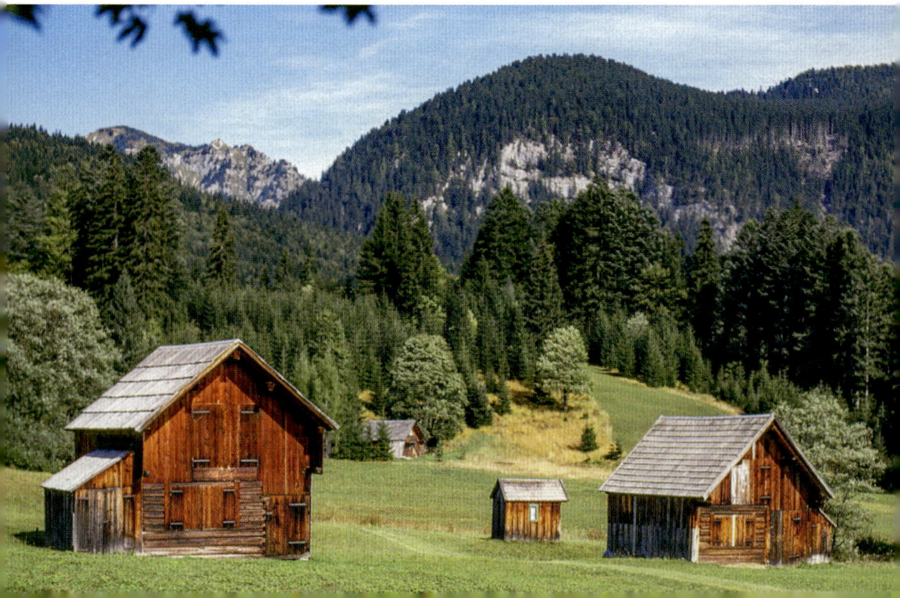

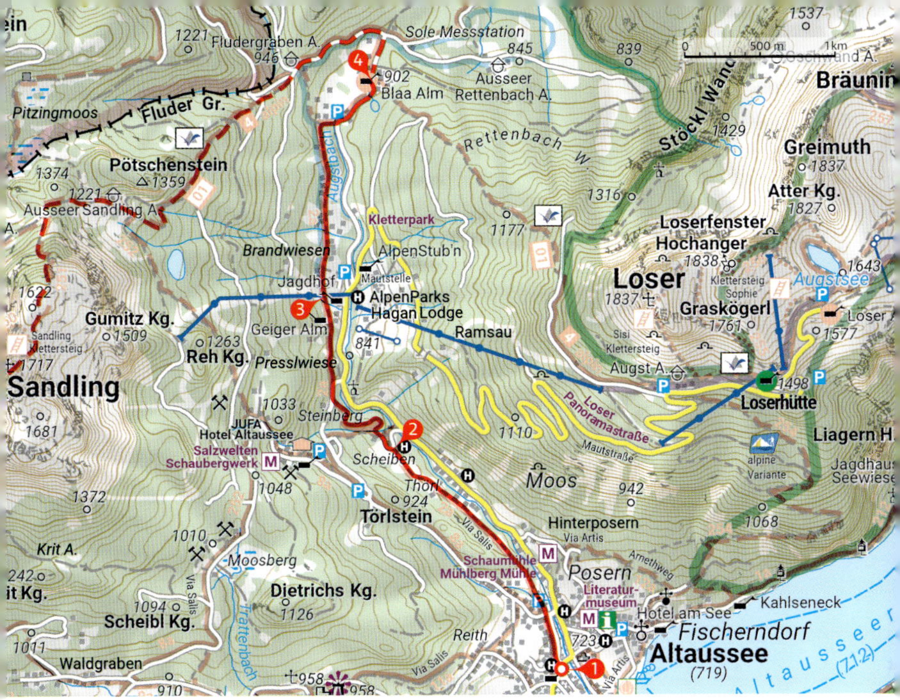

EINKEHR

Gasthof Blaa-Alm: 34 Schlafplätze; im November Betriebsurlaub, sonst immer geöffnet, außer Juli und August Montag und Dienstag Ruhetag; Tel. +43 3622 71102, blaa-alm.co.at.

Vom Hotel **»Villa Salis«** ❶ in **Altaussee** gehen wir die Asphaltstraße links des Augstbaches nach Nordwesten, queren dabei die Salzbergstraße und kommen an den Anfang eines Karrenweges (»Wiesenweg«, Nr. 2a). Auf diesem steigen wir vorerst durch Wald, dann über gemuldete Wiesen sanft aufwärts zu den Häusern von **Scheiben** ❷, 800 m, wo wir uns links halten. Nachdem wir den Saggraben überquert haben, wandern wir, immer dem Wanderweg folgend, durch das sich verschmälernde Waldtal in Windungen nach Nordwesten hinauf und westlich am **Skiresort Loser Bergbahnen Altaussee** ❸, 870 m, vorbei.

Danach führt unsere Wanderung besonders schön über weite Wiesenflächen mit malerischen Heuhütten nach Norden, später kurz durch Wald zu einem querenden Forstweg. Auf ihm gehen wir 100 m nach rechts zur Blaa-Alm-Zufahrtsstraße, der wir schließlich links zum nahen **Gasthof Blaa-Alm** ❹, 902 m, folgen.

Die **Rückkehr** nach **Altaussee** ❶ erfolgt auf demselben Weg.

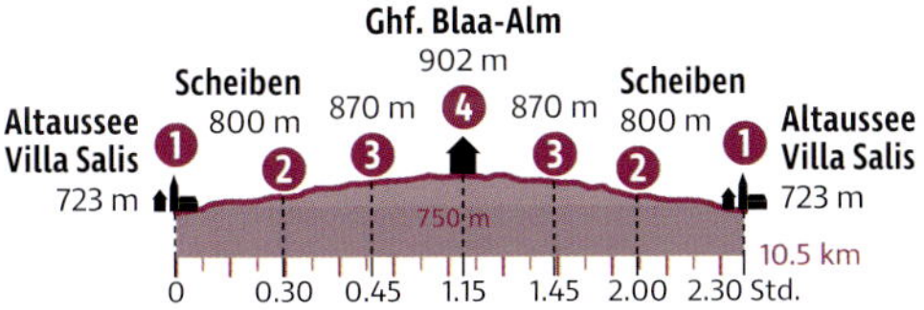

32 Vordere und Hintere Sandlingalm
Rundwanderung vom Ausseer Salzbergwerk

TOP | 4.00 Std. | 10,8 km | ↗ 560 m | ↘ 560 m

Spektakulärer Almen-Ringweg unterm Sandling
Die Umwanderung des Sandlingstocks bei Bad Aussee gehört fraglos zu den empfehlenswertesten Touren im steirischen Salzkammergut, schon allein deshalb, weil auf ihr gleich zwei Almjuwele, die Vordere und Hintere Sandlingalm (auch »Ausseer Sandlingalm«), berührt werden. Sind es auf der Hinteren Sandlingalm das malerische Ambiente, der Blick auf den wuchtigen Loserstock, so beeindrucken an der Vorderen die Aussicht auf König Dachstein und das wuchtige Felskastell des Sandling. Die Jausenstation dort ist von Anfang Juni bis Mitte September geöffnet, sodass es sich lohnt, länger zu verweilen, um die großartige Bergnatur ringsum, aber auch verschiedene heimische Schmankerl zu genießen. Wir starten die Tour beim Ausseer Salzbergwerk, das von April bis Oktober im Rahmen von Führungen besichtigt werden kann.

Ausgangspunkt: Altausseer Salzbergwerk »Salzwelten«, 950 m, mit Großparkplatz; am Steinberg, 4,5 km nordwestlich oberhalb von Altaussee.
Zufahrt ab Altaussee (Gemeindeamt) auch per Ruftaxi »Salzkammergut Shuttle-Service Ausseerland« (Linie 810), Tel. +43 50 422422, salzkammergutshuttle.at; An- und Rückfahrt täglich, also auch feiertags, zu jeder vollen und halben Stunde zwischen 7 und 22 Uhr (Bestellung mindestens eine Stunde vorher mit Anruferkennung).
Anforderungen: Mittellange Wanderung auf meist gut markierten Wegen.
Kinder: Die Wanderung eignet sich schon wegen des möglichen Salzbergwerk-Besuchs zu Beginn oder am Ende der Tour gut in Begleitung mit Kindern. Für Kinder etwas »belastend« ist nur die abschließende lange Straßenwanderung ab Waldgraben.
Gipfelmöglichkeit: Im Übergang von der Hinteren zur Vorderen Sandlingalm kann von einer Schulter mit Wegteilung der Sandling-Gipfel über den Nordrücken lohnend bestiegen werden. Links vom Hauptweg (Nr. 252) biegen wir ab und wandern auf Weg Nr. 251 den Rücken durch Wald und Buschwerk sehr steil hinauf, später über zwei Felsaufschwünge (Drahtseile) zu der von Latschen bewachsenen Karrenhochfläche des Berges. Über sie, links am P. 1622 m vorbei, gelangen wir nach Süden zur Senke vor dem Hauptgipfel und hinauf zu einer Teilung. Nun geht es geradeaus über Felsstufen auf den nach Westen in Wänden abstürzenden Gipfel des Sandling, 1717 m. Gesamter zusätzlicher Zeitaufwand: 2.45 Std.
Hinweis: Das Altausseer Salzbergwerk »Salzwelten« kann von 1. April bis 2. November zu jeder vollen Stunde im Rahmen von Führungen besichtigt werden. Jeden Mittwoch 17 Uhr auf Anmeldung Abendführungen (+43 6132 200 2400, salzwelten.at).

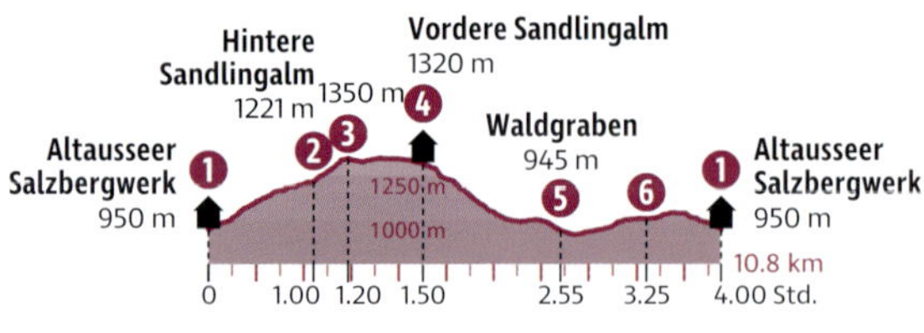

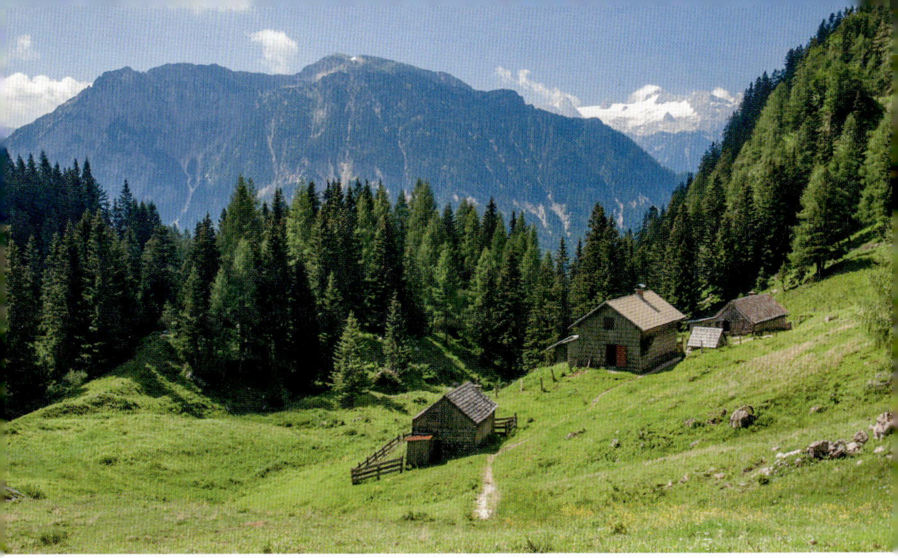

Die Vordere Sandlingalm mit Blick auf Sarstein und Dachstein.

Vom **Altausseer Salzbergwerk** ❶ gehen wir auf einer Asphaltstraße durch einen Graben bergauf nach Nordwesten. An einer Linkskehre beim Stollen »Kriechbaumberg« verlassen wir die Straße nach rechts auf Weg Nr. 252 und wandern, zwei Skipisten und eine Sessellift-Trasse kreuzend, am bewaldeten Ostabhang des Sandling nach Nordwesten empor zu einer Verzweigung an der **Hinteren Sandlingalm** ❷, 1221 m, auch »Ausseer Sandlingalm« genannt.

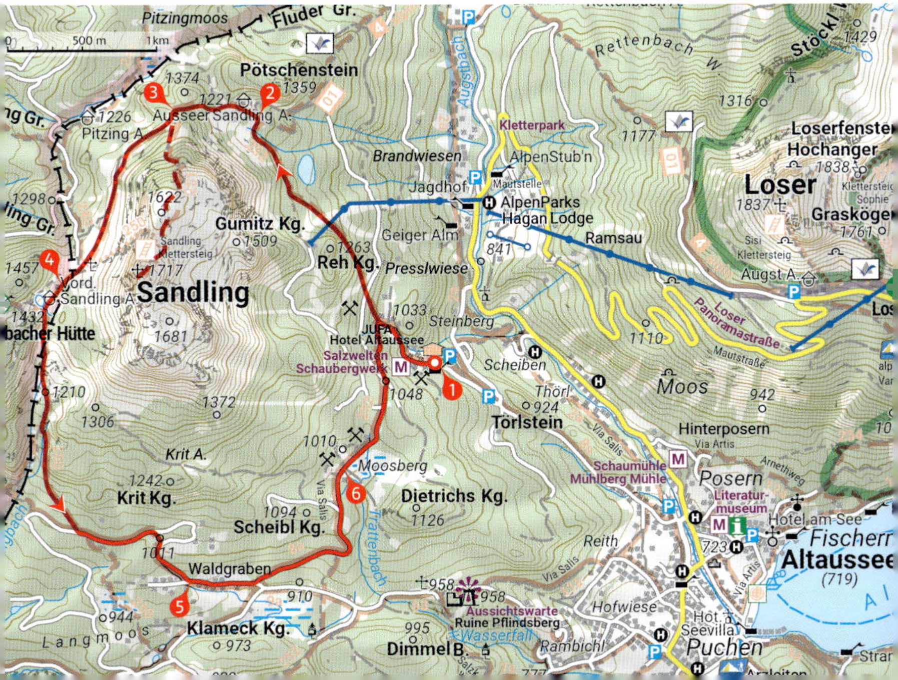

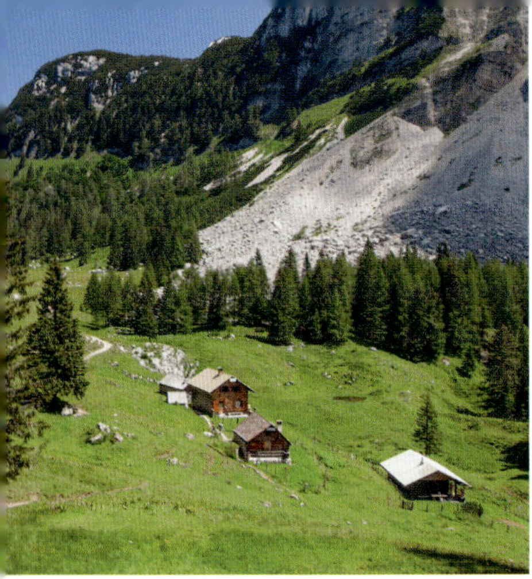

Malerische Almhütten auf der Vorderen Sandlingalm.

Wir wählen links den Weg Nr. 252, an Heuhütten vorbei und nach Westen hinauf. An der nächsten Wegteilung gehen wir nach links empor in den Wald und dort in einen Sattel, 1330 m, danach weiter zu einer **Schulter ❸** mit dem Linksabzweig zum Gipfel des Sandling. Hier halten wir uns geradeaus und wandern auf Weg Nr. 252 quer durch die bewaldete Westseite des Berges in den Sattel zwischen Sandling und Sonnkogel. An der Verzweigung dort steigen wir die sanfte Wiesenmulde kurz südwärts hinab zur **Vorderen Sandlingalm ❹**, 1320 m. Von der Jausenstation aus bietet sich ein wunderbarer Blick zum Dachstein.

Weiter geht es auf Weg Nr. 250, an der Rechtsabzweigung zur nahen Lambacher Hütte vorbei (auf einem Serpentinensteig über einen steilen Waldhang in 25 Minuten zu erreichen), die Mulde weiter bergab in den Wald. Dort wandern wir zunächst durch einen Graben, später über den Rücken links von ihm steil hinab in ein Quellengebiet, danach zu einer querenden Forststraße. Dieser folgen wir nach links aufwärts zur Rechtsabzweigung von Weg Nr. 250. Wir gehen auf der jetzt unbezeichneten Straße eben fort, bis sie zu steigen beginnt. Dann biegen wir rechts ab und wandern auf einem bezeichneten Fußweg nach Süden abwärts, später auf einem Karrenweg zu den Häusern von **Waldgraben ❺**.

Auf der querenden Naturstraße gehen wir nach links und gelangen nach 450 m zu einer Wegteilung, an der wir uns erneut links halten. Auf einer Straße (Weg Nr. 252 und 8a) geht es nun durch Wald und über Wiesen in Nordrichtung aufwärts zu einer Anhöhe, 1040 m. Jenseits hinab auf die Moorhochfläche **Moosberg ❻**, 1010 m, mit Blick auf den Loser und dem Eingang zu einem Stollen. Wir wandern weiter geradeaus (nordwärts) und durch Wald hinauf zur nächsten Anhöhe mit einer Verzweigung dreier Straßen. Auf der mittleren, asphaltierten Straße gehen wir nach Norden hinab in einen Graben und durch ihn nach rechts zurück zum **Altausseer Salzbergwerk ❶**.

EINKEHR

Buffet im Altausseer Salzbergwerk: Keine Übernachtung, mit dem Bergwerk geöffnet (siehe oben unter »Hinweis«).

Jausenstation Vordere Sandlingalm: Keine Übernachtung; die private Almhütte ist nur temporär bei Bestoßung mit Almvieh, ca. 25. Mai/1. Juni bis 15. September, geöffnet.

Lambacher Hütte: Kleiner Abstecher; Selbstversorgerhütte, aber Getränketankstelle mit Kassa hinter der Hütte; 25 Schlafplätze (Übernachtung nur mit Voranmeldung); 1. Juni bis 26. Oktober an Wochenenden und Feiertagen betreut; Tel. +43 664 6158379, alpenverein.at/lambacherhuette.

Zimitzalm und Zimitz-Wasserfall

Vom Grundlsee-Nordufer zur Seidlhütte

2.00 Std. | 5,1 km | ↗ 290 m | ↘ 290 m

Almidylle und Wasserfall-Getose unterm Toten Gebirge

Als Wanderparadies der besonderen Art erweist sich die Umgebung des »Steirischen Meeres«, des Grundlsees, mit fünf Quadratkilometern Oberfläche der größte See der Steiermark. Das Zimitztal im Norden des Gewässers birgt in seinem Talschluss das auf einer Waldwiese idyllisch gelegene Juwel der Zimitzalm und im mittleren Bereich den Zimitz-Wasserfall. Um beide Highlights bei optimalen Verhältnissen zu bestaunen, sollte man von vornherein zwei Besuche einplanen. Denn der Wasserfall zeigt seine ganze Wucht und Pracht nur zur Zeit der Schneeschmelze im Frühling. Dagegen hat die Jausenstation Seidlhütte auf der Zimitzalm ihre Pforten täglich nur im Juli und August, ansonsten vorwiegend an den Wochenenden geöffnet.

Ausgangspunkt: Parkplatz Zimitzbach, 720 m; Bushaltestelle »Gößl Ladner« (Linie 956) an der Straße 200 m weiter westlich; an der Grundlsee-Uferstraße beim Murbodenhüttl, 9 km nordöstlich von Bad Aussee.

Anforderungen: Kurze problemlose Wanderung auf gutem, aber unmarkiertem Weg.

Kinder: Ein Besuch der Zimitzalm eignet sich hervorragend auch in Begleitung von Kindern, die entlang des oberen Zimitzbachs (mit vermoderten Bäumen und moosigen Felsen gibt er ein ideales Spielgewässer ab!) und auf den Almwiesen rings um die Seidlhütte ein herrliches Spielgelände vorfinden. Vorsicht ist jedoch beim Besuch des Zimitz-Wasserfalls geboten (mit Kindern nicht in den Schluchtgrund absteigen!).

Varianten: 1. Vom Aussichtsplatz Zimitz-Wasserfall, 860 m, können Geübte auf einem unbefestigten Pfad vorsichtig weiter bis in den Schluchtgrund, 850 m, absteigen. 5 Min. zusätzliche Gehzeit.

2. Der Besuch der Zimitzalm kann mit dem Übergang zur östlich gelegenen Schwaiber Alm, 1113 m, zu einer Rundtour erweitert werden. Zur Schwaiber Alm geht es auf einem spärlich bezeichneten Fahr- und Fußweg. Der Abstieg von dort erfolgt auf Weg Nr. 213 über Schachen zum Murbodenhüttl und zurück zum Parkplatz Zimitzbach. 1.30 Std. zusätzliche Gehzeit.

Vom **Parkplatz Zimitzbach** ❶ wandern wir auf einer Forststraße im Wald nach Norden aufwärts. Wir passieren eine aufgelassene Schottergrube und kommen 160 m weiter an die beschilderte Abzweigung eines Fußweges, der scharf links bergauf führt. Wir folgen diesem durch lichten Wald im Rechtsbogen bergan zu einem schönen, breiten Waldweg.

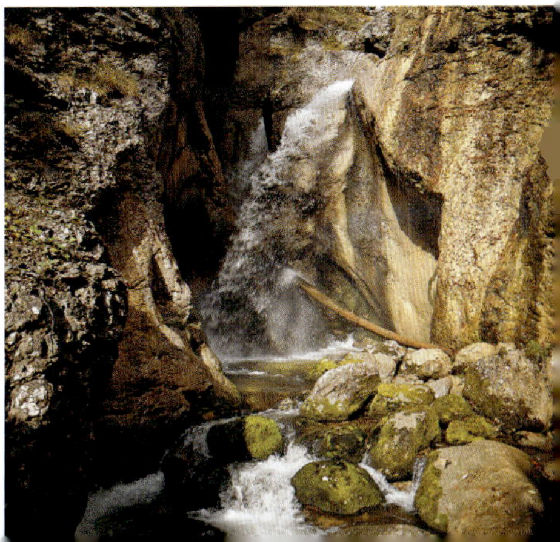

Im Frühjahr ein Inferno: der Zimitz-Wasserfall.

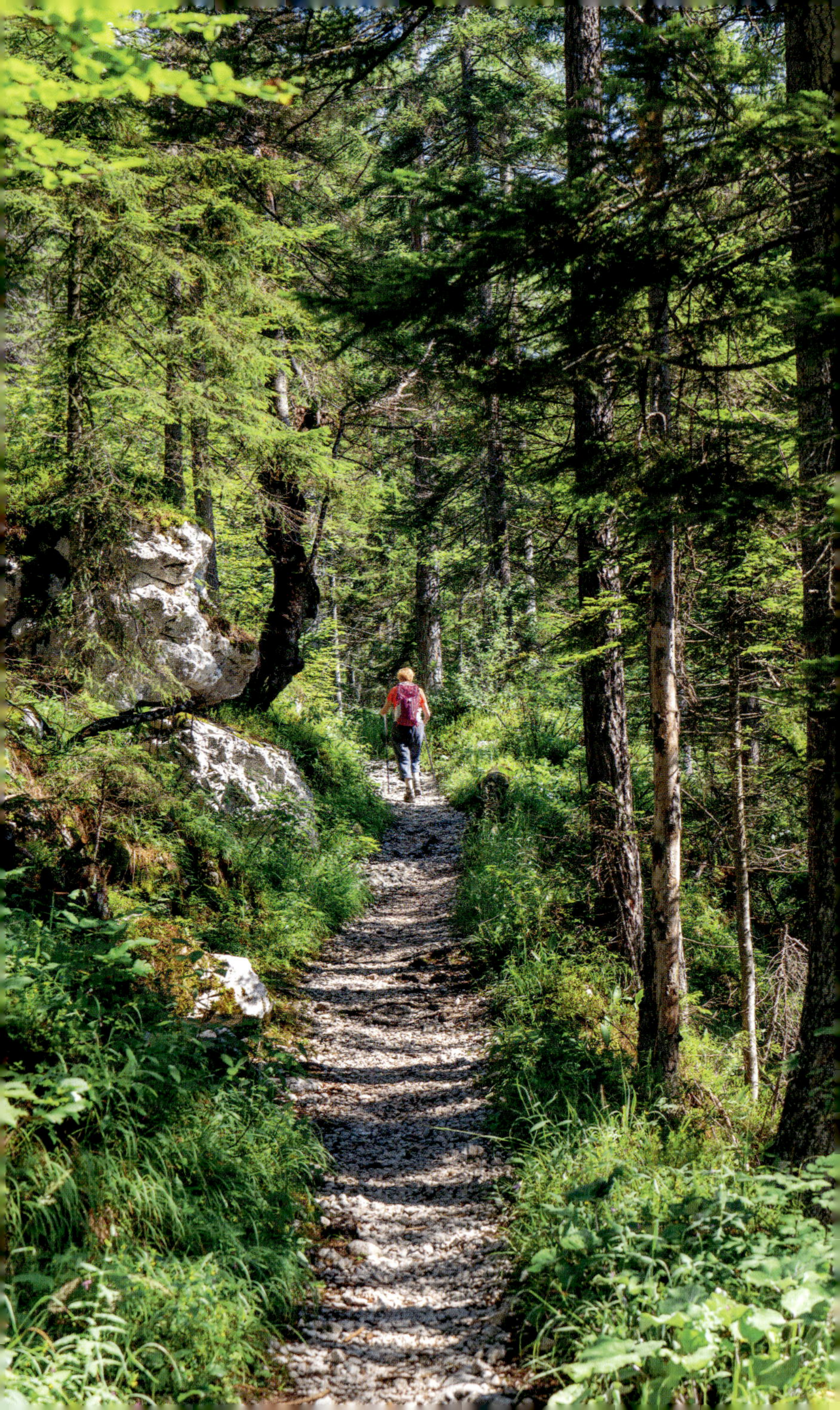

EINKEHR

Gasthaus Murbodenhüttl: Nahe Ausgangspunkt; keine Übernachtung, ganzjährig geöffnet; Tel. +43 3622 8588; schöner Badeplatz am unverbauten Grundlsee-Ufer.

Jausenstation Seidlhütte: Auf der Zimitzalm; keine Übernachtung; im Juli und August täglich 10–16 Uhr, davor und danach an Wochenenden geöffnet.

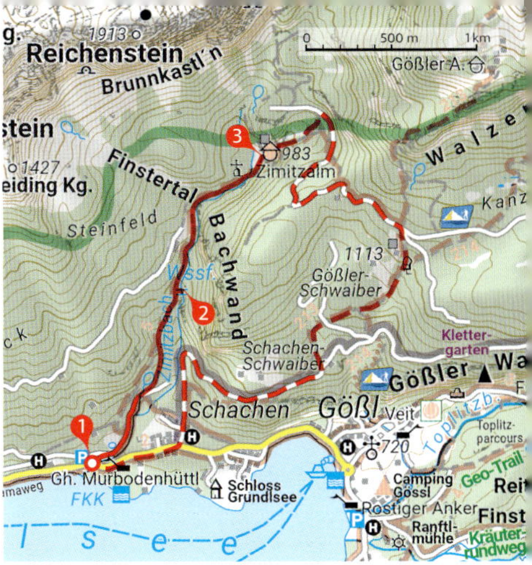

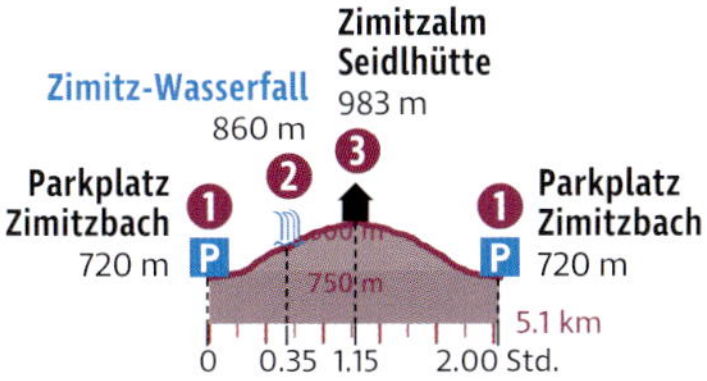

Diesen Weg Nr. 5 wandern wir an der linken Talseite nach Nordosten aufwärts zu einer Verzweigung. Hier gehen wir auf einem unmarkierten Steig kurz hinab zum abgezäunten **Aussichtsplatz Zimitz-Wasserfall** ❷, 860 m.

Zurück am Hauptweg geht es rechts weiter, immer neben oder über dem rauschenden Zimitzbach. Zuletzt queren wir den Bach nach rechts und steigen hinauf zu den auf einer ausgedehnten Waldwiese gelegenen malerischen Holzhütten der **Zimitzalm** mit der kleinen, als Jausenstation geführten **Seidlhütte** ❸, 983 m. Von hier bieten sich eine eindrucksvolle Aussicht auf die grandiose Südwand des Reichenstein und ein imponierender Fernblick zum Dachstein.

Der **Abstieg** erfolgt auf demselben Weg.

Links: Ein bequemer Wanderweg leitet vom Grundlsee-Ufer zur Zimitzalm.
Unten: Einkehr im Talschluss: die Seidlhütte auf der Zimitzalm.

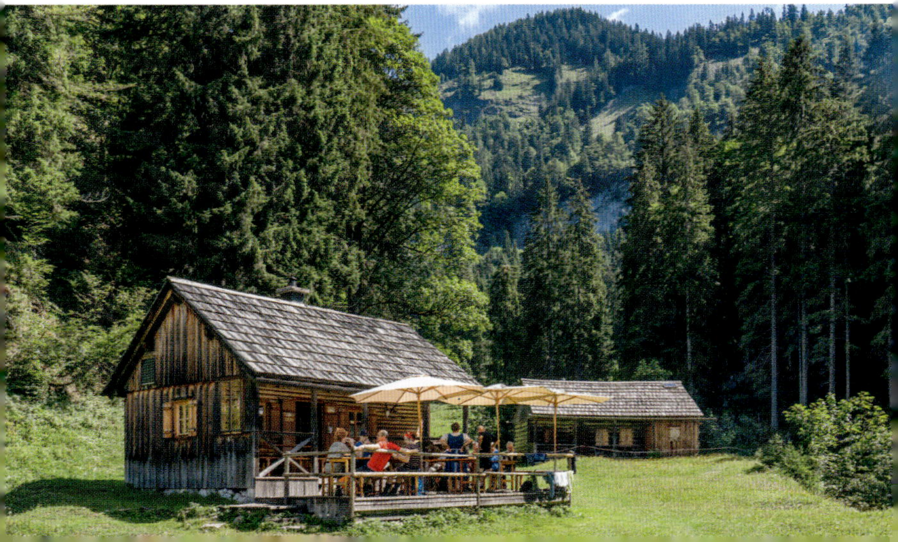

34 Pühringerhütte, 1637 m

Vom Grundlsee über Lahngangseen

6.15 Std. | 18,8 km | ↗1020 m | ↘1020 m

Bergsteigernest inmitten der Einöde des Toten Gebirges

Sogar in dem an Naturschönheiten überreichen Salzkammergut gibt es kaum Touren, die es mit dem Hüttenzugang zur Pühringerhütte aufnehmen könnten. Es ist eine Wanderung der Superlative durch herrliche Bergwälder, durch Kare und über Plateaus, mit faszinierenden Aus- und Tiefblicken auf die blaue Wasseroberfläche des Grundlsees und zu den Gletschern von Bergmajestät Dachstein. Dass man auf halbem Weg so ganz einfach und ungeniert am Landschaftsjuwel des Vorderen Lahngangsees vorbeiwandert, ist fast eine Sünde, würde doch dieses Highlight für sich allein einen selbstständigen Besuch verdienen.

Ausgangspunkt: Parkplatz bei Schachen, 730 m, 100 m westlich der Bushaltstelle »Gößl Schachen« (Linie 956), am Nordufer des Grundlsees, 10 km von Bad Aussee.
Anforderungen: Unschwierige Wanderung auf bezeichneten Wegen mit beachtlichem Höhenunterschied, bei Zwischenübernachtung in der Pühringerhütte jedoch nicht übermäßig anstrengend. Trittsicherheit im unwegsamen, zerfurchten Karrengelände nötig. Nur bei nebelfreiem Wetter!
Kinder: Von der Anstiegslänge und dem beachtlichen Höhenunterschied abgesehen ist diese Wanderung, sofern unterwegs Pausen (z. B. am schönen Lahngangsee) eingelegt werden und an der Pühringerhütte übernachtet wird, auch mit gehfreudigen Kindern anzuraten.
Gipfelmöglichkeit: Von der Pühringerhütte kann der aussichtsreiche Gipfel des Elm lohnend bestiegen werden: Auf einem markierten Steig (keine Nummer) geht es durch den Felsabbruch des Rauen Elm nach Osten empor auf ein Plateau. Dort steigen wir durch Wiesen, Latschen und lichten Baumbestand nach rechts (Südwesten) hinauf, später über Karrenfelsen, an Dolinen vorbei, an den breiten Nordostrücken des Berges und über diesen zu einer Terrasse empor. Nun geht es im steilen, felsigen Gelände weiter auf den kreuzgeschmückten Gipfel des Elm, 2128 m. Gesamter zusätzlicher Zeitaufwand 2.30 Std.

EINKEHR

Gasthaus Murbodenhüttl: Abstecher 500 m westlich des Ausgangspunkts; keine Übernachtung; ganzjährig geöffnet; Tel. +43 3622 8588; schöner Badeplatz am unverbauten Grundlsee-Ufer.
Pühringerhütte: 80 Schlafplätze; 1. Juni bis 5./10. Oktober durchgehend geöffnet; Tel. +43 664 5443368, alpenverein.at/puehringerhuette.

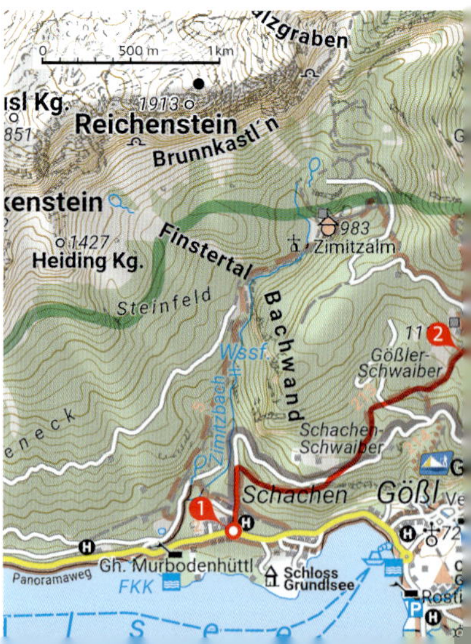

Von **Schachen** ❶ wandern wir entlang einer Forststraße nach Norden aufwärts zu einer Verzweigung. Wir biegen rechts ab und folgen dem Fußweg Nr. 213, die Straße einmal kreuzend, an den Waldhängen in Ost-, später in Nordostrichtung bergauf zur Rechtseinmündung von Weg Nr. 214 und auf ihm zur Bergschulter bei der **Schwaiber Alm** ❷, 1080 m. An der Wegteilung dort halten wir uns rechts und wandern weiter auf Weg Nr. 214 durch schönen Bergwald, dann über eine lang gestreckte Wiese in Nordostrichtung hinauf zum bewaldeten Kanzlermoos-Plateau. Nachdem wir dieses gequert haben, geht es an den Steilhängen des »Walzen« durch Wald und über Kahlschläge sowie an einer Quelle vorbei nach Nordosten aufwärts zum Felsgrat des **Drausengatterls** ❸, 1380 m.

Wir folgen dort einem guten Steig unter einer überhängenden Felswand nach links hinab zu den steilen Schutthängen unterhalb der Graswand. Bei der anschließenden langen Querung der Hänge schräg nach rechts, empor zur Geländerampe des Schafbühel kann es am Vormittag heiß werden. Über Karrenfelsen geht

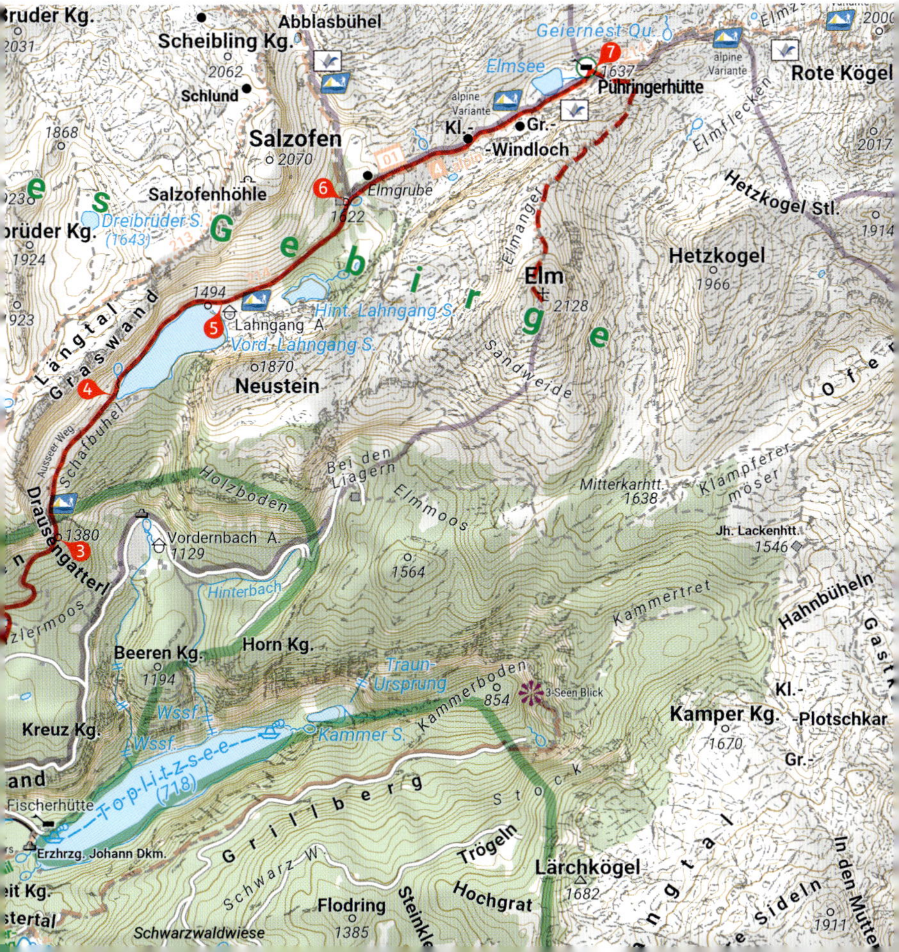

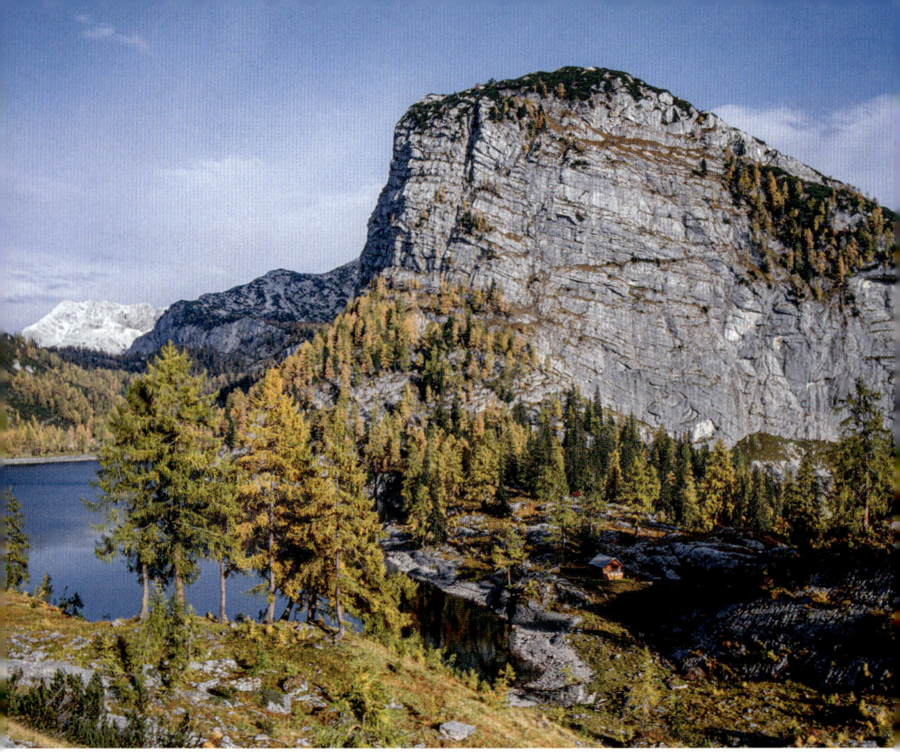

Der Vordere Lahngangsee, überragt vom Felspodest des Neusteins.

es eben weiter, dann durch die Mulde zwischen Schafbühel und Graswand hinab zum **Vorderen Lahngangsee** 4, 1494 m. Auf einem schönen Weg an seinem linken, westlichen Ufer entlang wandern wir zum Nordende des Sees bei der unbewirtschafteten **Lahngangalm** 5, 1496 m.

Von hier verläuft unser Weg links oberhalb des im Wald verborgenen **Hinteren Lahngangsees** und führt uns zwischen Lärchen in Nordostrichtung weiter aufwärts zu den Jagdhütten der **Elmgrube** 6, 1622 m. Hier halten wir uns an der Verzweigung rechts und wandern auf dem breiten Weg Nr. 201 und 214 durch sanft ansteigendes, von einzelnen Lärchen bestandenes Gelände nordostwärts zum Elmsee und weiter zur **Pühringerhütte** 7, 1637 m.

Zurück zum Parkplatz bei **Schachen** 1 geht es auf derselben Route.

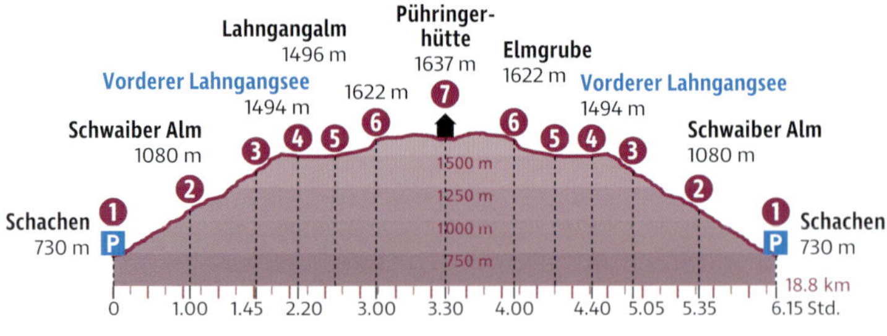

Weißenbachalm, 1326 m
Zugang über die Almzufahrt von Anger

35

3.30 Std. | 11,9 km | ↗ 540 m | ↘ 540 m

Eine Wiesenoase unterm Türkenkogel

Das ist eine Almroas, die sich eingefleischte »Ausseerländer« mindestens einmal im Jahr gönnen, nämlich die der Weißenbachalm in einem Seitental südlich von Bad Aussee. Auf der alljährlich im Juli stattfindenden Bergmesse, bei der an den meisten Almhütten ausgeschenkt und aufgespielt wird, geben sich Liebhaber uriger Almfeste ein Stelldichein. Dass die Alm über eine Bergstraße erreicht werden kann, hat den Vorteil der ganzjährig möglichen Erreichbarkeit, wobei im Sommer sogar mit dem Kinderwagen bis zur Alm gefahren werden kann. Verbindet man den Almbesuch mit einer Besteigung des nahen Türkenkogels, erhält man als Lohn und Draufgabe zu den leiblichen Genüssen auch Gipfelglück und Panoramablick.

Ausgangspunkt: Bad Aussee, Ortsteil Anger, Bushaltestelle »Straßen Anger« (Linie 957; verkehrt nur 2-mal täglich Montag bis Freitag) im Ortszentrum, 790 m, an der Ortsdurchfahrtsstraße nahe der Abzweigung zum Grundlsee (Grubenstraße), 3 km westlich von Bad Aussee; Parkmöglichkeit im Ortszentrum von Anger.

Anforderungen: Einfache Straßenwanderung. Bei jedem Wetter und auch im Winter möglich, dann allerdings ohne Einkehrmöglichkeit.

Kinder: Da der Weg auf einer Forststraße verläuft, ist er mit Kindern und mit Kinderwagen gut zu bewältigen. Für Kinder ist die Tour dennoch nicht zu empfehlen, weil sie ihnen nicht genug Abwechslung bietet.

Gipfelmöglichkeit: Für trittfeste Geher empfiehlt sich eine Besteigung des aussichtsreichen Türkenkogels: Von der Jausenstation Weißenbachalm geht es kurz nach Norden empor in den Wald und dort auf dem markierten Steig Nr. 259 an den steilen Südflanken des Weißenbachkogels, teils in Kehren schräg nach rechts (Osten) aufwärts an den Türkenkogel-Westrücken. Über diesen wandern wir durch lichten Nadelwald und über Wiesen sanft bergauf, dann steiler hoch an den Gipfelkamm. Im Auf und Ab folgen wir dem Weg über mehrere Latschenkuppen hinweg und kurz hinab in den Sattel, 1610 m, vor dem Gipfelaufbau. Schließlich steigen wir empor zum höchsten Punkt des Türkenkogels, 1756 m, mit weitem Blick über das Ausseer Bergland. 400 m Steilanstieg auf markierten Wegen, in Summe 3 Std. zusätzlicher Zeitaufwand.

Tipp: Besuchenswert ist die alljährlich an einem Sonntag Mitte Juli stattfindende Bergmesse an der Weißenbachalm (freie Auffahrt mit Privatautos zur Alm, Ausschank an allen Hütten; Auskunft Tourismusbüro Bad Aussee, Tel. +43 3622 54040).

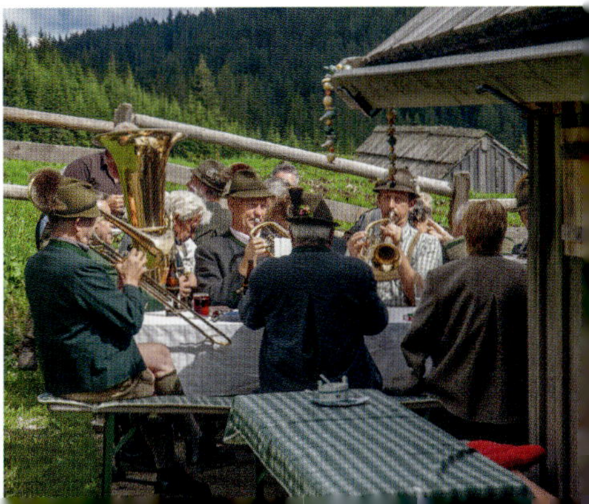

Anlässlich der Bergmesse im Juli wird auf der Weißenbachalm zünftig »aufgspielt«.

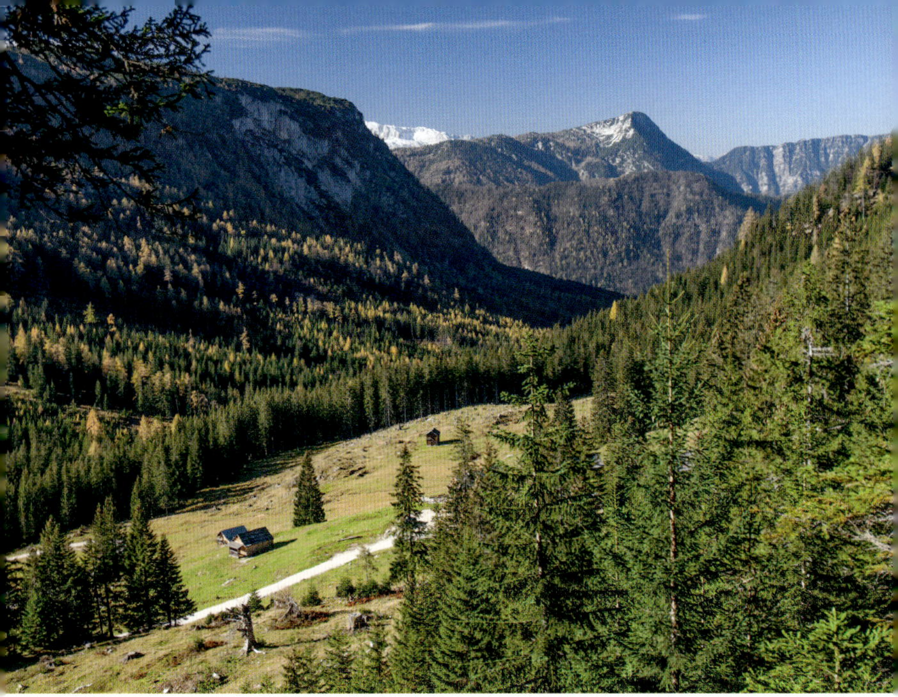

Die Wiesenoase der Weißenbachalm vor dem pultförmigen Zinken.

Von der Bushaltestelle in **Anger** ❶ gehen wir auf der Ortsdurchgangsstraße zunächst 100 m nach Südosten und biegen dann nach links in die Grubenstraße in Richtung Grundlsee. Wir folgen der Asphaltstraße, bis wir nach knapp 200 m nach Nordosten in die Weißenbachstraße abbiegen. Auf dieser Naturstraße (Weg Nr. 6 und 259) wandern wir nun über Wiesen und durch lichten Wald aufwärts nach Südosten zu einer Wegteilung. Dort halten wir uns rechts, passieren eine Schranke und folgen der Straße

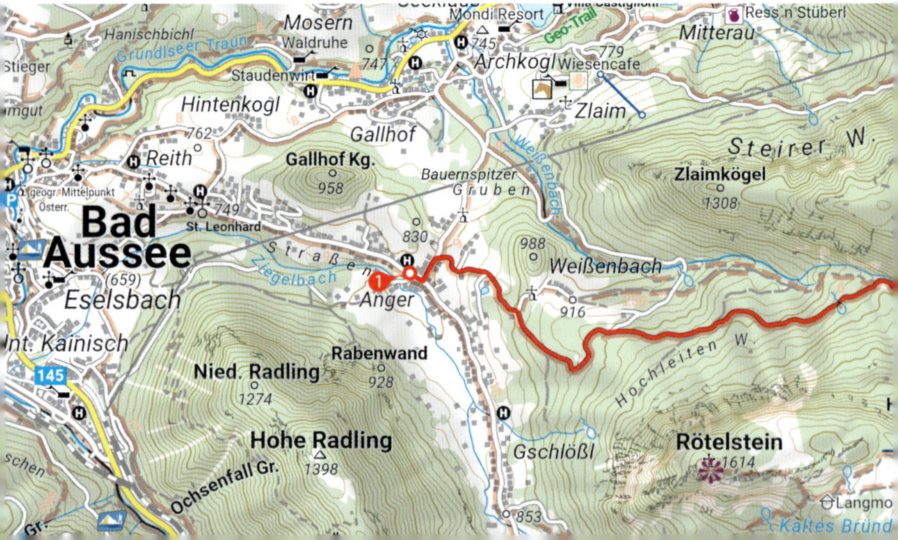

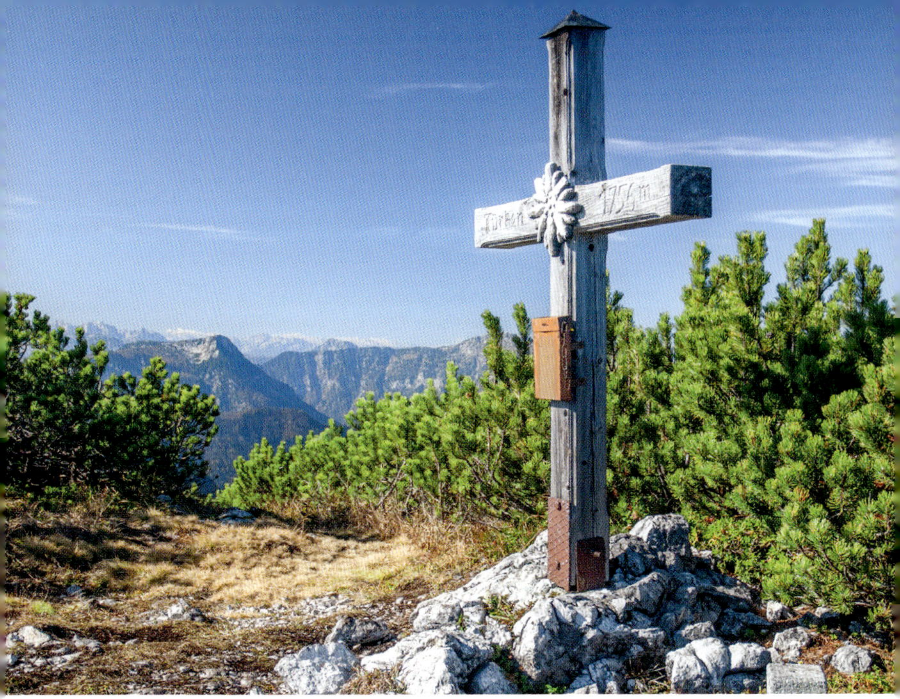

Das Gipfelkreuz am Türkenkogel.

weiter bergauf. Später geht es erst an der rechten Seite des Weißenbachtals durch den Hochleitenwald ostwärts in die Talsohle, dann links vom Weißenbach weiter.

An einer Wegteilung biegen wir nach links und steigen auf einer Naturstraße, vorbei an den Heuhütten der **Weißenbachalm** und über Wiesen, in zwei Kehren nach Norden empor. Am Ende der Straße bei den obersten Hütten erreichen wir die **Jausenstation Weißenbachalm-Hütte** ❷, 1326 m.

Der **Abstieg** erfolgt auf der Anstiegsroute.

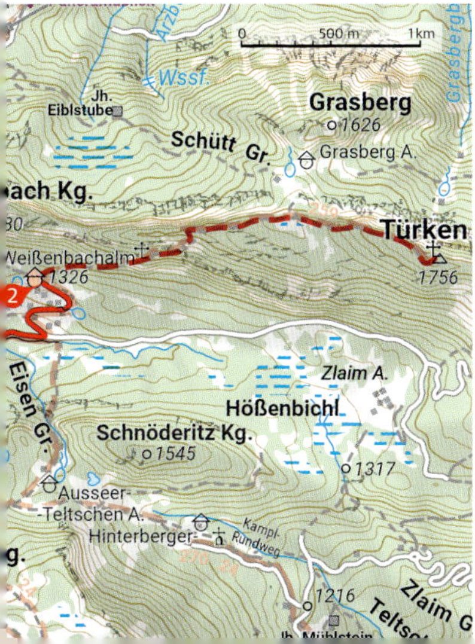

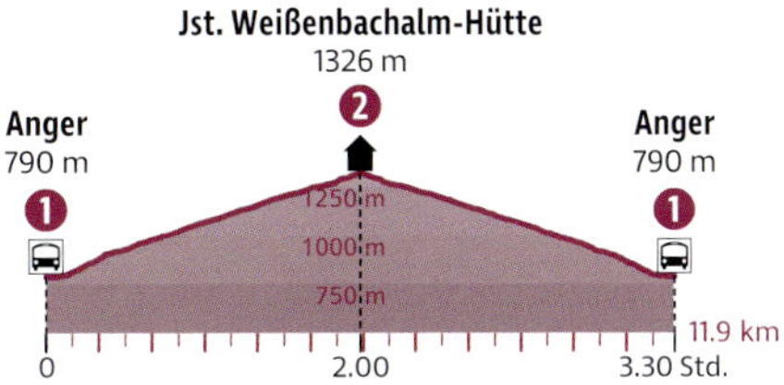

EINKEHR

Jausenstation Weißenbachalm-Hütte: Keine Übernachtung; 25./31. Mai bis 30. September bei Schönwetter Donnerstag und Samstag ab 13.00 Uhr geöffnet; Tel. +43 3622 54256.

36 Seidenhofalm, 1565 m

Von Obersdorf durch die Kampl-Südflanke

4.10 Std. | 8,1 km | ↗ 760 m | ↘ 760 m

Ein Almjuwel an der Südseite des Kampl

Die am Südrand der Kampl-Hochfläche gelegene Seidenhofalm gibt den Gästen des Ausseerlandes ein formidables Tourenziel ab, das mit Besteigung des nahen Kampl zu einer größeren Bergtour erweitert werden kann. Man muss es erlebt haben, wie sich im Anstieg von Obersdorf her mit jedem Höhenmeter der Blick in die Ferne weitet und im Südosten übermächtig die grandiose Masse des Grimming über dem Becken von Bad Mitterndorf emporsteigt, bis schlussendlich die »seelige Öde« selbst erreicht ist, um die sich einige malerische Almkeuschen scharen. Man kann sich zwar nicht darauf verlassen, dass die Jausenstation auf der Seidenhofalm immer sicher geöffnet ist, doch wer den nötigen Proviant bei sich trägt, trägt's mit Fassung. Die Landschaft, das herrliche Panorama und der unvergleichliche Dachsteinblick entschädigen für alles!

Ausgangspunkt: Obersdorf, Bushaltestelle »Obersdorf Ort« (Linie 950) am Haus Sandlweber in der Ortsmitte, 809 m, im Hinterbergtal 3,5 km nordwestlich von Bad Mitterndorf; Parkmöglichkeit in Obersdorf.

Anforderungen: Einfache, wegen der Steilheit des Geländes und des zu bewältigenden Höhenunterschieds etwas anstrengende Wanderung auf bezeichneten Wegen. Trittsicherheit nötig!

Kinder: Wegen des zu bewältigenden Höhenunterschieds und der unsicheren Einkehrmöglichkeit auf der Seidenhofalm ist dies eine Wanderung, die man vorteilhaft nur mit sehr ausdauernden Kindern unternimmt.

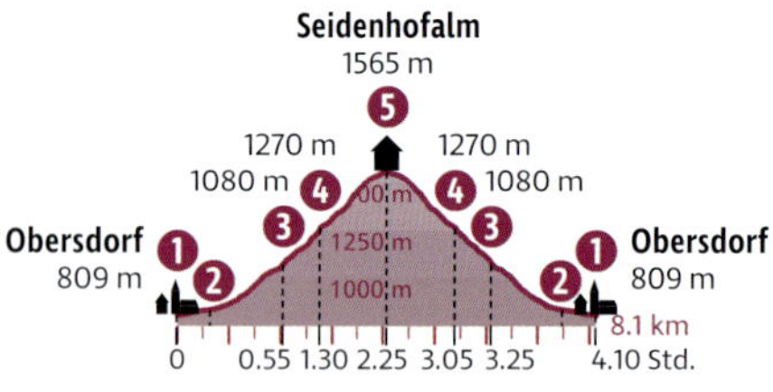

Gipfelmöglichkeit: Von der Seidenhofalm kann das aussichtsreiche Kampl auf bezeichneten Wegen lohnend bestiegen werden: Dazu wandern wir auf Nr. 24 über die Wiesen der Rötelstein-Kampl-Hochfläche in Nordrichtung bergauf zum südlich des Feuerkogels gelegenen Bildstock »Zum Namen Jesu« mit einer Quelle. Hier geht es auf Weg Nr. 24 ostwärts über einen Sattel, dann durch Wiesenmulden, an Baumgruppen vorbei, nach rechts (Südosten) empor zum Abbruchrand der Hochfläche. Dort halten wir uns links (ostwärts) und gelangen so zum Gipfelkreuz des Kampl, 1685 m. Gesamter zusätzlicher Zeitaufwand: 1.45 Std.

Tipp: Ab Melzen lohnt ein Besuch der Wallfahrtskirche Maria Kumitz: Dazu folgt man der Asphaltstraße westwärts Richtung Knoppen weiter in den Sattel nördlich des Kumitzbergs. Dort links ab und auf Fahrweg kurz hoch zur Kirche, ab Melzen 15 Min. hin und retour.

EINKEHR

Jausenstation Bunzbauernhütte: Auf der Seidenhofalm; keine Übernachtung; Sommerbewirtschaftung, jedoch nur sporadisch geöffnet (genauere Auskunft im Informationsbüro Bad Mitterndorf, Tel. +43 3623 2444).

Weitere Einkehrmöglichkeiten: Dorfbäckerei & Café Schlömmer in Obersdorf nahe dem Ausgangspunkt.

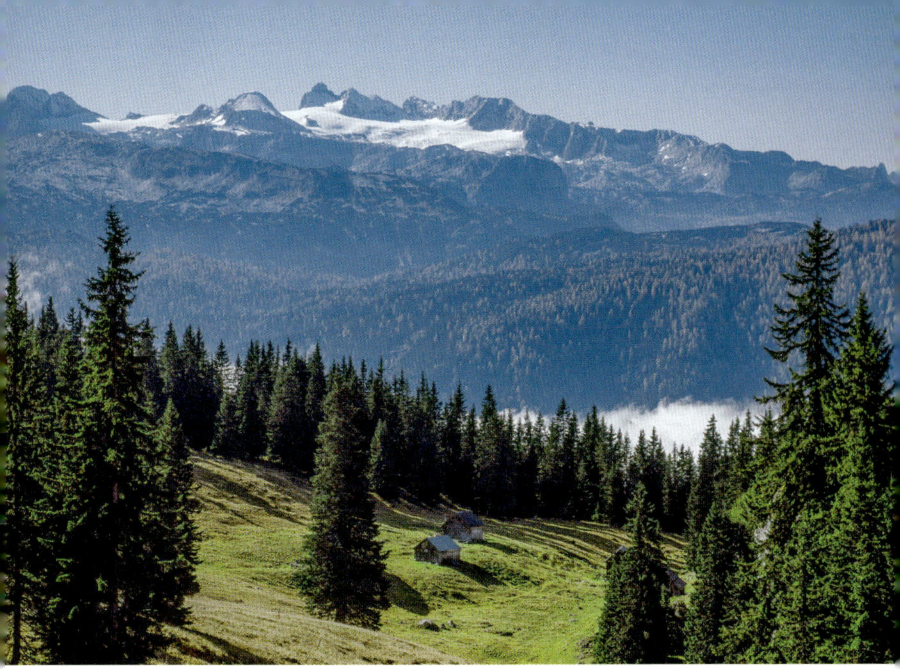

Der Dachstein von der Gipfelhochfläche des Kampl.

Von der Bushaltestelle am Haus Sandlweber in **Obersdorf** ❶ gehen wir die Ortsstraße in Nordwestrichtung aufwärts in den Ortsteil **Melzen** und dort zur Verzweigung ❷ noch vor dem Straßensattel mit dem Kumitzberg. Wir biegen rechts ab und wandern auf der Asphaltstraße (Weg Nr. 23 und 24) an den Häusern von Melzen vorbei, dann durch Wiesen in Nordwestrichtung hinauf. Später geht es auf einem Almweg (Nr. 24, »Kampl-Rundwanderweg«) steiler bergauf in den Wald und dort in Kehren zu einer querenden **Forststraße** ❸, die traversiert wird. Weiter wandern wir auf einem Fußweg, dabei eine weitere **Forststraße** ❹ querend, im dichten Wald steil und anstrengend empor zu einer großen Windbruchzone. Über diese gelangen wir schließlich zu den Wiesen und Almhütten der **Seidenhofalm** ❺, 1565 m. Hier erwarten uns nicht nur die **Jausenstation Bunzbauerhütte**, sondern auch ein wunderbarer Dachsteinblick und ein schönen Tiefblick in das Hinterbergtal mit dem wuchtigen Grimming im Südosten darüber.

Zurück nach **Obersdorf** ❶ gehen wir auf demselben Weg.

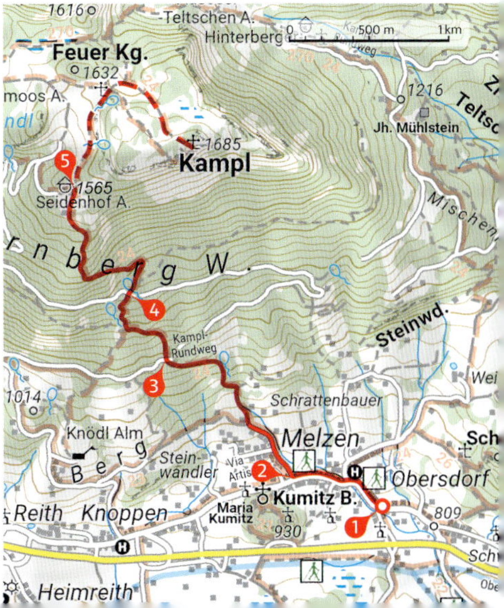

37 Steinitzenalm, 985 m
Unterhaltsame Runde ab Obersdorf

3.30 Std. | 11,6 km | ↗ 290 m | ↘ 290 m

Wanderfreuden am Rande des Kemetgebirges

Sie gehört zu den »gemütlichen« Ausflugszielen des steirischen Salzkammerguts, die an den Abhängen des Hochmühlecks im Kemetgebirge gelegene Steinitzenalm. Nicht gerade der Prototyp einer alpinen Almidylle, hat sie doch Ambiente, eine gute Küche (Brettljause, Steirerkrapfen, süße Krapfen, Gebackene Mäuse!) und viele angenehme Zugänge, die sich wie im vorliegenden Fall zu schönen Rundwegen erweitern lassen. Wer die Alm von Norden, von Pichl-Kainisch her, besucht, kommt am Retourweg nahe Mühlreith an der Jausenstation Stieger (mit Fischteich!) vorbei, wo neben Kinderspielplatz und Streichelzoo neuerlich diverse heimische Spezialitäten auf »einkehrdurstige« Wanderer warten ...

Ausgangspunkt: Obersdorf, Bushaltestelle »Obersdorf Ort« (Linie 950) am Haus Sandlweber in der Ortsmitte, 809 m, im Hinterbergtal 3,5 km nordwestlich von Bad Mitterndorf; Parkmöglichkeit in Obersdorf.

Anforderungen: Einfache mittellange Wanderung meist auf Fahrwegen, entlang der Schlussstrecke Knoppen – Obersberg auf Asphaltstraße.

Kinder: Bei nicht allzu heißem Wetter ideale Wanderung mit Kindern, an Einkehrstationen mit Kinderspielplätzen vorbei.

Die Runde kann auch mit gängigem Kinderwagen befahren werden, sofern man mögliche Unannehmlichkeiten wie durch Regen aufgeweichte Wegtrassen in Kauf nimmt.

Tipp: Lohnender Besuch der auf dem Kumitzberg, einem Waldhügel im Süden der Landstraße Knoppen-Obersdorf, stehenden Wallfahrtskirche Maria Kumitz, 10 Min. von der Straße.

Paradiesische Almweiden auf der Steinitzenalm.

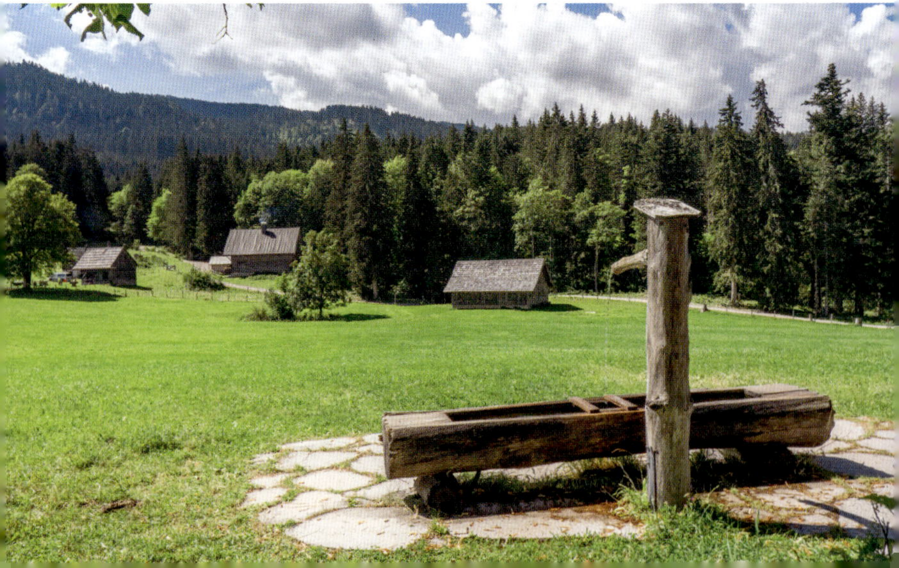

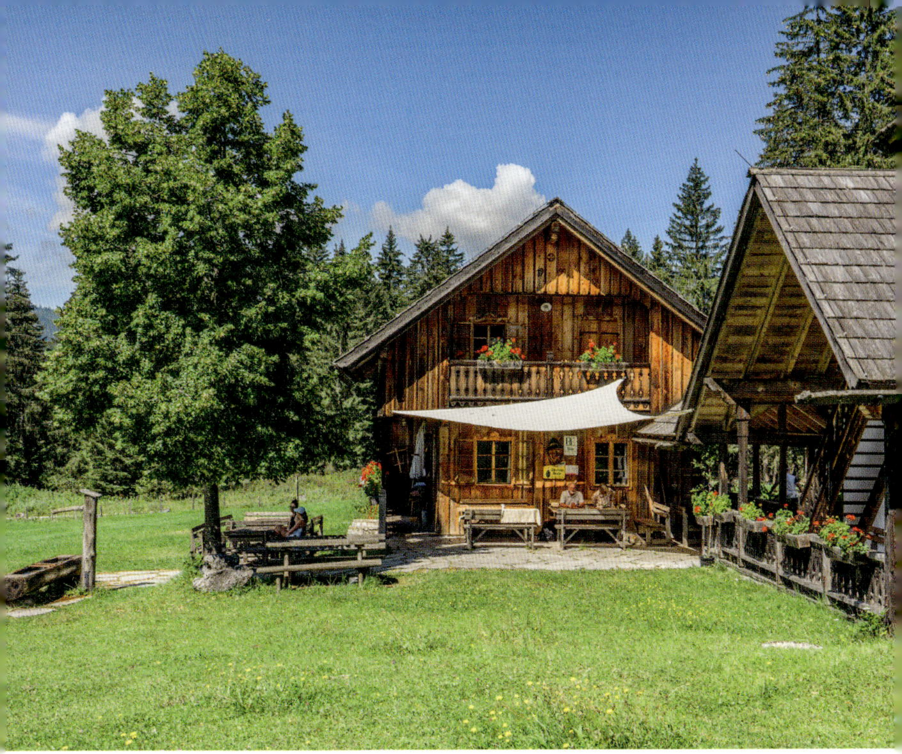

Jausenstation Steinitzenalm, ein beliebtes Ausflugsziel bei Bad Mitterndorf.

An der Bushaltestelle am Haus Sandlweber in **Obersdorf 1** biegen wir von der Ortsdurchgangsstraße in eine Asphaltstraße (Weg Nr. 20), die uns in Richtung Süden aus dem Ort hinausführt. Wir wandern durch Wiesen und unter der Umgehungsstraße (B145) hindurch zu einigen Häusern. Auf einer Naturstraße geht es durch Wiesen weiter, dann im Wald auf eine Anhöhe und jenseits von dieser, mit Aussicht auf den Grimming, im Rechtsbogen abwärts zur Trasse der **Salzkammergutbahn 2** Attnang-Puchheim – Stainach-Irdning.

Unmittelbar nachdem wir die Gleise an einer Unterführung unterquert haben, folgen wir einer Schotterstraße 100 m nach links zu einem Privathaus. In einer energischen Rechtskurve gehen wir aufwärts und gleich darauf nach rechts in den Wald, den »Eckwald«. Dort steigen wir nach Südwesten bergauf, schließlich geht es nach rechts (Westen) empor zum **Fernsehsender Langmoosalm 3**, 980 m.

Wir folgen weiter der Waldstraße, die uns nun am linken Rand der Moorhochfläche Langmoos eben nach

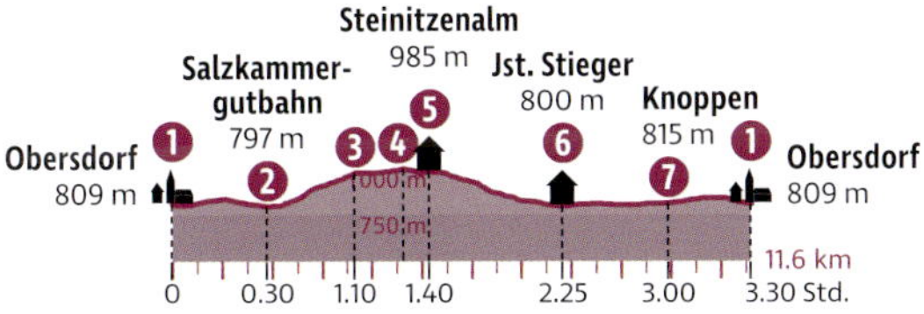

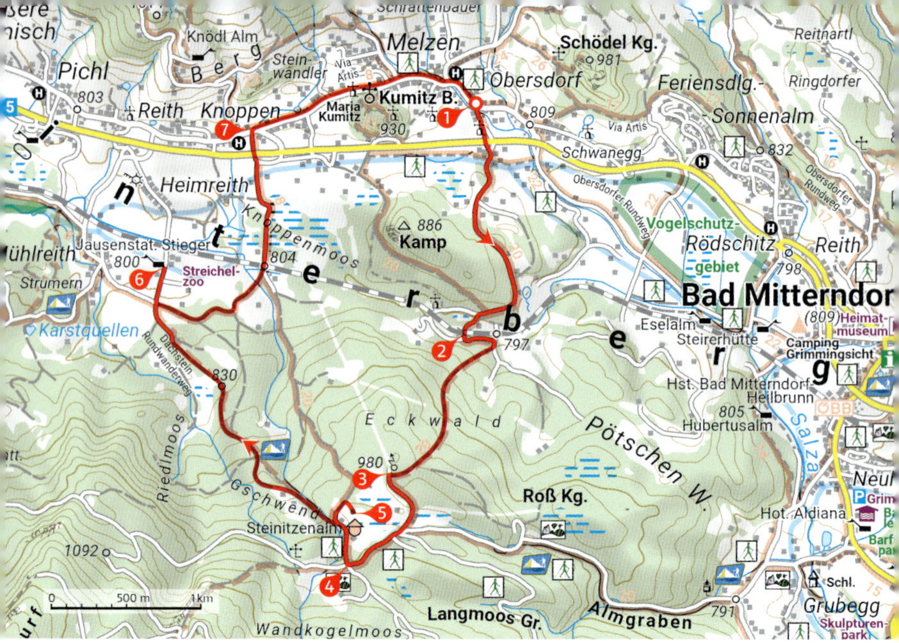

Süden zu einer Querstraße führt. Auf dieser gehen wir nach rechts aufwärts zu einer **Verzweigung** ❹. Geradeaus käme man hier zur Goseritzalm und auf das Hochmühleck, wir gehen jedoch auf der Forststraße nach rechts, an Almhütten vorbei und nach Norden hinab zu einer Gabelung. Hier geht es halb links in Richtung Mühlreith, wir aber halten uns halb rechts und steigen hinauf zu der am Nordrand der Moorhoch-

Der wuchtige Grimming von Nordwesten, aus der Gegend von Obersdorf.

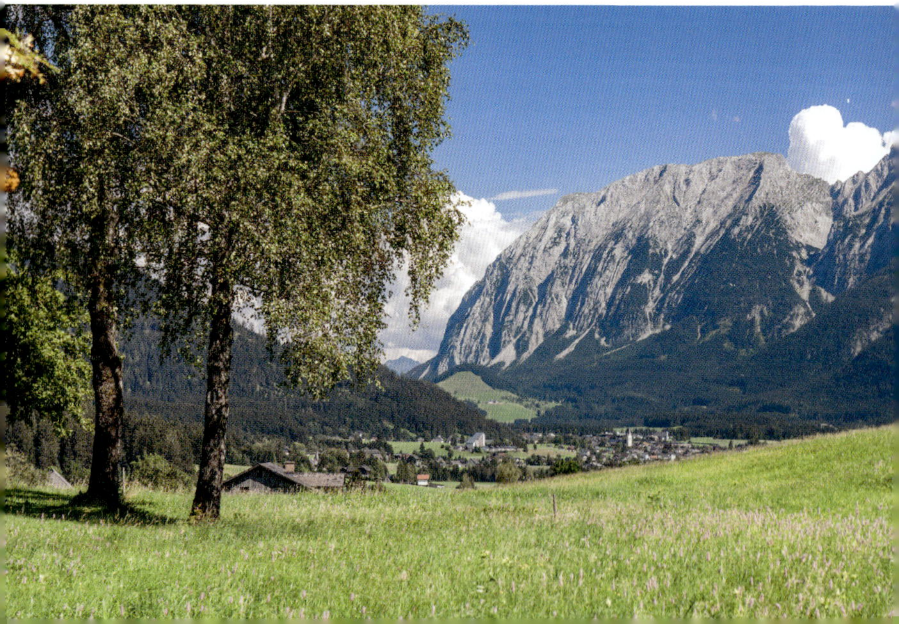

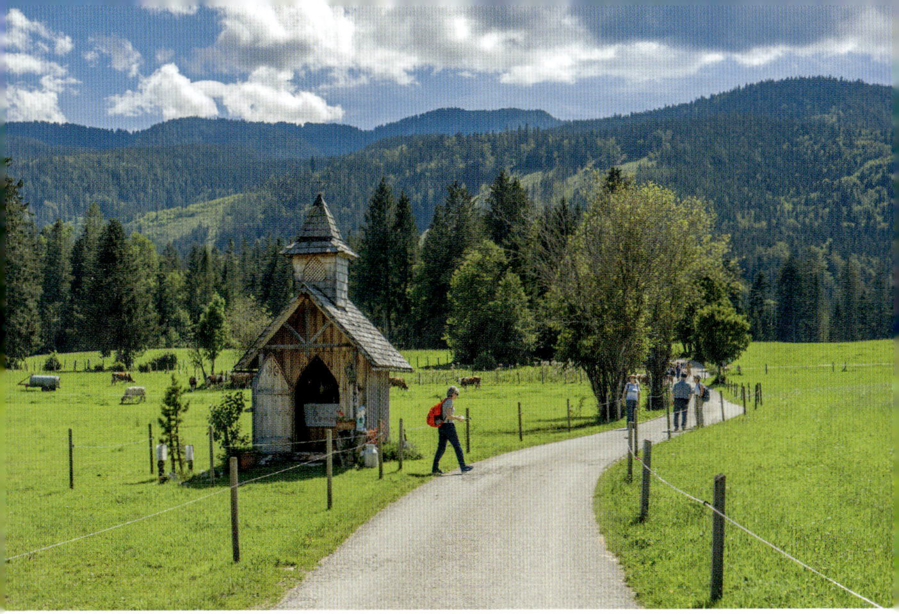

Unser Rückweg über die Jausenstation Stieger führt an dieser Kapelle vorbei.

fläche gelegenen **Jausenstation Steinitzenalm** ❺, 985 m, unserer ersten Einkehrmöglichkeit.

Zurück an der erwähnten Gabelung wandern wir auf der Forststraße (»Dachstein-Rundwanderweg«) nun scharf nach rechts (Nordwesten) in einen Wasser führenden Waldgraben und abwärts zum Unterrand der Gschwendwiese. Bei leichtem Gefälle führt uns der Weg im Wald weiter zu den ebenen Wiesen von Mühlreith und dort zu einer Kreuzung. Hier gehen wir nicht nach rechts Richtung Knoppen oder nach links zum Ödensee, sondern geradeaus weiter zur nahen **Jausenstation Stieger** ❻, 800 m.

Wir wandern zurück zur erwähnten Kreuzung und halten uns links. Der ebene Fahrweg führt uns zunächst ostwärts durch einen Hochwald, danach durch Wiesen zum Gleis der Salzkammergutbahn, das wir an einem Übergang vorsichtig traversieren. Dahinter gehen wir durch ein Wiesengebiet, das »Knoppenmoos«, danach unter der Umfahrungsstraße B145 hindurch zur Querstraße im Ort **Knoppen** ❼, 815 m.

Auf der Asphaltstraße halten wir uns rechts, unmittelbar danach an einer Gabelung halb links Richtung Obersdorf und wandern sanft nach Nordosten aufwärts in den Sattel nördlich des Kumitzberges (nach rechts aufwärts gelangt man zur Wallfahrtskirche Maria Kumitz) und jenseits durch den Ort **Obersdorf** hinab zum **Ausgangspunkt** ❶ am Haus Sandlweber.

EINKEHR

Jausenstation Steinitzenalm: 6 Schlafplätze; 1. Mai bis 30. September geöffnet, Mittwoch Ruhetag; Tel. +43 664 75057479.

Jausenstation Stieger: Keine Übernachtung; April bis September geöffnet, Montag und Dienstag Ruhetag; Tel. +43 664 73645540; Kinderspielplatz, Streichelzoo und Anglerteich.

Weitere Einkehrmöglichkeiten: Dorfbäckerei & Café Schlömmer in Obersdorf nahe dem Ausgangspunkt.

38 Tauplitzalm-Höhenweg

Vom Tauplitzalm-Parkplatz zur Leistalm

TOP 5.30 Std. 14,8 km ↗480 m ↘480 m

Ein Schau- und Wandererlebnis für Groß und Klein

Als größte Seehochfläche Mitteleuropas gepriesen, erweist sich die Terrasse der Tauplitzalm im Süden des Toten Gebirges als Wanderparadies ersten Ranges. Märchenhafte Lärchenwiesen und sechs dazwischen eingelagerte Dolinenseen zu Füßen heller Kalkwände bestimmen das Landschaftsbild. Bestückt mit zahllosen Schutzhütten und Almgaststätten hat die Tauplitzalm Sommer- und Wintersaison, kann aus dem Hinterbergtal und Mitterndorfer Becken über eine Mautstraße ebenso wie per Sessellift erreicht werden. Wir begehen den Höhenweg, an den sechs Seen vorbei, vom Tauplitzalm-Parkplatz zur Leistalm hin und retour, wobei uns prachtvolle Ausblicke auf die umliegende Bergwelt zuteil werden.

Ausgangspunkt: Tauplitzalm-Großparkplatz, 1590 m, mit Bushaltestelle »Tauplitzalm Tollhaus« (Linie 8610) am Ende der Mautstraße, 11 km vom Ortszentrum Bad Mitterndorf.

Anforderungen: Einfache, aber lange Wanderung auf markierten Wegen. Vor allem im Hochsommer rege frequentiert.

Kinder: Wegen der Länge der Tour empfiehlt es sich, mit Kindern nur bis zu den Steirerseehütten mit der Jausenstation Trawenghütte zu wandern und entlang der beschriebenen Route zum Ausgangspunkt zurückzukehren. Gesamte Zeitersparnis 2.30 Std.

Gipfelmöglichkeiten: 1. Vom Tauplitzalm-Parkplatz kann der Lawinenstein, 1965 m, auf markierten Wegen unschwierig und lohnend (Panorama!) bestiegen werden. Gesamter Zeitaufwand 2.30 Std.

2. Von der Leistalm empfiehlt sich die Besteigung des im Süden aufragenden aussichtsreichen Roßkogels: Auf dem Weg Nr. 218 wandern wir durch Latschen und lichten Lärchenbestand nach Südosten aufwärts zu einer Wegteilung. Hier geht es rechts auf Weg Nr. 18 südwärts durch einen Graben steil auf eine Terrasse empor und dort durch Lärchenwiesen unter den Gipfelaufbau des Roßkogels. Seine Nordflanke querend, steigen wir schräg nach rechts zu einer Schulter hinauf, danach geht es durch Latschen in Südrichtung zum Gipfel des Roßkogels, 1890 m. Gesamter zusätzlicher Zeitaufwand 1.15 Std.

Hinweis: Das Bergdorf Tauplitzalm im Zentrum der Höhenterrasse kann vom Ort Tauplitz auch mit der Tauplitzalm-Bergbahn (Vierersessellift) erreicht werden. Betrieb zwischen 25./30. Juni und 10./15. September bei Schönwetter täglich von 8.30 bis 12.00 Uhr und von 13.00 bis 16.30 Uhr; Tel. +43 3688 2252, dietauplitz.com.

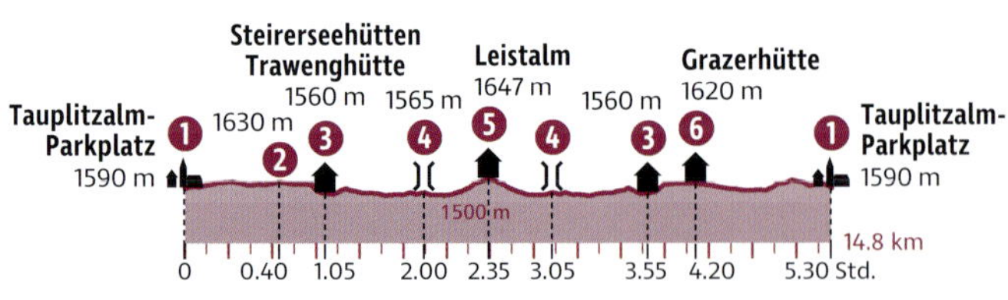

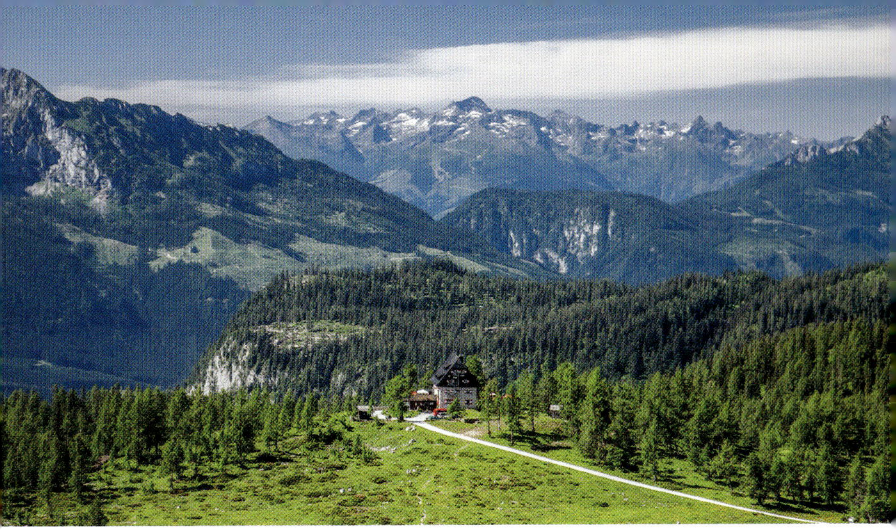

Blick über das Linzer Tauplitzhaus hinweg zu den Niederen Tauern.

Wir verlassen dem **Tauplitzalm-Parkplatz** ❶ auf markiertem Fahrweg in Ostrichtung durch Almweiden. Nach gut 100 m biegen wir an einer beschilderten Verzweigung rechts in den »Waldweg ins Zentrum« und wandern durch lichten Bergwald, später über Wiesen nach Osten aufwärts zu einer Anhöhe, 1650 m. Weiter geht es unter dem Tauplitzalm-Sessellift hindurch und hinab zu einem Fahrweg. Auf diesem gehen wir nach links, vorbei an der Petzhütte (Selbstversorgerhütte der Naturfreunde Liezen) zu einer Asphaltstraße (Weg Nr. 209, 218 und 276), die von links aus dem Bergdorf Tauplitzalm führt. Wir biegen nach rechts in die Straße (Osten) und wandern hinauf zu einer **Anhöhe** ❷ am Rechtsabzweig zum Linzer Tauplitzhaus. Hier gehen wir geradeaus hinab in eine Mulde mit Verzweigung, wo wir rechts auf dem abkürzenden Wiesenweg eben nach Osten weiterwandern. Wir kreuzen die Straße und folgen dem Wiesenweg weiter zum Aussichtspunkt **Steirerseeblick**,

EINKEHR

S'Almbuffet: Am Tauplitzalm-Parkplatz; keine Übernachtung; im Sommer bei Schönwetter geöffnet.
Berggasthof Hollhaus: 72 Schlafplätze; Pfingsten bis 15. Oktober geöffnet; Tel. +43 3688 2302, hollhaus.at.
Hotel Hierzegger: 60 Schlafplätze; 5. Juni bis 30. September geöffnet; Tel. +43 3688 2316; hierzegger.at.
Linzer Tauplitzhaus: Abstecher von 200 m; 63 Schlafplätze; 20. Mai bis 26. Oktober geöffnet; Tel. +43 664 99707950, linzer-tauplitzhaus.com.
Jausenstation Trawenghütte: An den Steirerseehütten; keine Übernachtung; 1. Juni bis 15. Oktober geöffnet, außer Juli und August Mittwoch Ruhetag; Tel. +43 664 6323668.
Grazerhütte: 52 Schlafplätze; 25. Mai / 1. Juni bis 10./15. Oktober geöffnet; Tel. +43 664 3579546, grazerhuette.at.
Jausenstation Leistalm: Keine Übernachtung; 15. Juni bis 15. Oktober geöffnet; Tel. +43 664 9207730.
Weitere Einkehrmöglichkeiten: Im Bereich der Tauplitzalm gibt es zahlreiche weitere Gastbetriebe, teils mit Übernachtungsmöglichkeit, alle je nach Wetter und Schneelage 1./15. Juni bis 15./31. Oktober geöffnet.

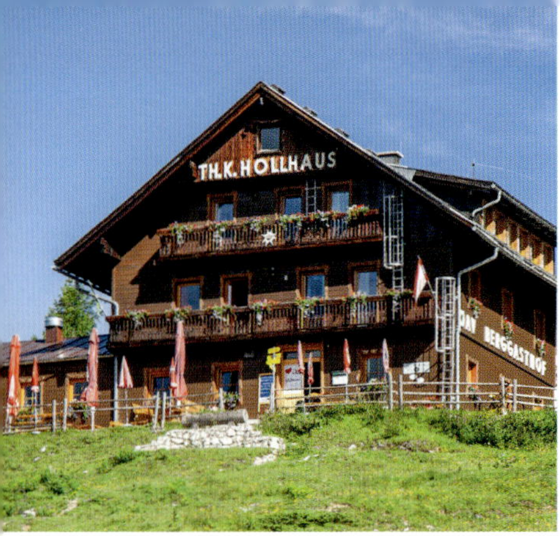

Einladend und beliebt: der Berggasthof Hollhaus auf der Tauplitzalm.

1620 m, mit Bänken und Kruzifix, wo sich ein herrlicher Blick auf den in einer Doline gelegenen Steirersee und zum Felshorn des Sturzhahns bietet. Nachdem wir die Aussicht ausgiebig genossen haben, steigen wir den Steilhang auf einem Fußweg nach Osten hinab zur Straße und wandern auf dieser nach links zu den auf einer Terrasse überm See gelegenen **Steirerseehütten** mit der **Jausenstation Trawenghütte ❸**, 1560 m.

Wir folgen dem Karrenweg Nr. 209A und 218 im Auf und Ab weiter nach Nordosten zu einer Schulter mit einer Wegverzweigung, wo wir, vorbei an einer Jagdhütte, geradeaus weitergehen. Unser Fußweg verläuft nun links oberhalb des in einer riesigen Dolinenmulde eingebetteten Steirersees und quert die Steirerseeleiten durch Latschen und lichten Lärchenwald ostwärts in die Verengung des Seegrabens. Dort wandern wir zur Verzweigung bei einem Gatter und kurz hoch in einen **Sattel ❹**. Jenseits des Sattels steigen wir hinunter zum Südufer des Schwarzensees und wandern dort eben über Wiesen, dann durch eine parkähnliche Landschaft aus Lärchen, Latschen, Almrosen und Wiesen hinauf zu einer Wegteilung. Geradeaus führt uns unser Weg nun steiler empor in die sanfte Grasmulde um die **Jausenstation Leistalm ❺**, 1647 m.

Nach der wohlverdienten Einkehr nehmen wir zunächst den Zugangsweg zurück zu den **Steirerseehütten ❸** und, am Steirerseeblick vorbei, weiter in die eingangs erwähnte Mulde mit Verzweigung. Hier verlassen wir den bekannten Weg und gehen auf einem Fahrweg geradeaus,

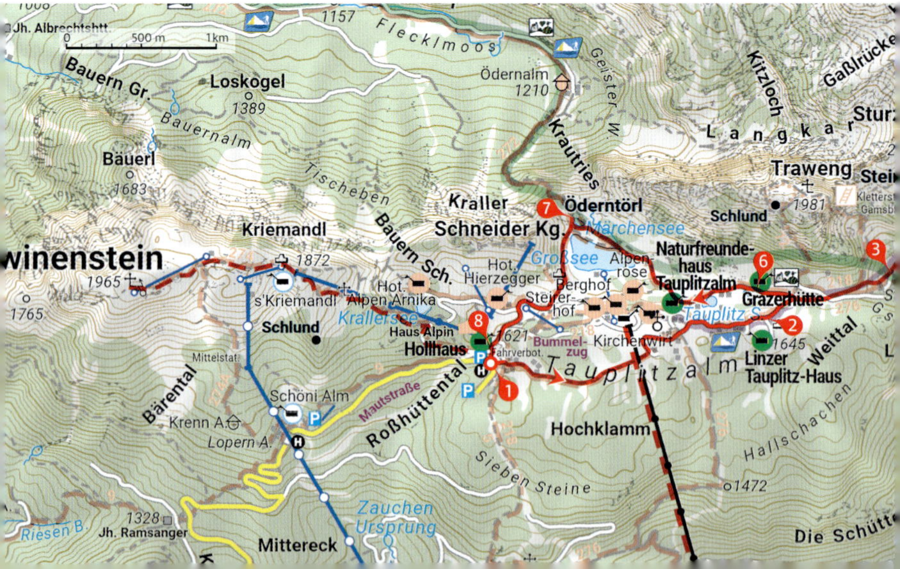

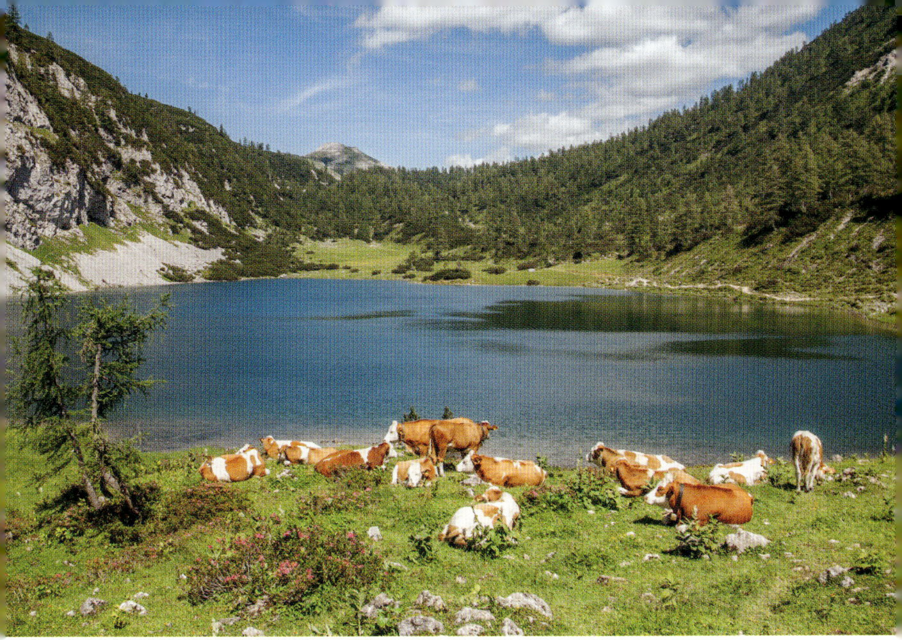

Der schöne Schwarzensee im Osten der Tauplitzalm-Terrasse.

an der **Grazerhütte 6** vorbei, über Wiesen eben und abwärts zur Verzweigung am Nordufer des **Tauplitzsees**, 1605 m. Auf dem Wiesenweg rechts steigen wir westwärts durch einen Graben hinab in die weite Dolinenmulde beim **Großsee**, 1565 m. Rechts oberhalb der Moorwiesen wandern wir eben fort, dann nahe dem Nordufer des Sees in einen Sattel am Westende mit Wegteilung. Jenseits des Sattels gehen wir ein kurzes Stück nach Norden in eine Mulde zum schönen **Märchensee 7**, 1579 m, dessen Ufer zu ausgiebiger Rast einladen.

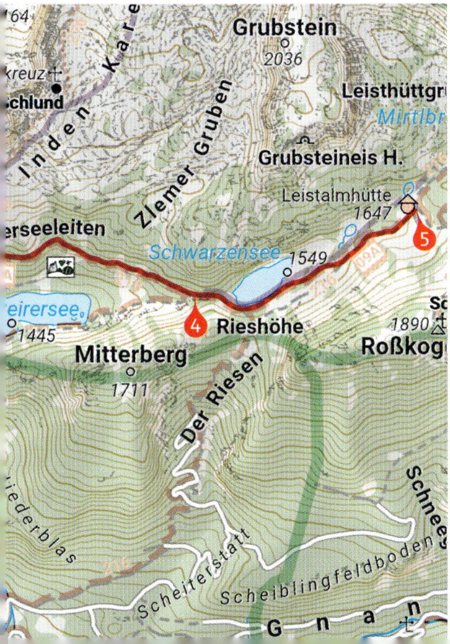

Nun gehen wir zunächst zurück in den zuletzt erwähnten Sattel und dort auf einem markierten Weg quer durch die begrünte Ostflanke des Schneiderkogels nach Süden hinauf zu einer Schulter. Anschließend steigen wir über Wiesen empor zu einigen Hütten und gehen dort nach links in einen Sattel mit einer querenden Naturstraße. Auf dieser wandern wir durch eine Wiesenmulde nach rechts hinab zur nächsten Straßenteilung. Hier folgen wir der Asphaltstraße nach links (Süden) empor zur Anhöhe beim **Berggasthof Hollhaus 8**, 1621 m, und gehen schließlich hinab zum **Tauplitzalm-Parkplatz 1**.

39 Gnanitzalm, 1098 m

Durch das Gnanitztal

1.45 Std. | 7,3 km | ↗ 115 m | ↘ 115 m

Eine »Almroas« auf die bequeme Tour

Diese Alm im Süden des Totes Gebirges ist über eine Schotterstraße mit wenig Steigung leicht zu erreichen. Gleich zwei urige Almschenken laden hier zur Einkehr und bieten reichlich Abwechslung: An der Johnsleitnerhütte erwarten hungrige Wanderer hausgemachter Kuchen und (auf Bestellung) Ofenbratl, an der benachbarten Hechlhütte Almkaffee, Bauern- und (mittwochs) Steirerkrapfen. Was aber den Besuch der Almidylle vorrangig lohnt, ist wohl die paradiesische Landschaft des inneren Granitztales mit ihren blumenreichen Wiesenteppichen, überragt von den Felsabstürzen der Tauplitzalm-Terrasse und des Hechlsteins. Für diejenigen, die Zeit, Muße und die nötige Kondition haben, lohnt überdies der knapp zweistündige Weiteranstieg durch die wildromantische Grimmingbachschlucht und das Natterntal zur Interhüttenalm, wo man sich erneut stärken kann.

Ausgangspunkt: Parkplatz, 980 m, vor der Schranke im Mittelteil des Gnanitztales nordöstlich des Ortes Tauplitz. Zufahrt auf schmaler Asphaltstraße, 4,5 km ab Tauplitz-Ortszentrum.
Anforderungen: Einfache kurze Wanderung auf beschilderter Naturstraße, auch bei weniger gutem Wetter geeignet.
Kinder: Die Wanderung ist zwar mit Kindern durchaus möglich, dürfte aber den meisten Kindern wegen ihres Verlaufs an einer Forststraße nicht genug Abwechslung bieten.
Die Naturstraße vom Gnanitztal-Parkplatz zur Alm kann problemlos (4 km Schiebestrecke bergauf und retour) mit Kinderwagen befahren werden.
Variante: Ausdauernden, trittsicheren Gehern kann ab Gnanitzalm der Weiteranstieg durch die wildromantische Grimmingbachschlucht und den Natterngraben (Weg Nr. 218) zu der im Sommer bewirtschafteten Interhüttenalm empfohlen werden. An der Weggabelung oberhalb der Johnsleitnerhütte hält man sich links und folgt der Straße, an Almhütten vorbei, 250 m nach Nordosten zur tiefsten Stelle, wo an einem Wegweiser nach links der unmarkierte Weg über den Stubenbach (Holzsteg) hinweg in die Grimmingbachschlucht abzweigt. Durch diese wandern wir aufwärts zu einer Verzweigung und auf Weg Nr. 218 steiler nach links empor zur Interhüttenalm, 1702 m. Gesamter zusätzlicher Zeitaufwand auf und ab 3.30 Std.
Tipp: Einen Besuch verdient die 2,5 km von Tauplitz entfernte, nahe der Zufahrtsstraße zum Ausgangspunkt gelegene Riesenkarstquelle Sagtümpel (978 m; 26 m langer, 14 m breiter und 10 m tiefer Quelltopf), 5 Min. Fußanstieg ab Gnanitztalstraße.

EINKEHR

Johnsleitnerhütte: Auf der Gnanitzalm; keine Übernachtung; Pfingsten bis 15./20. Oktober geöffnet; Tel. +43 664 5737759.
Hechlhütte: Auf der Gnanitzalm; keine Übernachtung, Pfingsten bis 10./15. Oktober geöffnet, Montag Ruhetag; Tel. +43 3688 2268, hotel-hechl.at.
Interhüttenalm: Ziel der Variante; keine Übernachtung; im Sommer bei Schönwetter tagsüber geöffnet; Tel. +43 664 3405290.

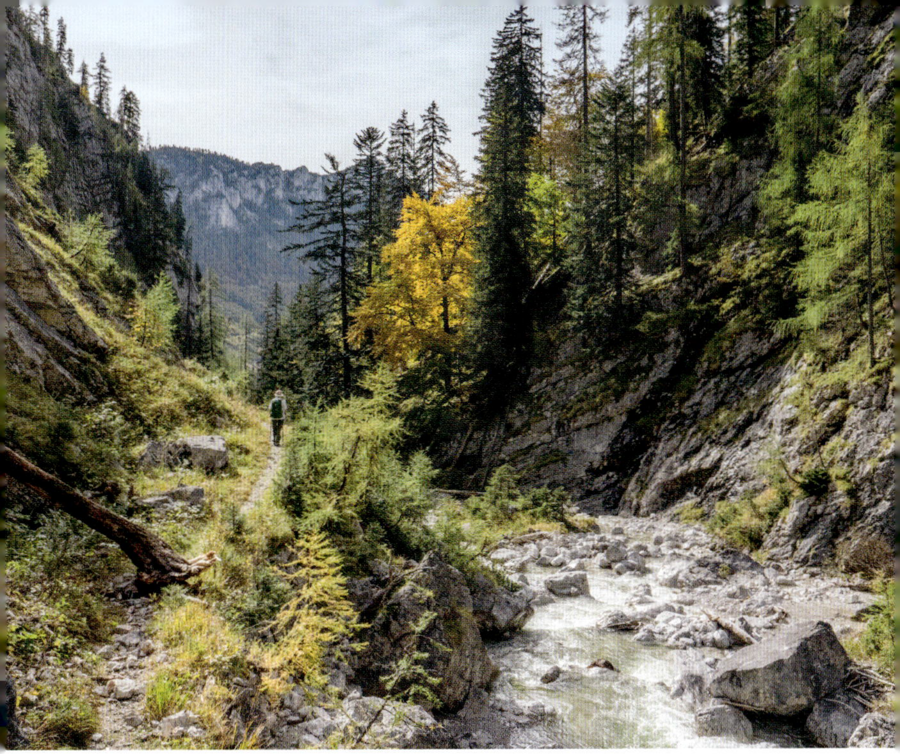

Verdient einen Besuch: die wildromantische Grimmingbachschlucht.

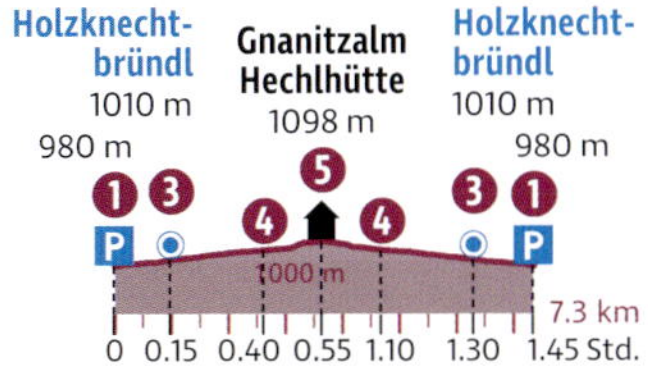

Vom **Parkplatz ❶** wandern wir auf der Asphaltstraße in Ostrichtung weiter, zunächst an der Schranke vorbei und über den Grimmingbach, danach auf einer Naturstraße 200 m sanft bergauf zu dem aus Holz gefertigten, derzeit (Stand 2024) leider geschlossenen **Gasthaus Gretlhütte ❷**, 989 m, rechts der Straße.

Wir folgen der Straße weiter durch das Gnanitztal. Zunächst geht es rechts des rauschenden Grimmingbachs im Wald nach Nordosten aufwärts zum **Holzknechtbründl ❸**, 1010 m, dann nach links über den Bach und im Wald weiter zur **Verzweigung ❹**, 1055 m, vor der Grimmingbachbrücke. Hier wandern wir auf der Schotterstraße nach rechts über den Bach, am Abzweig gleich

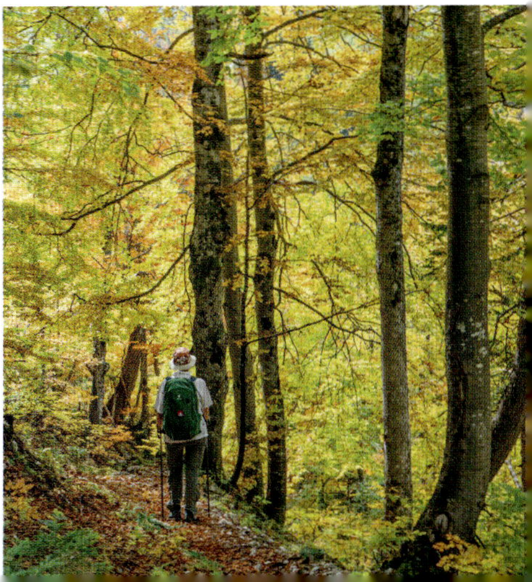

Im Herbst unterwegs im Gnanitztal.

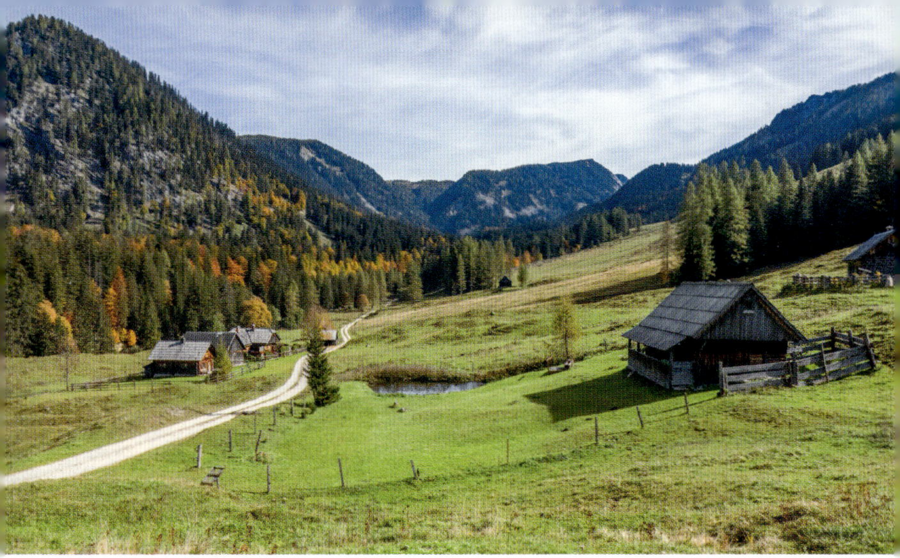

Die herrlich gelegene Gnanitzalm hat zwei Gastbetriebe anzubieten.

danach links. Zunächst noch durch Wald, dann über die Wiesen der **Gnanitzalm** gehen wir nach Nordosten hoch zur Weggabelung knapp oberhalb der **Johnsleitenhütte**. Hier halten wir uns rechts und steigen die letzten 50 m weiter bergauf zur **Hechlhütte 5**, 1098 m, am Wiesenhang südlich über der Sohle des Gnanitztales.

Zurück zum **Parkplatz 1** wandern wir entlang der Anstiegsroute.

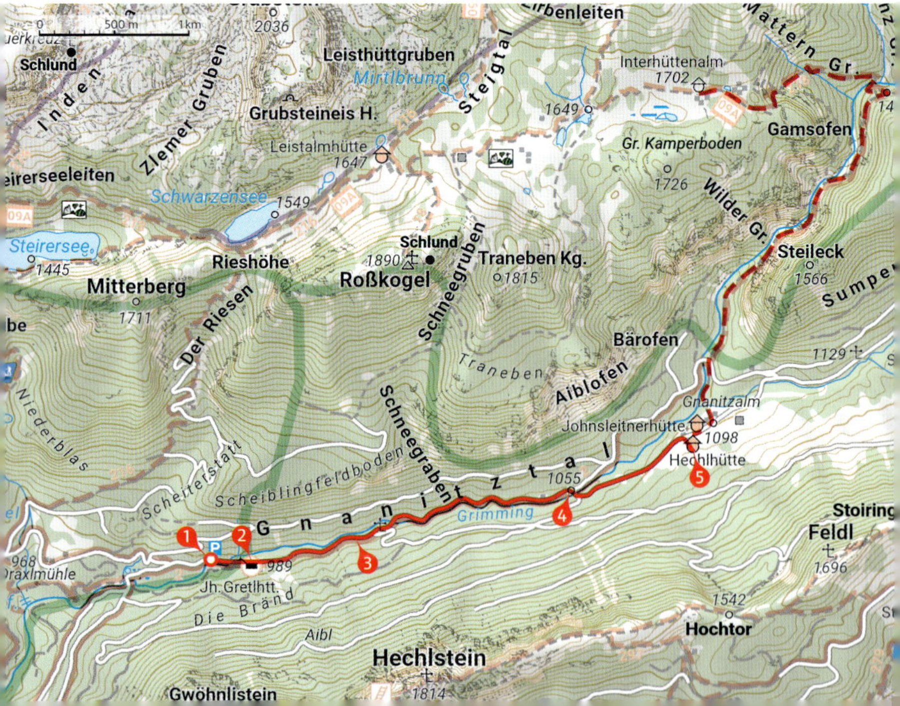

Spechtenseehütte, 1054 m

Von Lessern in das Tal von Wörschachwald

40

4.30 Std. | 12,5 km | ↗ 610 m | ↘ 610 m

Schutzhüttenromantik am Badesee

An der Südseite der Warscheneckgruppe, also schon am Rande des Salzkammerguts gelegen, haben der Spechtensee und die am Nordufer gelegene Hütte ihre immer wiederkehrenden Liebhaber. Die herrliche wiesenreiche Landschaft unterm Hochtausing, die Möglichkeit eines Freibads im heilbringenden Moorsee und die netten Hüttenleute dort sind Verlockung genug. Wer vom Ort Lessern am Fuß des Grimming dorthin aufbricht, kommt am gepflegten Gasthof Dachsteinblick vorbei. In einer prachtvollen Position hoch über dem steirischen Salzkammergut, dem Mitterndorfer Talbecken, werden auch dort Gemütlichkeit und gutes Essen groß geschrieben.

Ausgangspunkt: Pürgg-Trautenfels, Ortsteil Lessern, Gasthof Gewessler im Zentrum des Ortes, 789 m, im Grimmingbachtal, etwa 3 km nordwestlich von Pürgg. Parkmöglichkeit in Lessern, Bushaltestelle »Lessern Bundesstraße« (Linie 950) am südlichen Ortsrand von Lessern an der Bundesstraße 145, etwa 300 m vom Ausgangspunkt.
Anforderungen: Leichte Wanderung auf nicht immer gut markierten Fahr- und Fußwegen.
Kinder: Trotz der Länge ist die Wanderung auch mit Kindern zu empfehlen, zumal am Tourenziel nicht nur eingekehrt, sondern im Moorsee auch gebadet werden kann.
Gipfelmöglichkeit: Vom Gasthof Dachsteinblick kann auf Weg Nr. 289 das aussichtsreiche Gindlhorn, 1259 m, bestiegen werden. Gesamter zusätzlicher Zeitaufwand 1.45 Std.
Variante: Der Spechtensee kann auf einem schönen Uferweg in 30 Min. umrundet werden.
Tipp: Das reine Wasser des seerosengeschmückten Spechtensees – es hat Trinkwasserqualität! – lädt an warmen Sommertragen mit angenehmen Temperaturen zum Baden ein.

Vom Gasthof Gewessler in **Lessern** ❶ gehen wir entlang der Straße nach Osten aus dem Ort hinaus und durch die Bahnunterführung. Unmittelbar danach halten wir uns an der Verzweigung links und wandern auf dem begrünten Weg Nr. 288 an der linken Seite eines Waldgrabens bergauf nach Nordosten, später über eine steile Flanke empor zu einer Asphaltstraße. Diese gehen wir 50 m nach links und biegen am Waldrand vor den Wiesen beim Gindlhof scharf rechts ab. Auf Weg Nr. 288 steigen wir nun nordostwärts empor, passieren die private Lomhütte und wan-

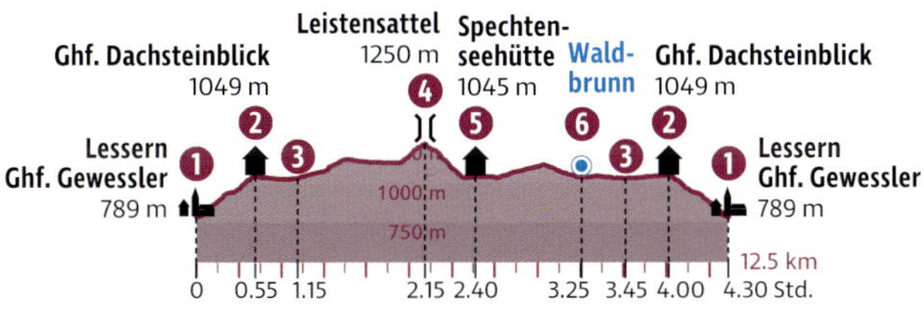

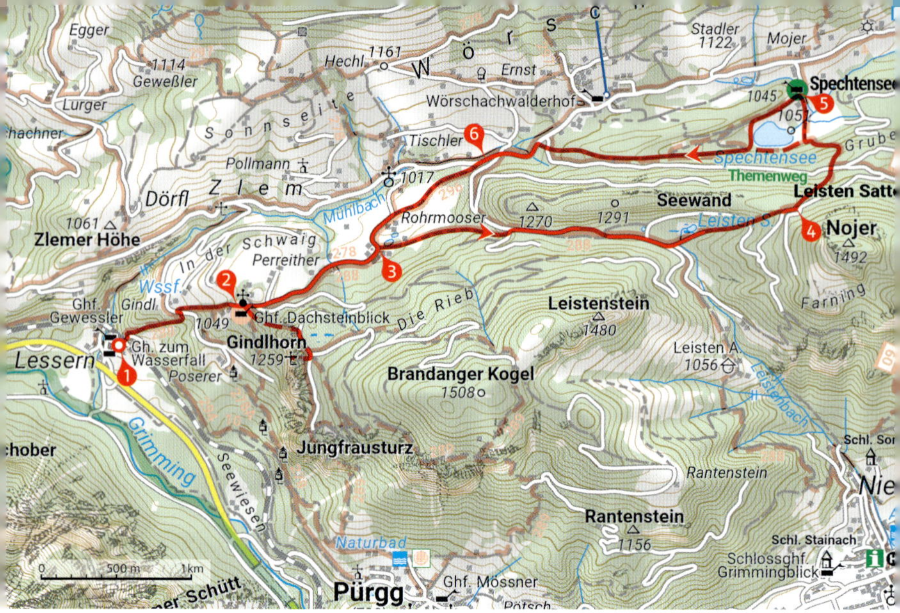

dern auf einem breiten Weg weiter in den Sattel beim **Gasthof Dachsteinblick ❷**, 1049 m.

Von hier folgen wir zunächst einer Asphaltstraße durch Wald eben nach Nordosten zu einer **Verzweigung ❸**, 1035 m, bei einigen Ferienhäusern unweit des auf einer Anhöhe stehenden Rohrmooser Hofs. Wir gehen an der Verzweigung, weiterhin auf dem Fahrweg Nr. 288, nach rechts (ostwärts) in den Wald und dort hinauf in den Leistengraben. Durch ihn gelangen wir zu einer querenden Forststraße und auf ihr in der Grabensohle weiter zu einer Teilung. Auf der Straße in Richtung Stainach gehen wir geradeaus zur nächsten Verzweigung mit einer Bank. Hier halten wir uns halb links und gehen

Der Spechtensee mit dem Felshorn des Hochtausing im Osten darüber.

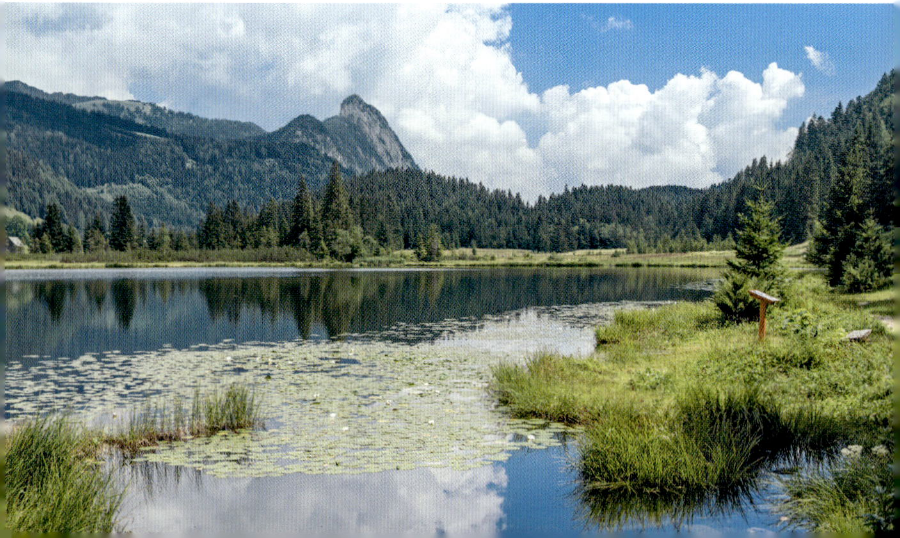

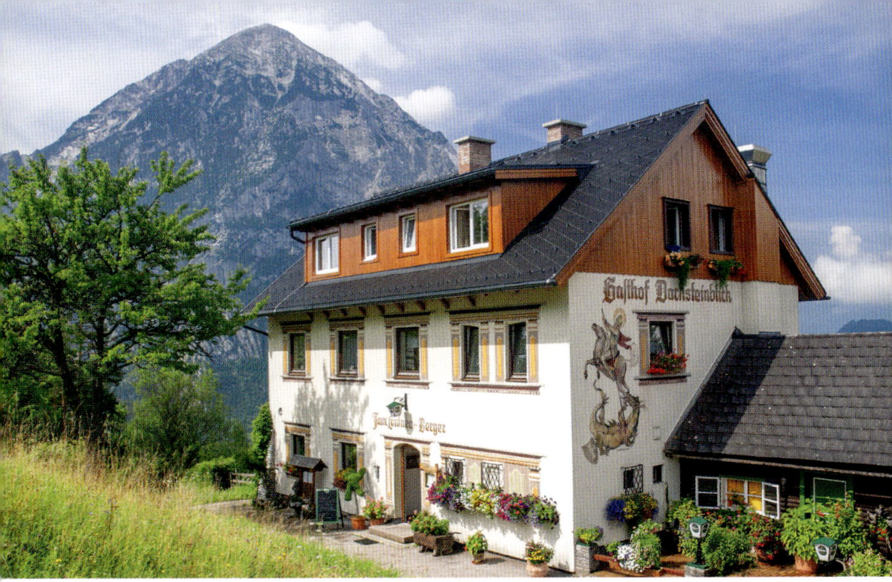

Der Gasthof Dachsteinblick vor dem majestätischen Grimming.

auf der Forststraße, rechts am großteils verlandeten Leistensee vorbei, eben nach Osten, dann auf einem Fußweg einen Waldgraben hinauf in den **Leistensattel** ❹, 1250 m. Dort biegen wir an einer Verzweigung mit Bank nach links und steigen auf Weg Nr. 288 in Nordrichtung ab zum Uferweg um den **Spechtensee**, 1051 m. Am See angelangt wandern wir nach halb rechts über Wiesen zur **Spechtenseehütte** ❺, 1045 m.

Nach der Einkehr in der Hütte gehen wir zunächst auf dem Fahrweg am Nordufer des Sees durch Wiesen und Wald nach Westen, dann links ab und auf dem Uferweg südwärts zu einer Wegteilung südwestlich des Sees. Hier geht es nun rechts auf dem Fußweg Nr. 296 durch einen Waldgraben nach Westen empor in den Sattel, 1150 m, zwischen Seewand links und einem Rücken rechts. Anschließend wandern wir, teils über markierte Abkürzer, hinab zur Spechtensee-Zufahrtsstraße und auf dieser nach links zum **Waldbrunn** ❻, einer Quelle mit Rastbank, hinab. 20 m danach halten wir uns halb links und folgen einem markierten Fahrweg hinauf zu einer aussichtsreichen Anhöhe. Danach wandern wir über Wiesen, erst abwärts, dann eben, zu dem auf das 14. Jahrhundert zurückgehenden Rohrmooser Hof. Von hier ist es nach links auf der Asphaltstraße nicht mehr weit zu der vom Hinweg bekannten **Verzweigung** ❸ bei den Ferienhäusern, von wo wir auf dem bekannten Weg zum Gasthof Gewessler in **Lessern** ❶ zurückkehren.

EINKEHR

Gasthof Dachsteinblick: 11 Schlafplätze und zwei Appartements; Mitte November bis Anfang Dezember geschlossen, sonst immer offen, Dienstag und Mittwoch Ruhetag; Tel. +43 3688 2328 oder +43 664 3962588, gasthof-dachsteinblick.at.
Spechtenseehütte: 21 Schlafplätze; 15. Mai bis 26. Oktober geöffnet; Dienstag Ruhetag; Tel. +43 3688 2666, spechtensee.com.
Weitere Einkehrmöglichkeiten: Gastbetriebe in Lessern.

41 Schafferreith Alm

Vom Parkplatz Bärenalm zur Almeinkehr

2.15 Std. | 4,9 km | ↗ 400 m | ↘ 400 m

Ein Kurzsprint im inneren Stodertal

Unter den Ausflugszielen des inneren Stodertales hat die Schafferreith Alm einen guten Ruf als eine den ganzen Sommer über bewirtschaftete, rasch und bequem erreichbare Einkehr. Wer am Parkplatz Bärenalm beim Dietlgut startet, ist in einer guten Stunde oben, labt sich an »gschmackiger« Jause, Buttermilch und Kuchen und lässt die Landschaft auf sich wirken, den Blick auf das großartige Felsenrund des inneren Stodertales.

Ausgangspunkt: Parkplatz Bärenalm, 656 m, mit Bushaltestelle »Bärenalm/ Parkpl.« (Linie 432) im inneren Stodertal, nahe dem Ferienhotel Dietlgut Natur Resort, 6 km südwestlich von Hinterstoder.
Anforderungen: Kurze und bequeme Wanderung auf gut markierten und beschilderten Fahr- und Fußwegen, eine Halbtagstour auch bei weniger gutem Wetter.
Kinder: Sofern man nicht gerade an rekordverdächtigen Hitzetagen unterwegs ist, eignet sich die kurze, abwechslungsreiche Wanderung hervorragend auch in Begleitung von Kindern.
Gipfelmöglichkeit: Bei schönem Wetter lohnt der Kurzanstieg zur Schafferkogel-Nordwestschulter, 1150 m, die man von der Schafferreith Alm weglos, durch eine seichte Wiesenmulde in Nordrichtung ansteigend, erreicht. Von hier bietet sich ein toller Einblick in die großartige Bergumrahmung des inneren Stodertales mit dem Großen und dem Kleinen Priel im Norden. Gesamter Zeitaufwand (auf und ab) 30 Min.
Variante: Von der Schafferreith Alm erreicht man auf Weg Nr. 280 über die Peterhofer Alm die frei gelegene Bärenalm, 1626 m, mit einem guten Brunnen und einer eindrucksvollen Aussicht auf die Felsrecken des Toten Gebirges. An beiden Almen gibt es keine Einkehrmöglichkeit! Gesamter zusätzlicher Zeitaufwand: 2.30 Std.
Hinweis: An der Schafferreith Alm erhält man neben einer schmackhaften Jause auch gekühlte Getränke. Es kann vorkommen, dass die Halter nach dem Vieh schauen müssen und nicht anwesend sind. Für solche Fälle findet sich immer selbst gebrautes Bier im Brunnen.

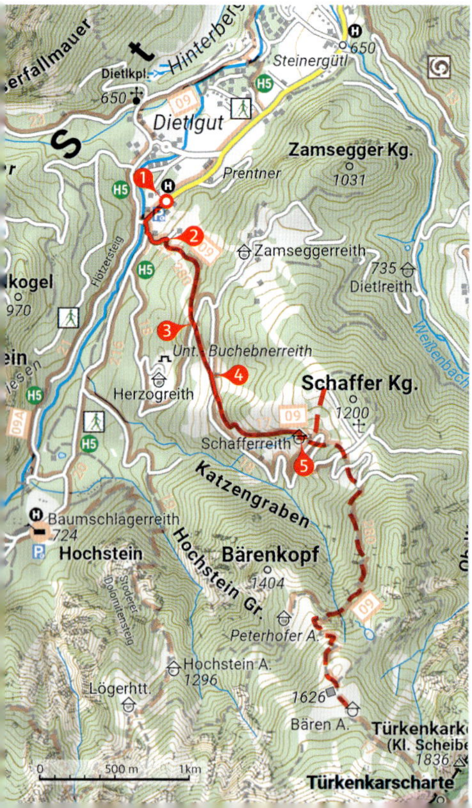

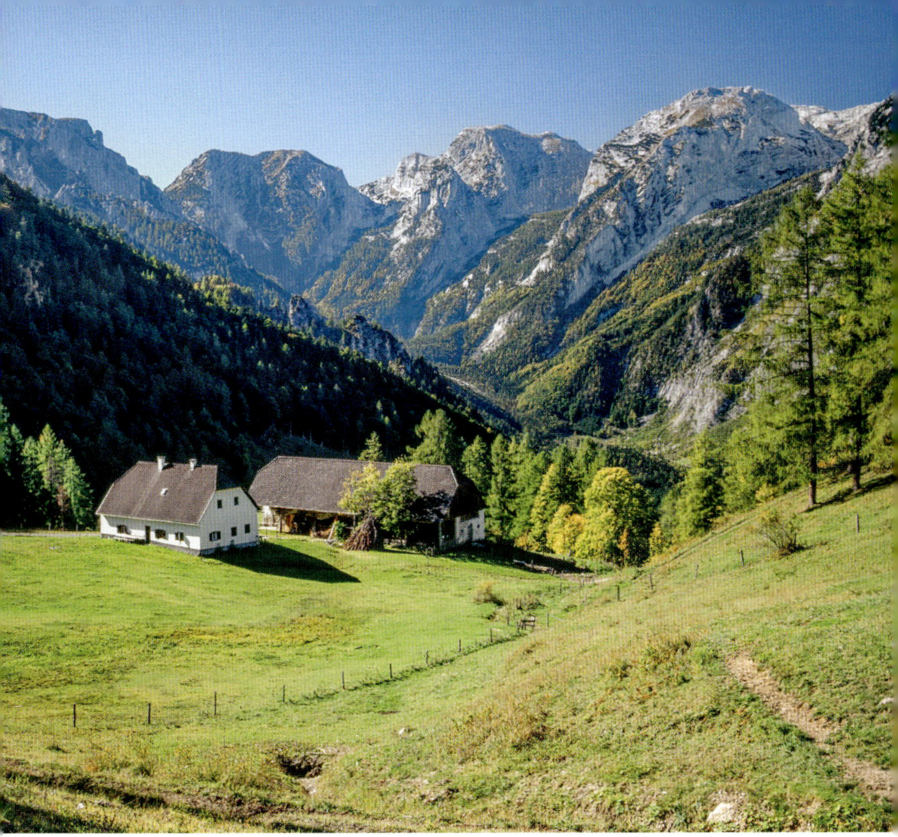

Die Schafferreith Alm über dem inneren Stodertal.

Wir verlassen den **Parkplatz Bärenalm** ❶ auf der Straße nach Süden in Richtung Baumschlagerreith. Nach knapp 100 m halten wir uns an einer Wegteilung links und wandern auf einer Asphaltstraße (Weg Nr. 280) über Wiesen nach Osten hinauf zur nächsten **Verzweigung** ❷. Hier folgen wir rechts einem Karrenweg durch Wald in Kehren bergauf, dann südostwärts in eine lange Hangquerung zu einer **Forststraße** ❸, die traversiert wird. Weiter auf dem Karrenweg erreichen wir die Straße an einem **Stallgebäude** ❹ bald erneut, gehen auf der Straße 100 m nach rechts, dann auf einem Fußweg nach links (Nordosten) bergauf. An der linken Seite eines Grabens entlang gelangen wir schließlich zur Wiesenmulde um die **Almhütte Schafferreith** ❺, 1050 m. **Zurück** zum **Parkplatz Bärenalm** ❶ geht es auf demselben Weg.

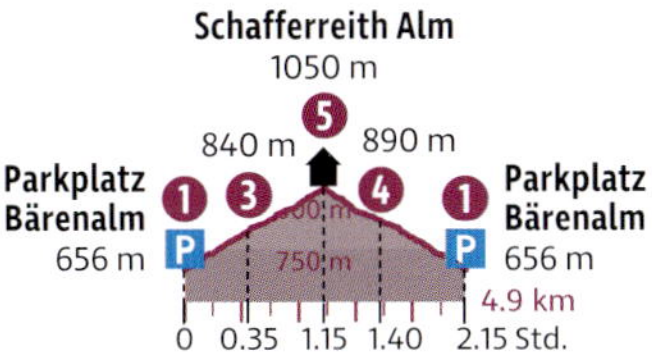

EINKEHR

Almhütte Schafferreith: Keine Übernachtung; 1./5. Juni bis 30. September unregelmäßig geöffnet; Tel. +43 650 6307433, urlaubsregion-pyhrn-priel.at.

42 Steyrer Hütte, 1347 m

Über die Ostroute vom Parkplatz Brunnental

TOP | 4.15 Std. | 12,7 km | ↗ 800 m | ↘ 800 m

Dankbares Tourenziel ohne große Ansprüche

Nicht alle, die auf den Kasberg wollen, zieht es auch auf den Gipfel. Für eine vollendet schöne Tour reicht auch schon die Wanderung zur Steyrer Hütte östlich unterm Kasberg. Die herrliche Lage des Hauses und das Breitwandgemälde des Toten Gebirges südlich gegenüber lohnen unbedingt den Besuch! Der Hüttenzugang vom Parkplatz Brunnental bei Steyrling, großteils entlang eines Fahrwegs, garantiert eine genussreiche Gehstrecke, zwar lang, aber weder beschwerlich noch anspruchsvoll, sodass die Tour auch bei weniger gutem Wetter zu empfehlen ist.

Ausgangspunkt: Parkplatz Brunnental, 555 m (begrenzter Parkraum), 4 km südwestlich von Steyrling an der Straßenteilung beim Mangstlhof. Erreichbar aus dem Gemeindegebiet der Gemeinde Klaus an der Pyhrnbahn mit dem »Dorfmobil Klaus« (Rufbus ohne Fahrplan, bei Bedarf und vorheriger Buchung; Anruf spätestens 30 Minuten vor Antritt der Fahrt; Montag bis Freitag 7.00 bis 19.00 Uhr, Tel. +43 664 4345647).

Anforderungen: Einfache Wanderung auf markierten breiten Wegen.

Kinder: Auch mit Kindern ist der zwar lange, aber unschwierige Zugangsweg vom Parkplatz Brunnental zur Steyrer Hütte zu meistern.

Gipfelmöglichkeit: Von der Steyrer Hütte kann der aussichtsreiche Gipfel des Kasbergs von trittfesten Gehern problemlos bestiegen werden: Von der Steyrer Hütte geht man den Fahrweg Nr. 433 in Richtung Kasberg durch Wald nach Westen aufwärts in die geräumige Wiesenmulde (mit der Halterhütte, 1400 m) zu Füßen des Gipfelaufbaus. Weiter geht es am linken Muldenrand entlang, bis der Weg im Linksbogen zum Roßschopf ansteigt.

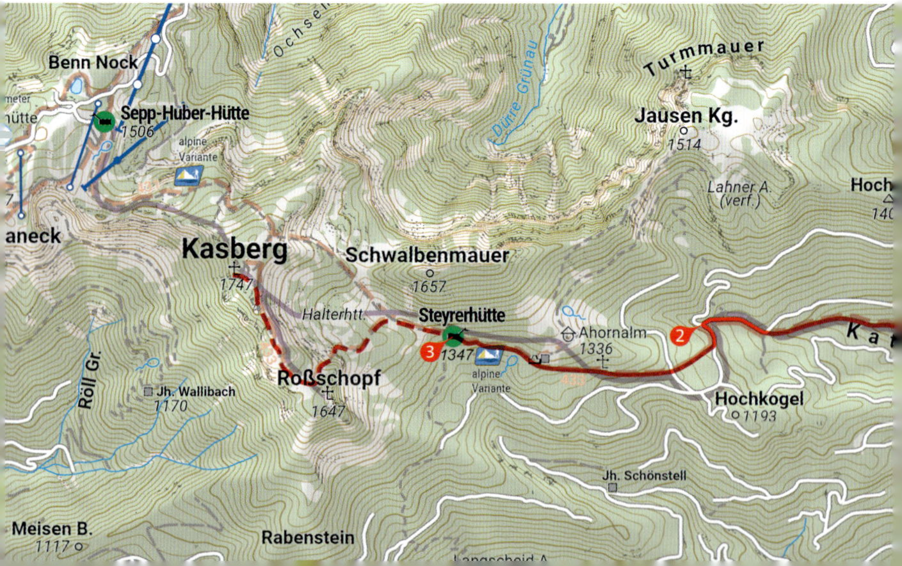

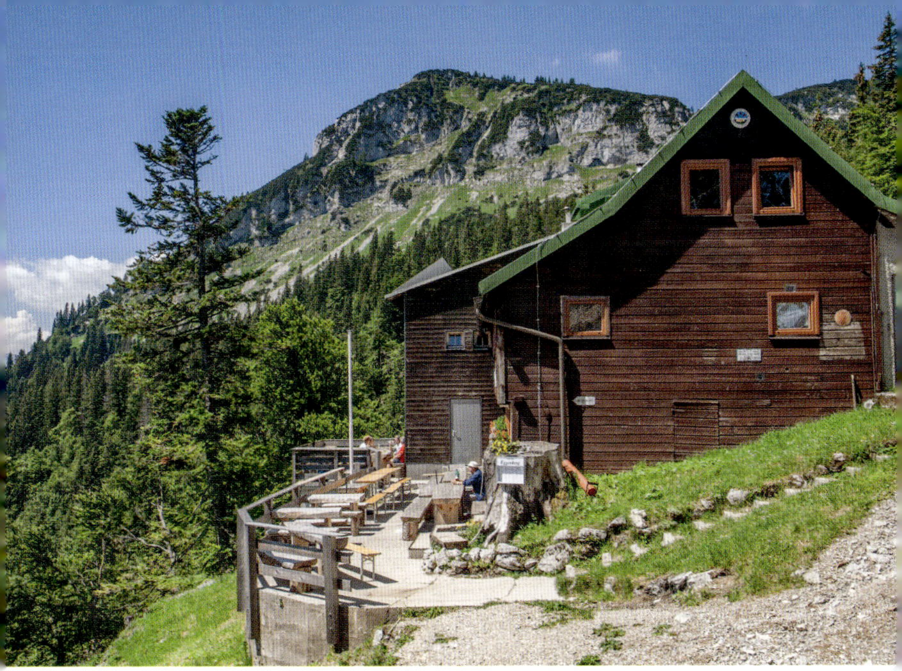

Die einladende Steyrer Hütte an der Ostseite des Kasbergs.

Dort wandern wir vorerst im geneigten Gelände hinauf in eine steile Runde, durch sie teils über leichte Felsstufen empor in den Wiesensattel, 1615 m, zwischen Kasberg und Roßschopf. Rechts haltend geht es nun den breiten Kasberg-Südostrücken hinauf, wobei eine Schrofenzone gequert und später eine Schulter mit Verzweigung erreicht wird. Halb links haltend (Weg Nr. 431 und 433) steigen wir schließlich nach Westen empor zum Kasberg-Gipfel, 1747 m. Gesamter zusätzlicher Zeitaufwand 2.15 Std.

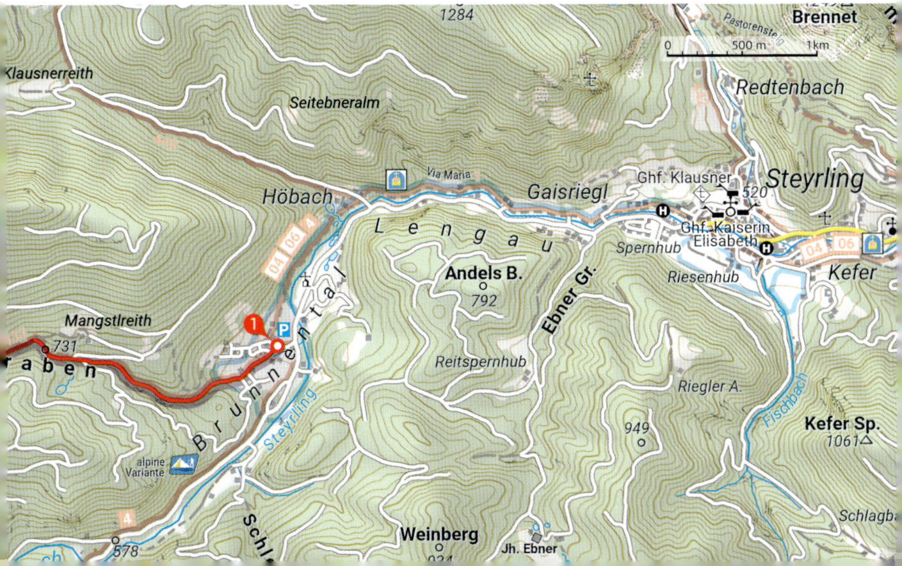

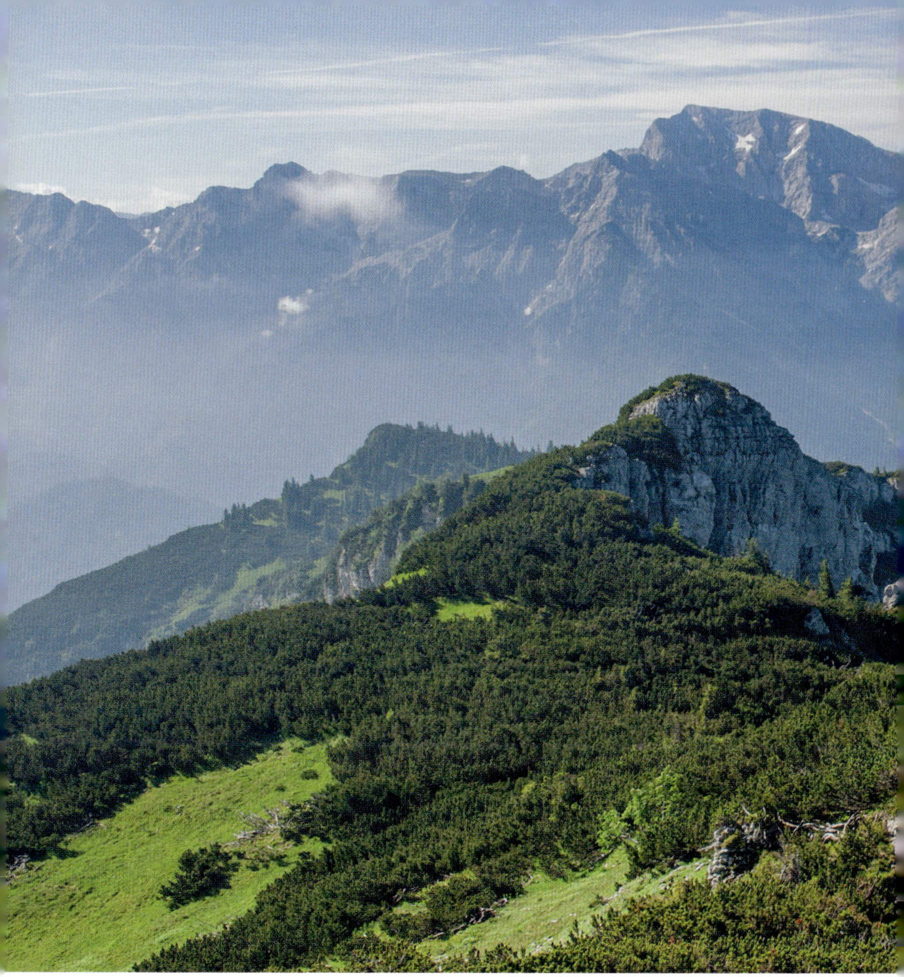

Vom **Parkplatz Brunnental** ❶ folgen wir einer Forststraße (Weg Nr. 433) über Wiesen nach Südwesten aufwärts. An einer Verzweigung am Eingang in den Katzengraben verlassen wir die Straße nach halb rechts und

EINKEHR

Steyrer Hütte: 32 Schlafplätze; 1. Mai bis 28./31. Oktober geöffnet, ausgenommen feiertags Montag und Dienstag Ruhetag; Achtung: Ende September bis Mitte Oktober drei Wochen Jagdsperre; Tel. +43 664 9670500, steyrerhuette.naturfreunde.at.

wandern auf dem Fahrweg zur Rechten des meist trockenen Bachbetts den engen Waldgraben nach Westen aufwärts. Wir kommen wieder an die Forststraße, traversieren sie und steigen weiter, zunächst links, dann wieder rechts vom Bachbett, zuletzt entlang einer Straße zu einer markanten **Verzweigung** ❷. Hier gehen wir scharf links (südwärts), bevor wir schon nach 200 m nach rechts auf einen breiten Fußweg abbiegen. Westwärts wandern wir nun über einen Kahlschlag bergauf, überqueren am Waldrand eine Forststraße und

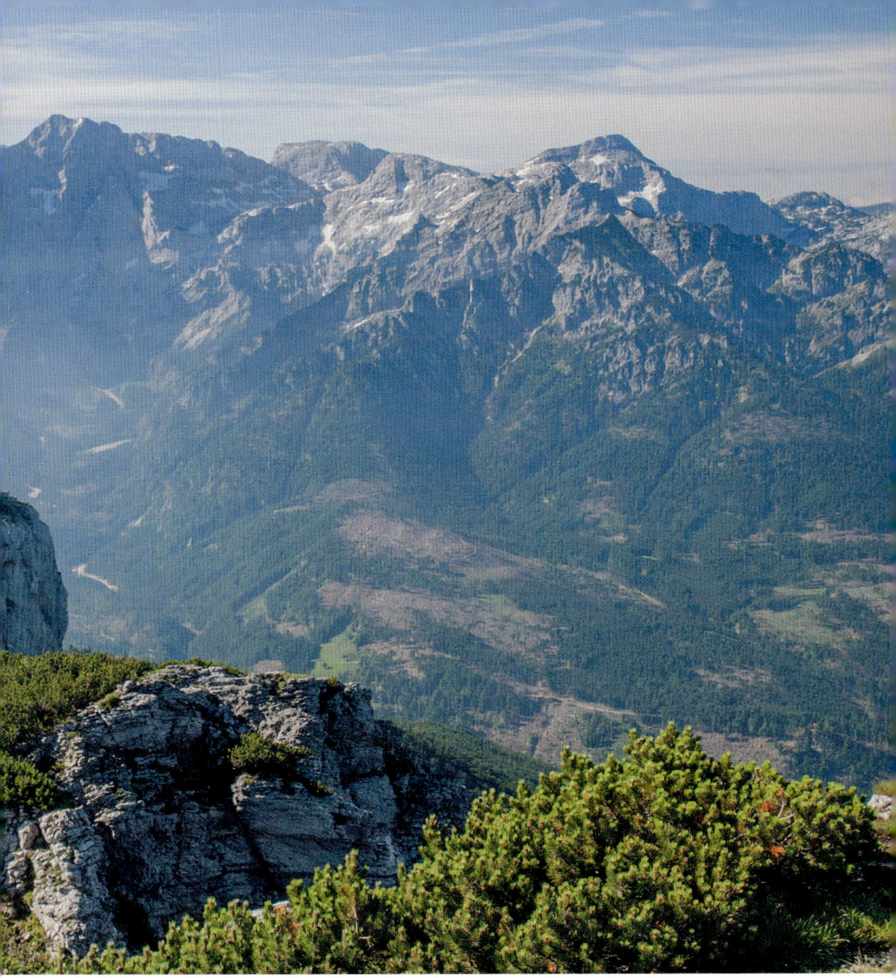

Blick vom Kasberg zu den Nordabstürzen des Toten Gebirges.

gehen auf einem Fahrweg weiter geradeaus. Nach einer langen Hangquerung erreichen wir wieder die Straße und wandern auf ihr zu einer Teilung mit dem Rechtsabzweig zu der auf der Ahornalm gelegenen nahen Kirchdorfer Hütte, einer ÖAV-Selbstversorgerhütte. Wir gehen auf der Straße weiter geradeaus zu der am Südabhang der Schwalbenmauer gelegenen **Steyrer Hütte** ❸, 1347 m. **Zurück** geht es auf dem Anstiegsweg.

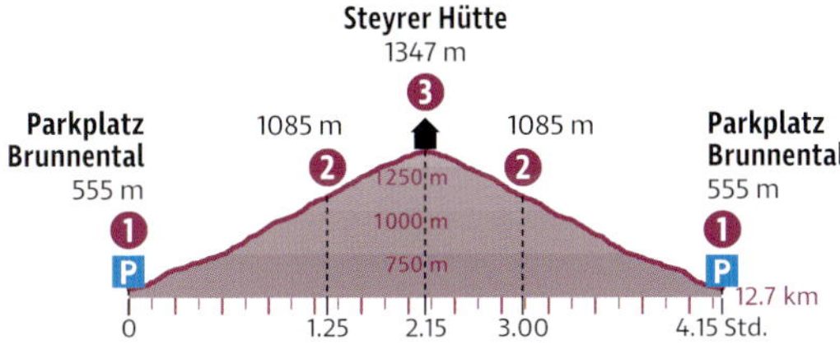

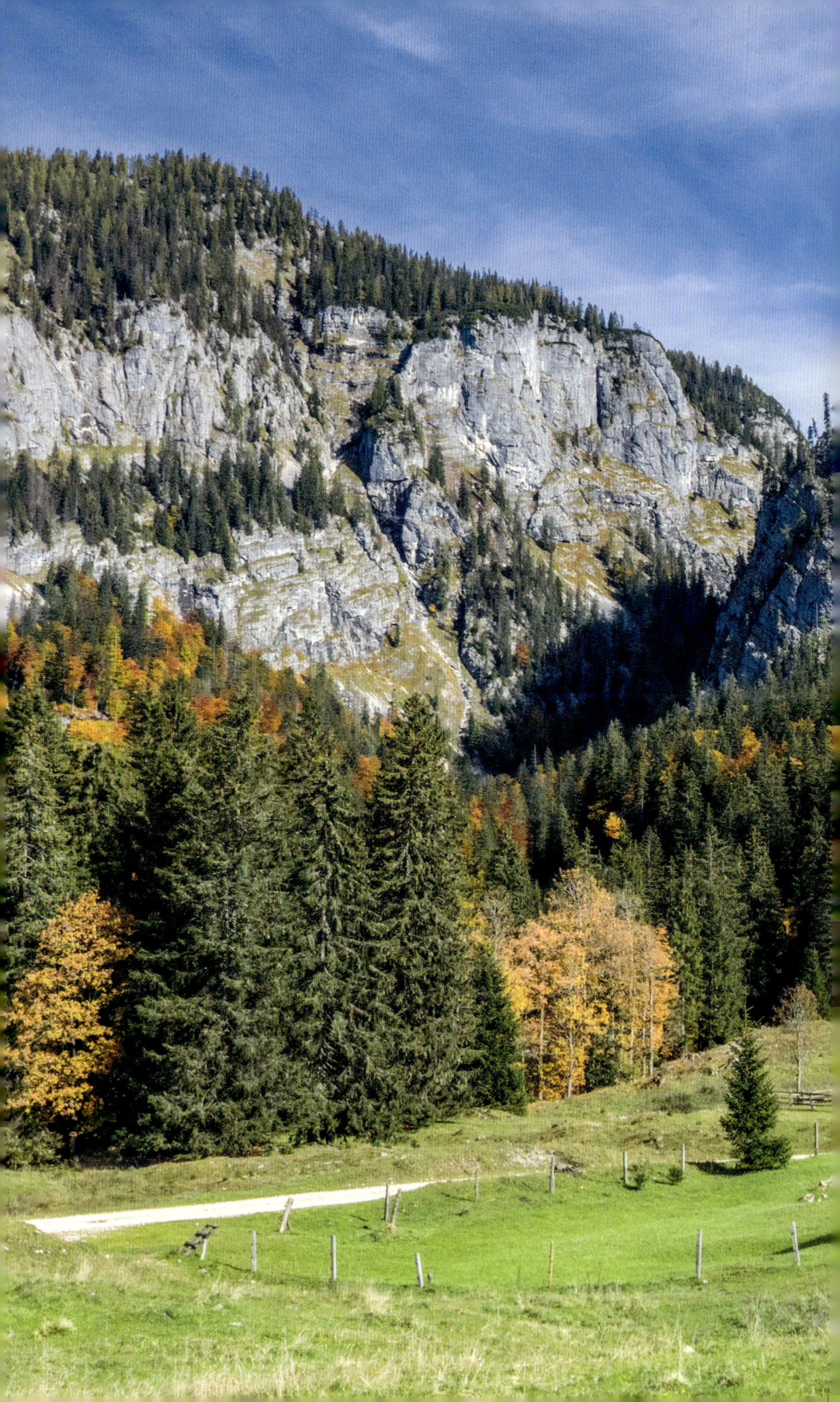

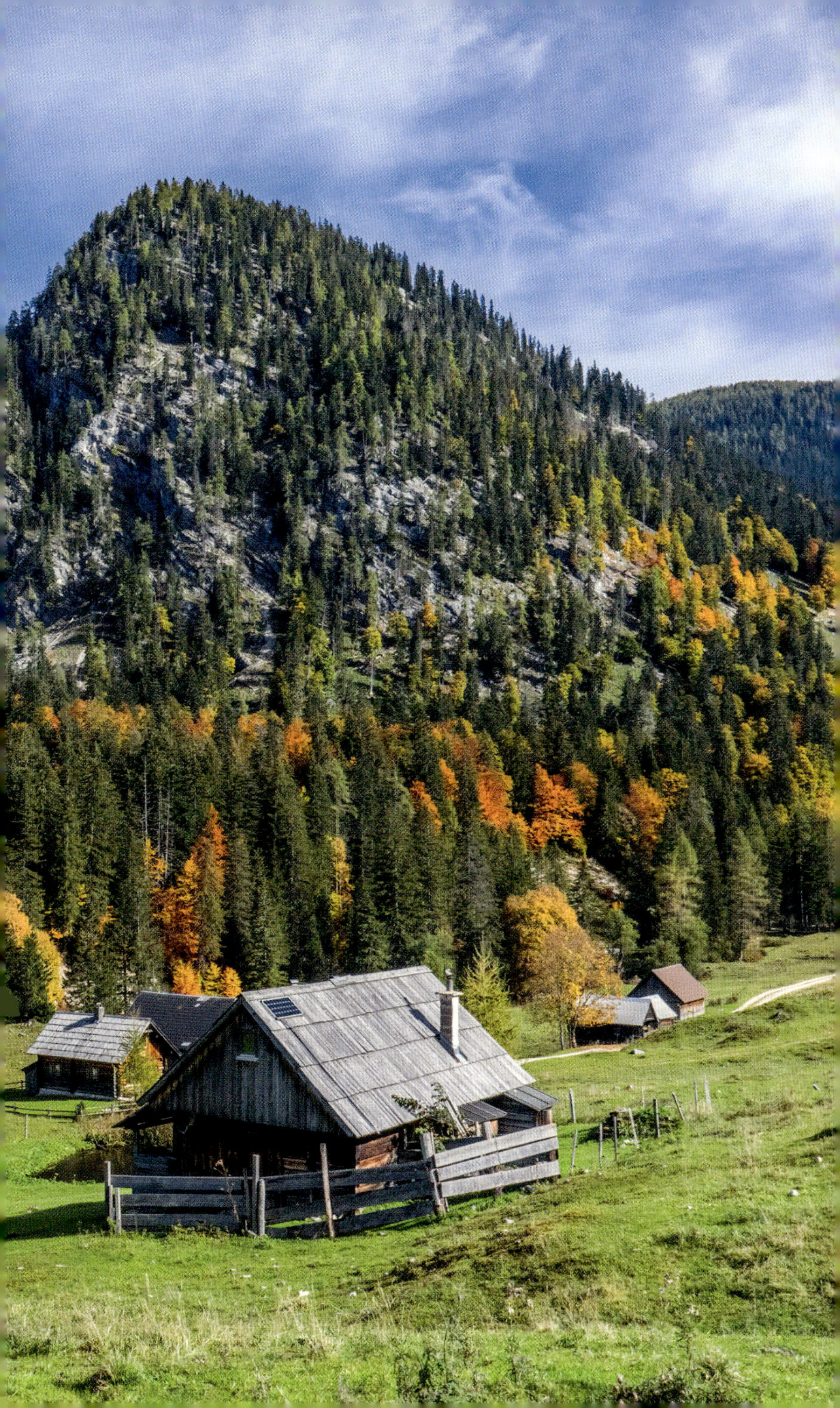

Stichwortverzeichnis

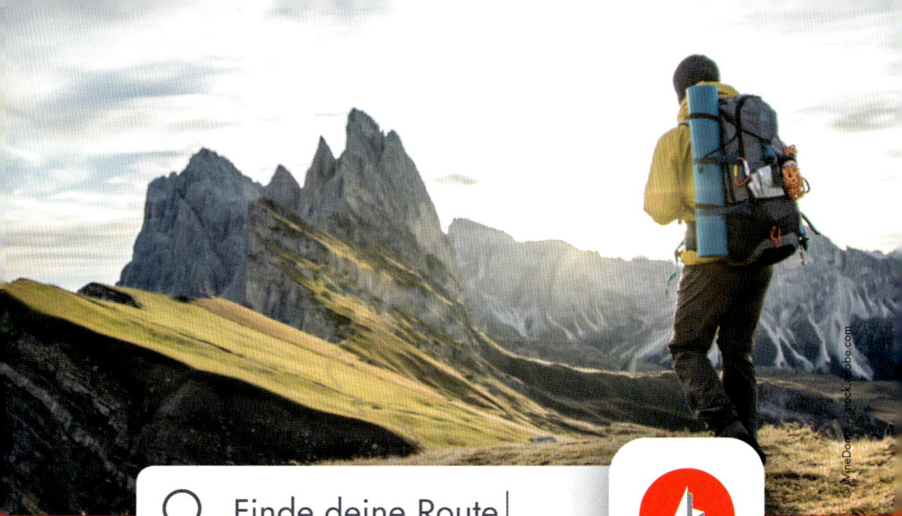

Impressum

Umschlagbild: Das Schutzhaus Himmelspforte im Gipfelbereich des Wolfganger Schafbergs. Blick nach Westen zum Fuschlsee-Gebiet (Tour 9).

Bild im Innentitel: Die Steyrer Hütte an der Ostseite des Kasbergs verspricht gemütliche Einkehr drinnen und draußen. Im Hintergrund grüßen die Nordabstürze des Toten Gebirges (Tour 42).

Bild Seite 20/21: Almenparadies Tauplitz. Blick zum wuchtigen Grimming (Tour 38).

Bild Seite 154/155: Almidylle Gnanitzalm mit dem Eingang in die Grimmingbachschlucht (Tour 39).

Alle Fotos vom Autor, ausgenommen das Foto der Seite 101 (Diana Armbruckner).

Kartografie: 42 Wanderkärtchen im Maßstab 1:50.000 sowie
2 Übersichtskärtchen im Maßstab 1:500.000 und 1:1.000.000
© Freytag & Berndt, Wien

Werk-Nr.: 3421

1. Auflage 2024

ISBN 978-3-7633-3421-6

MIX
Papier | Fördert gute Waldnutzung
FSC® C147178

Wir freuen uns über jeden Korrekturhinweis zu diesem Wanderbuch!
Bitte per E-Mail an: **leserzuschrift@rother.de**

ROTHER BERGVERLAG · Keltenring 17 · D-82041 Oberhaching
Tel. +49 89 608669-0 · rother.de